초등 문해력

어휘 활용의 힘

4권

초등 5~6학년

이 책을 쓰신 분들

원정화　세종시다정초등학교
하근희　대구포산초등학교
이승모　서울교육대학교부설초등학교
윤혜원　서울대명초등학교

초등문해력 어휘 활용의 힘 4권

발행일	2022년 10월 24일
펴낸곳	메가스터디(주)
펴낸이	손은진
개발 책임	조현주
개발	최성아, 송우정
그림	양종은
디자인	이정숙, 주희연, 이상현
제작	이성재, 장병미
사진 제공	픽스타, 픽사베이, 서울역사아카이브
주소	서울시 서초구 효령로 304(서초동) 국제전자센터 24층
대표전화	1661.5431
홈페이지	http://www.megastudybooks.com
출판사 신고 번호	제 2015-000159호
출간제안/원고투고	writer@megastudy.net

메가스터디BOOKS

'메가스터디북스'는 메가스터디㈜의 출판 전문 브랜드입니다.
　유아/초등 학습서, 중고등 수능/내신 참고서는 물론, 지식, 교양, 인문 분야에서 다양한 도서를 출간하고 있습니다.

우리 아이 문해력, 괜찮을까요?

초등 문해력이 우리 아이 평생 성적을 좌우한다는 것 알고 계시죠? 문해력의 가장 기초가 되는 건 바로 어휘력! 어휘를 많이 알고, 정확히 활용할 수 있어야 문해력이 향상됩니다. 많은 교사와 전문가들이 '요즘 초등학생들이 단어를 몰라 수업이 안 된다'고 이야기합니다. 교과서를 이해하려면 초등 시기 어휘부터 제대로 잡는 것이 중요합니다.

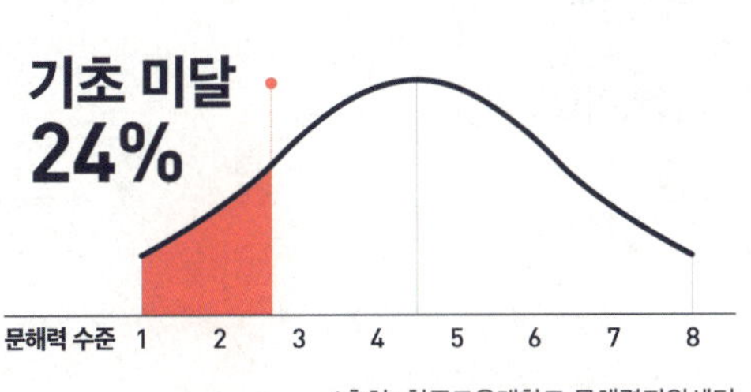

특히 학력 격차가 크게 벌어지기 시작하는 초등 3학년부터 제대로 된 학습이 필요합니다.

> 이 책은 어휘의 힘을 길러 학교 수업과 실생활에서 제대로 활용할 수 있도록 설계하였습니다.
> 어휘력, 이제 <초등 문해력 어휘 활용의 힘>의 5단계 학습법으로 길러 주세요!

학습의 흐름

「초등 문해력 어휘 활용의 힘」은 '어휘 학습 → 어휘 이해 → 어휘 적용 → 어휘 활용 → 어휘 완성'의 체계적인 5단계 학습으로 구성되어 탄탄한 어휘 실력을 쌓을 수 있도록 도와줍니다. 1~4단계에서는 어휘를 교과 및 실생활 예문으로 학습하고 다양한 문제로 풀어 보며, 마지막 5단계에서는 특별 부록인 「나만의 어휘 활용 노트」로 어휘 활용의 힘을 완성합니다.

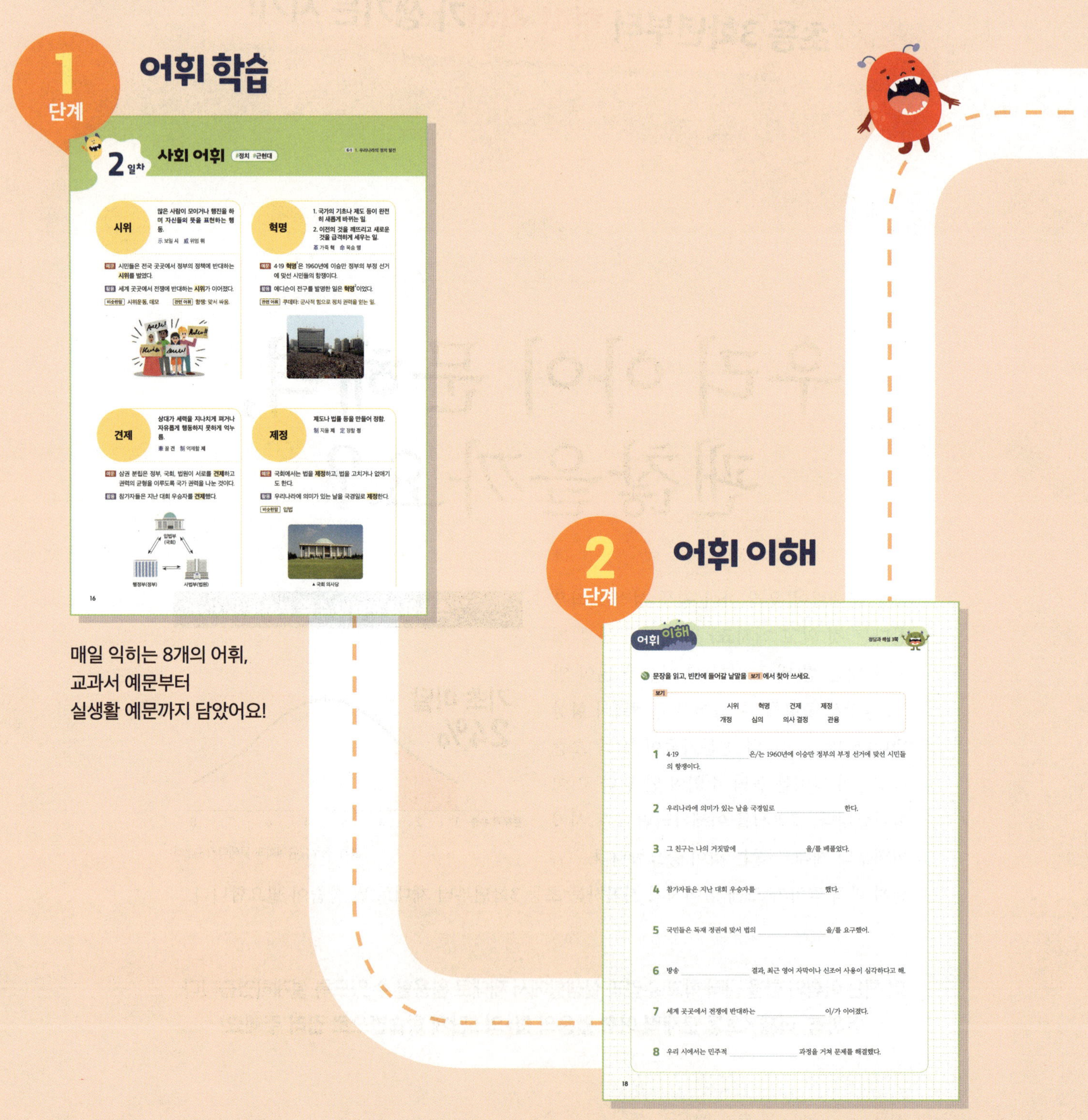

1 단계 · 어휘 학습

매일 익히는 8개의 어휘,
교과서 예문부터
실생활 예문까지 담았어요!

2 단계 · 어휘 이해

문장 속 빈칸 채우기로 학습한 어휘를 떠올려요!

3단계 어휘 적용

객관식, 주관식, OX퀴즈, 줄 긋기, 낱말 퍼즐까지
다양하고 재미있게 공부해요!

4단계 어휘 활용

기사, 포스터, 관찰 보고서 등 실생활 매체로 자료를
해석하는 능력을 키워요!

5단계 어휘 완성

특별 부록으로 제공되는 「나만의 어휘 활용 노트」에
직접 문장을 만들어 쓰며 어휘 활용의 힘을 완성해요!

구성과 특징

「초등 문해력 어휘 활용의 힘」은 국어, 사회, 과학, 수학 교과의 필수 어휘는 물론, 교과 학습에 자주 쓰이고 교과서 이해에 도움이 되는 학습 도움 어휘를 담았습니다. 평범한 예문이 아닌, 교과서 예문과 실생활 예문을 통해 어휘를 학습하며, 학습한 어휘를 자유롭게 말하고 쓸 수 있는 '활용의 힘'을 기릅니다.

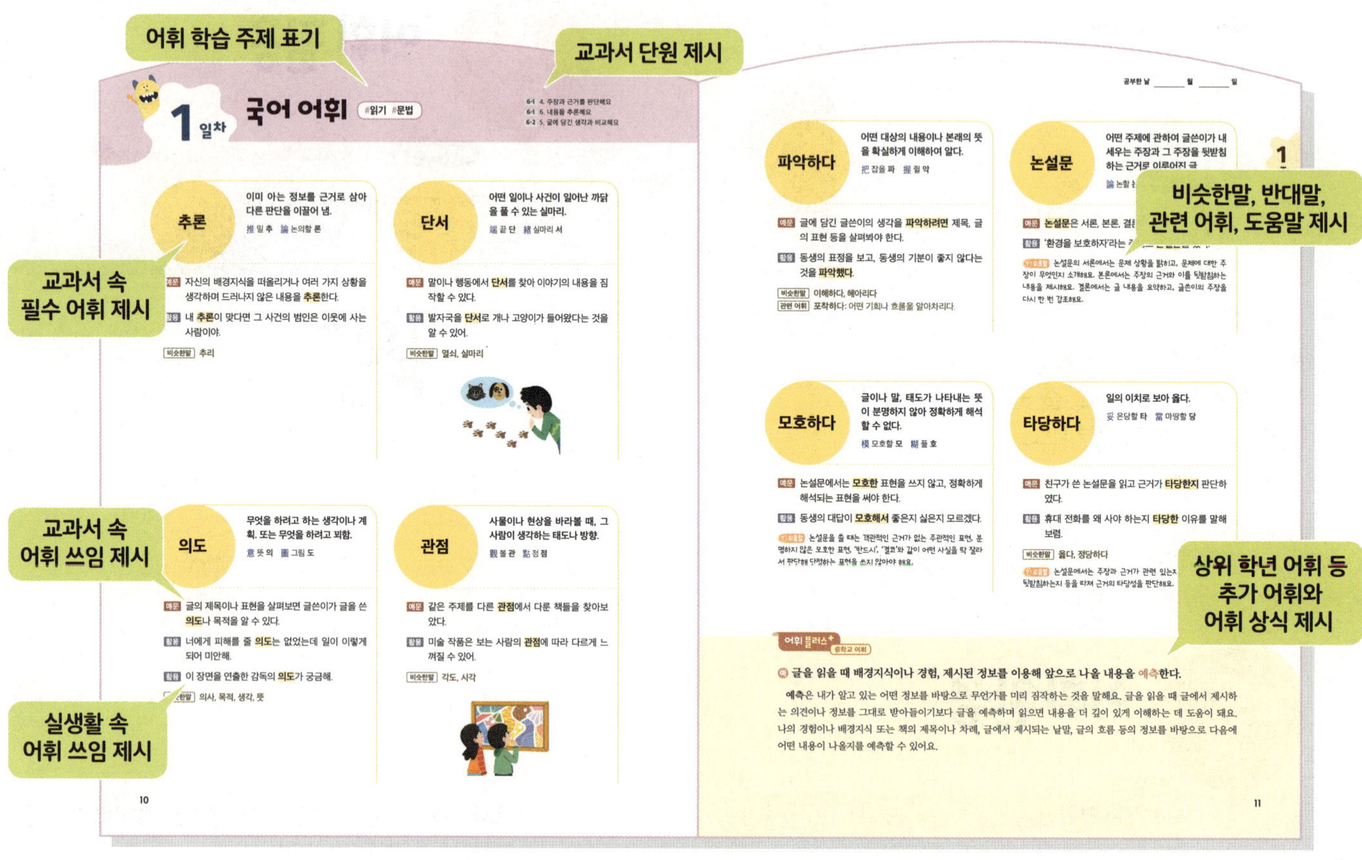

➕ 어휘 미리보기 한 주에 학습할 어휘 한눈에 확인하기

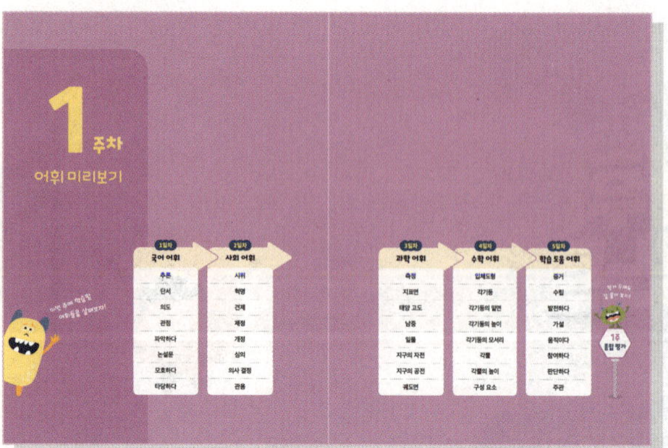

➕ 종합 평가 한 주차에 학습한 어휘 종합 평가하기

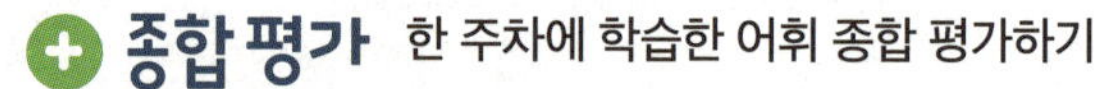
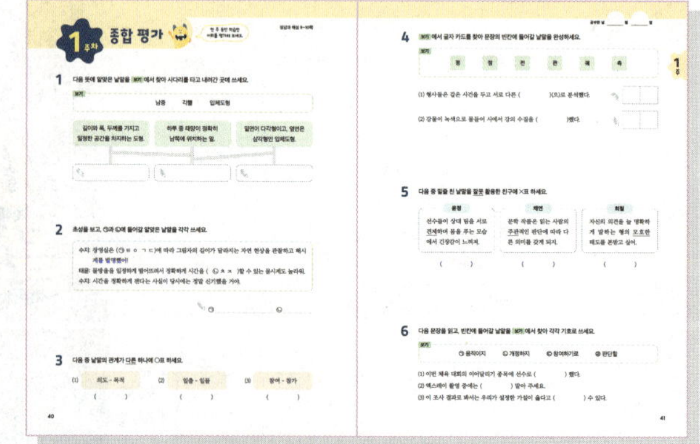

나만의 어휘 활용 노트

「나만의 어휘 활용 노트」는 복습 효과와 어휘 활용의 힘을 극대화합니다. 난이도별 활동을 통해 어휘 활용 능력을 점진적으로 늘려 갈 수 있습니다. 또한 핸디북 크기로 가벼우며 언제 어디서나 가지고 다닐 수 있어 학습 공간의 제약을 뛰어넘습니다. 아래 2가지의 방법 중 원하는 방법을 선택하여 사용합니다.

난이도별 활동

1 난이도 ★★★★ 문장 따라 쓰기
2 난이도 ★★★★ 어울리는 문장 쓰기
3 난이도 ★★★★ 자유 문장 쓰기
4 난이도 ★★★★ 답변 문장 쓰기

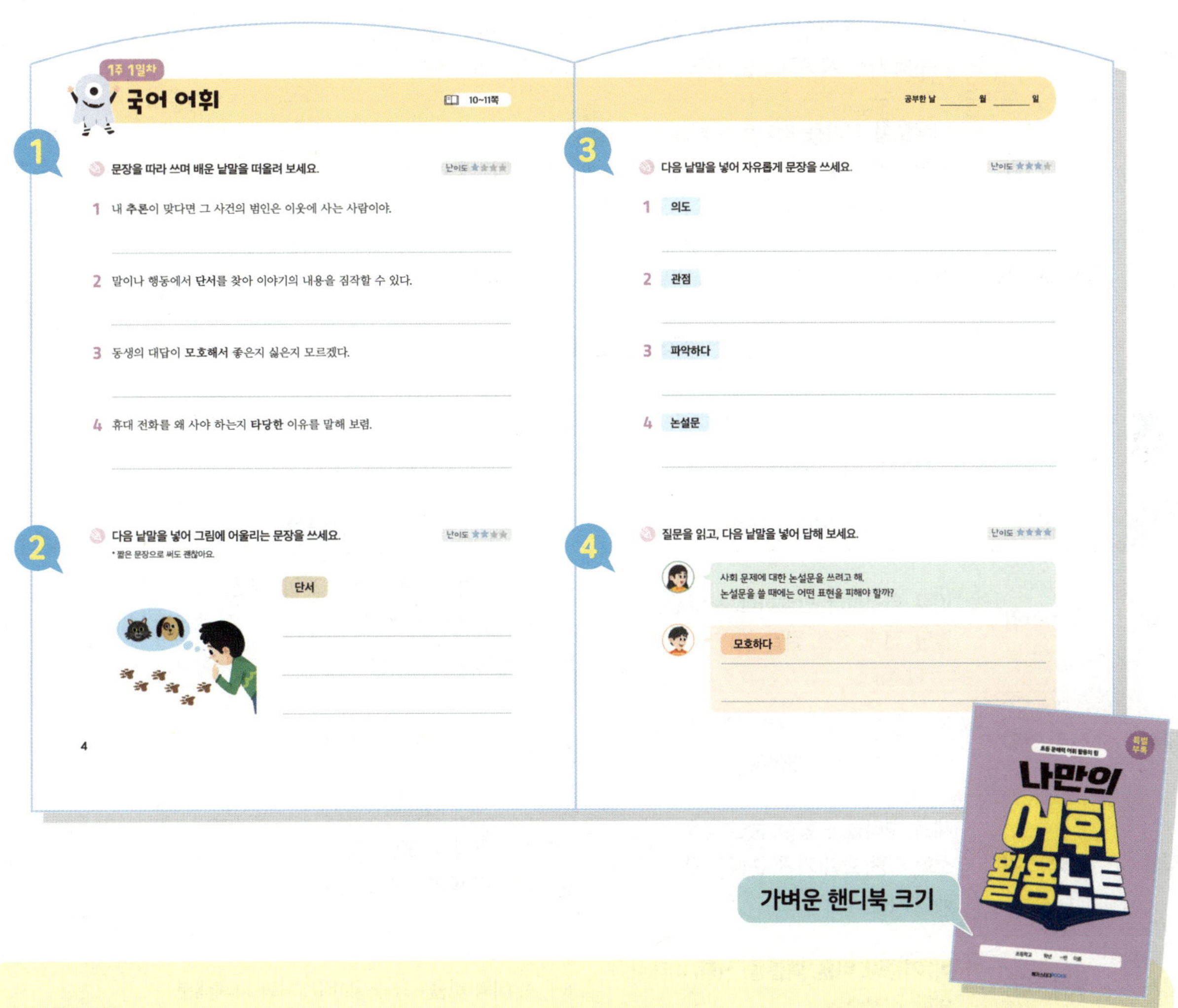

가벼운 핸디북 크기

나만의 어휘 활용 노트
2가지 활용법

활용 1 하루 학습을 끝내고 바로 활용하면 학습한 어휘를 오래 기억할 수 있어요!

활용 2 하루 학습을 끝내고 다음 날 학습 시작 전에 활용하면 복습 효과를 높일 수 있어요!

1주

일차	과목	학습할 어휘	교과서 단원	쪽
1일차	국어 어휘	추론, 단서, 의도, 관점, 파악하다, 논설문, 모호하다, 타당하다	6-1 4. 주장과 근거를 판단해요 6-1 6. 내용을 추론해요 6-1 5. 글에 담긴 생각과 비교해요	10~15
2일차	사회 어휘	시위, 혁명, 견제, 제정, 개정, 심의, 의사 결정, 관용	6-1 1. 우리나라의 정치 발전	16~21
3일차	과학 어휘	측정, 지표면, 태양 고도, 남중, 일몰, 지구의 자전, 지구의 공전, 궤도면	6-1 2. 지구와 달의 운동 6-2 2. 계절의 변화	22~27
4일차	수학 어휘	입체도형, 각기둥, 각기둥의 밑면, 각기둥의 높이, 각기둥의 모서리, 각뿔, 각뿔의 높이, 구성 요소	6-1 2. 각기둥과 각뿔	28~33
5일차	학습 도움 어휘	증거, 수립, 발전하다, 가설, 움직이다, 참여하다, 판단하다, 주관		34~39
1주차 종합 평가				40~41

2주

일차	과목	학습할 어휘	교과서 단원	쪽
1일차	국어 어휘	비유, 추구하다, 반색하다, 사실 질문, 발단, 전개, 절정, 결말	6-1 1. 비유하는 표현 6-1 2. 이야기를 간추려요 6-1 8. 인물의 삶을 찾아서 6-2 1. 작품 속 인물과 나 6-2 8. 작품으로 경험하기	44~49
2일차	사회 어휘	가계, 소득, 독과점, 자유 무역 협정, 이윤, 공정, 자원, 원산지	6-1 2. 우리나라의 경제 발전	50~55
3일차	과학 어휘	세포, 뿌리털, 광합성, 증산 작용, 소화 기관, 호흡 기관, 순환 기관, 배설 기관	6-1 4. 식물의 구조와 기능 6-2 4. 우리 몸의 구조와 기능	56~61
4일차	수학 어휘	비, 기준량, 비율, 백분율, 전항, 비례식, 외항, 비례배분	6-1 4. 비와 비율 6-2 4. 비례식과 비례배분	62~67
5일차	학습 도움 어휘	구조, 우려하다, 기여하다, 사고하다, 보유하다, 촉진, 작용하다, 인위적		68~73
2주차 종합 평가				74~75

3주

일차	과목	학습할 어휘	교과서 단원	쪽
1일차	국어 어휘	과장, 연설, 공식적, 관용 표현, 보도, 여론, 허위, 저작권	6-1 3. 짜임새 있게 구성해요 6-2 2. 관용 표현을 활용해요 6-2 6. 정보와 표현 판단하기	78~83
2일차	사회 어휘	적도, 위도, 기후, 대륙, 연안, 정상 회담, 개척, 합작하다	6-2 1. 세계 여러 나라의 자연과 문화	84~89
3일차	과학 어휘	소독, 압력, 발생하다, 보존하다, 연소, 소화, 유용하다, 발화점	6-1 3. 여러 가지 기체 6-2 3. 연소와 소화	90~95
4일차	수학 어휘	직육면체의 부피, 직육면체의 겉넓이, 띠그래프, 원그래프, 해석하다, 상관관계, 권역, 통계	6-1 5. 여러 가지 그래프 6-1 6. 직육면체의 부피와 겉넓이	96~101
5일차	학습 도움 어휘	제시하다, 반응하다, 근원, 함축, 대처하다, 증진, 변천, 획기적		102~107
3주차 종합 평가				108~109

4주

일차	과목	학습할 어휘	교과서 단원	쪽
1일차	국어 어휘	소통, 비속어, 광활하다, 공유, 자정, 착취, 습성, 단정	6-1 4. 주장과 근거를 판단해요 6-1 7. 우리말을 가꾸어요 6-2 3. 타당한 근거로 글을 써요 6-2 7. 글 고쳐 쓰기	112~117
2일차	사회 어휘	관할하다, 비무장 지대, 구호, 산하, 세계 시민, 등재, 기아, 보고	6-2 2. 통일 한국의 미래와 지구촌의 평화	118~123
3일차	과학 어휘	확대하다, 빛의 굴절, 전지의 직렬연결, 전구의 직렬연결, 전류, 도체, 효율적, 손실	6-1 5. 빛과 렌즈 6-2 1. 전기의 이용 6-2 5. 에너지와 생활	124~129
4일차	수학 어휘	원주, 원주율, 원기둥, 원기둥의 밑면, 원뿔, 모선, 구, 구의 중심	6-2 5. 원의 넓이 6-2 6. 원기둥, 원뿔, 구	130~135
5일차	학습 도움 어휘	초래하다, 이면, 바람직하다, 근거, 결론, 인과, 참조, 누적		136~141
4주차 종합 평가				142~143

1주차

어휘 미리보기

이번 주에 학습할
어휘들을 살펴보자!

1일차
국어 어휘

- 추론
- 단서
- 의도
- 관점
- 파악하다
- 논설문
- 모호하다
- 타당하다

2일차
사회 어휘

- 시위
- 혁명
- 견제
- 제정
- 개정
- 심의
- 의사 결정
- 관용

3일차	4일차	5일차
과학 어휘	**수학 어휘**	**학습 도움 어휘**
측정	입체도형	증거
지표면	각기둥	수립
태양 고도	각기둥의 밑면	발전하다
남중	각기둥의 높이	가설
일몰	각기둥의 모서리	움직이다
지구의 자전	각뿔	참여하다
지구의 공전	각뿔의 높이	판단하다
궤도면	구성 요소	주관

추론

이미 아는 정보를 근거로 삼아 다른 판단을 이끌어 냄.

推 밀 추 論 논의할 론

예문 자신의 배경지식을 떠올리거나 여러 가지 상황을 생각하며 드러나지 않은 내용을 **추론**한다.

활용 내 **추론**이 맞다면 그 사건의 범인은 이웃에 사는 사람이야.

비슷한말 추리

단서

어떤 일이나 사건이 일어난 까닭을 풀 수 있는 실마리.

端 끝 단 緒 실마리 서

예문 말이나 행동에서 **단서**를 찾아 이야기의 내용을 짐작할 수 있다.

활용 발자국을 **단서**로 개나 고양이가 들어왔다는 것을 알 수 있어.

비슷한말 열쇠, 실마리

의도

무엇을 하려고 하는 생각이나 계획. 또는 무엇을 하려고 꾀함.

意 뜻 의 圖 그림 도

예문 글의 제목이나 표현을 살펴보면 글쓴이가 글을 쓴 **의도**나 목적을 알 수 있다.

활용 너에게 피해를 줄 **의도**는 없었는데 일이 이렇게 되어 미안해.

활용 이 장면을 연출한 감독의 **의도**가 궁금해.

비슷한말 의사, 목적, 생각, 뜻

관점

사물이나 현상을 바라볼 때, 그 사람이 생각하는 태도나 방향.

觀 볼 관 點 점 점

예문 같은 주제를 다른 **관점**에서 다룬 책들을 찾아보았다.

활용 미술 작품은 보는 사람의 **관점**에 따라 다르게 느껴질 수 있어.

비슷한말 각도, 시각

파악하다

어떤 대상의 내용이나 본래의 뜻을 확실하게 이해하여 알다.

把 잡을 파　握 쥘 악

예문 글에 담긴 글쓴이의 생각을 **파악하려면** 제목, 글의 표현 등을 살펴봐야 한다.

활용 동생의 표정을 보고, 동생의 기분이 좋지 않다는 것을 **파악했다**.

[비슷한말] 이해하다, 헤아리다
[관련 어휘] 포착하다: 어떤 기회나 흐름을 알아차리다.

논설문

어떤 주제에 관하여 글쓴이가 내세우는 주장과 그 주장을 뒷받침하는 근거로 이루어진 글.

論 논할 논　說 말씀 설　文 글월 문

예문 **논설문**은 서론, 본론, 결론으로 짜여 있다.

활용 '환경을 보호하자'라는 주제로 **논설문**을 썼다.

❓도움말 논설문의 서론에서는 문제 상황을 밝히고, 문제에 대한 주장이 무엇인지 소개해요. 본론에서는 주장의 근거와 이를 뒷받침하는 내용을 제시해요. 결론에서는 글 내용을 요약하고, 글쓴이의 주장을 다시 한 번 강조해요.

모호하다

글이나 말, 태도가 나타내는 뜻이 분명하지 않아 정확하게 해석할 수 없다.

模 모호할 모　糊 풀 호

예문 논설문에서는 **모호한** 표현을 쓰지 않고, 정확하게 해석되는 표현을 써야 한다.

활용 동생의 대답이 **모호해서** 좋은지 싫은지 모르겠다.

❓도움말 논설문을 쓸 때는 객관적인 근거가 없는 주관적인 표현, 분명하지 않은 모호한 표현, '반드시', '결코'와 같이 어떤 사실을 딱 잘라서 판단해 단정하는 표현을 쓰지 않아야 해요.

타당하다

일의 이치로 보아 옳다.

妥 온당할 타　當 마땅할 당

예문 친구가 쓴 논설문을 읽고 근거가 **타당한지** 판단하였다.

활용 휴대 전화를 왜 사야 하는지 **타당한** 이유를 말해 보렴.

[비슷한말] 옳다, 정당하다

❓도움말 논설문에서는 주장과 근거가 관련 있는지, 근거가 주장을 뒷받침하는지 등을 따져 근거의 타당성을 판단해요.

어휘 플러스⁺
중학교 어휘

🔵 글을 읽을 때 배경지식이나 경험, 제시된 정보를 이용해 앞으로 나올 내용을 **예측**한다.

　예측은 내가 알고 있는 어떤 정보를 바탕으로 무언가를 미리 짐작하는 것을 말해요. 글을 읽을 때 글에서 제시하는 의견이나 정보를 그대로 받아들이기보다 글을 예측하며 읽으면 내용을 더 깊이 있게 이해하는 데 도움이 돼요. 나의 경험이나 배경지식 또는 책의 제목이나 차례, 글에서 제시되는 낱말, 글의 흐름 등의 정보를 바탕으로 다음에 어떤 내용이 나올지를 예측할 수 있어요.

정답과 해설 2쪽

✏️ 문장을 읽고, 빈칸에 들어갈 낱말을 [보기] 에서 찾아 쓰세요.

[보기]

추론	단서	의도	관점
파악하려면	논설문	모호해서	타당한

1 휴대 전화를 왜 사야 하는지 _________________ 이유를 말해 보렴.

2 너에게 피해를 줄 _________________은/는 없었는데 일이 이렇게 되어 미안해.

3 동생의 대답이 _________________ 좋은지 싫은지 모르겠다.

4 내 _________________이/가 맞다면 그 사건의 범인은 이웃에 사는 사람이야.

5 '환경을 보호하자'라는 주제로 _________________을/를 썼다.

6 같은 주제를 다른 _________________ 에서 다른 책들을 찾아보았다.

7 발자국을 _________________(으)로 개나 고양이가 들어왔다는 것을 알 수 있어.

8 글에 담긴 글쓴이의 생각을 _________________ 제목, 글의 표현 등을 살펴봐야 한다.

1 낱말 적용

보기 에서 글자 카드를 찾아 문장의 빈칸에 들어갈 낱말을 완성하세요.

보기

| 단 | 점 | 론 | 관 | 추 | 서 |

(1) 네가 들려준 이야기가 이 문제를 풀어 가는 데 아주 좋은 ☐☐ 이/가 되었다.

(2) 탐정은 수집한 증거를 바탕으로 누가 범인인지 ☐☐ 했다.

(3) 편견을 버리고 폭넓은 ☐☐ (으)로 세상을 바라보는 것이 좋다.

2 낱말 이해

다음 낱말의 뜻이 완성되도록 알맞은 말에 ◯표 하세요.

(1) 파악하다: 어떤 대상의 내용이나 본래의 뜻을 확실하게 (추측하여 / 이해하여) 알다.

(2) 모호하다: 글이나 말, 태도가 나타내는 뜻이 (분명해 / 분명하지 않아) 정확하게 해석할 수 없다.

(3) 타당하다: 일의 이치로 보아 (옳다 / 옳지 않다).

3 낱말 관계

밑줄 친 낱말과 뜻이 비슷한 것은 무엇인가요? ( )

나는 친구가 어떤 <u>뜻</u>으로 그 말을 했는지 잘 모르겠다.

① 주장　　　　② 의도　　　　③ 예측　　　　④ 관점

4 낱말 이해

보기 에서 설명하는 낱말이 무엇인지 쓰세요.

보기
- 글쓴이의 주장과 그 주장을 뒷받침하는 근거로 이루어져 있다.
- 이 글은 서론, 본론, 결론으로 짜여 있다.
- 주장을 뒷받침하는 근거의 타당성을 살펴봐야 한다.

____

5 낱말 쓰임

밑줄 친 낱말의 쓰임이 바르지 <u>않은</u> 것은 무엇인가요?　　　　　(　　　　)

① 사소한 말다툼이 <u>목적</u>이 되어 큰 갈등으로 이어졌다.

② 낯선 사람이 과도한 친절을 베풀 때는 <u>의도</u>가 무엇인지 생각해야 한다.

③ 이 지역에서 발굴된 유물을 통해 옛날 사람들의 생활 방식을 <u>추론할</u> 수 있다.

④ 그 친구의 주장이 <u>타당한지</u> 살펴보았다.

6 낱말 적용

다음 문장의 빈칸에 공통으로 들어갈 낱말은 무엇인가요?　　　　　(　　　　)

- 이 문장은 (　　　　　) 표현을 사용하여 의미를 잘 이해할 수 없다.
- 윤모는 이 일에 대해 찬성도, 반대도 명확하게 표현하지 않는 (　　　　　) 태도를 보였다.
- 친구가 (　　　　　) 표정을 짓고 있어 어떤 생각을 하고 있는지 파악하기 힘들다.

① 짐작한　　　　　② 적절한　　　　　③ 이해한　　　　　④ 모호한

📖 다음 안내문을 읽고, 물음에 답하세요.

온라인 독서 토론 대회를 개최합니다

도서명	아낌없이 주는 나무
작가	셸 실버슈타인
일 시	20○○년 7월 15일 오후 3시
토론 주제	나무가 소년에게 행한 일은 바람직한가?

평가 기준
- 책의 내용을 잘 ㉠파악했는가?
- 인물의 ㉡의도를 논리적으로 추론했는가?
- 자신의 ㉢관점이 잘 나타났는가?
- ㉣타당한 근거를 제시했는가?
- 토론 태도가 적절했는가?

* 문의 사항은 다음 전화번호로 연락 주세요. ○○○─○○○○

1 밑줄 친 낱말의 뜻으로 바르지 <u>않은</u> 것은 무엇인가요? (　　　)

① ㉠: 이미 아는 정보를 근거로 삼아 다른 판단을 이끌어 냄.

② ㉡: 무엇을 하려고 하는 생각이나 계획. 또는 무엇을 하려고 꾀함.

③ ㉢: 사물이나 현상을 바라볼 때, 그 사람이 생각하는 태도나 방향.

④ ㉣: 일의 이치로 보아 옳은.

2일차 사회 어휘 #정치 #근현대

시위

많은 사람이 모이거나 행진을 하며 자신들의 뜻을 표현하는 행동.

示 보일 시　威 위엄 위

예문 시민들은 전국 곳곳에서 정부의 정책에 반대하는 **시위**를 벌였다.

활용 세계 곳곳에서 전쟁에 반대하는 **시위**가 이어졌다.

비슷한말 시위운동, 데모　　**관련 어휘** 항쟁: 맞서 싸움.

혁명

1. 국가의 기초나 제도 등이 완전히 새롭게 바뀌는 일.
2. 이전의 것을 깨뜨리고 새로운 것을 급격하게 세우는 일.

革 가죽 혁　命 목숨 명

예문 4·19 **혁명**[1]은 1960년에 이승만 정부의 부정 선거에 맞선 시민들의 항쟁이다.

활용 에디슨이 전구를 발명한 일은 **혁명**[2]이었다.

관련 어휘 쿠데타: 군사적 힘으로 정치 권력을 얻는 일.

견제

상대가 세력을 지나치게 펴거나 자유롭게 행동하지 못하게 억누름.

牽 끌 견　制 억제할 제

예문 삼권 분립은 정부, 국회, 법원이 서로를 **견제**하고 권력의 균형을 이루도록 국가 권력을 나눈 것이다.

활용 참가자들은 지난 대회 우승자를 **견제**했다.

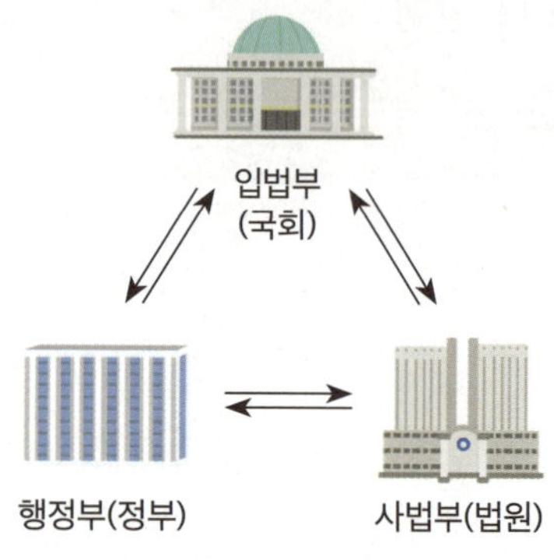

제정

제도나 법률 등을 만들어 정함.

制 지을 제　定 정할 정

예문 국회에서는 법을 **제정**하고, 법을 고치거나 없애기도 한다.

활용 우리나라에 의미가 있는 날을 국경일로 **제정**한다.

비슷한말 입법

▲ 국회 의사당

1주

개정

문서의 내용 등을 고쳐 바르게 함.

改 고칠 개   定 정할 정

예문 6월 민주 항쟁 이후 헌법을 **개정**하고 법을 새롭게 만들어 대통령 직선제를 시행했다.

활용 국민들은 독재 정권에 맞서 법의 **개정**을 요구했어.

? 도움말 '직선제'란 '직접 선거 제도'의 줄임 말로, 국민이 직접 대표를 뽑는 선거 제도예요.

심의

어떤 일을 토의하여 적절한가를 판단하는 일.

審 살필 심   議 의논할 의

예문 국회에서 나라의 살림에 필요한 예산을 **심의**하여 정한다.

활용 방송 **심의** 결과, 최근 영어 자막이나 신조어 사용이 심각하다고 해.

비슷한말 심사, 논의

의사 결정

어떤 문제를 해결하기 위해 여러 방법 중 하나를 선택하는 일.

意 뜻 의   思 생각 사
決 결정할 결   定 정할 정

예문 우리 시에서는 민주적 **의사 결정** 과정을 거쳐 문제를 해결했다.

활용 회의를 통해 합리적인 **의사 결정**을 내렸다.

관련 어휘 민주적: 국민이 모든 결정의 중심에 있는. 또는 있는 것.

관용

남의 잘못을 이해하거나 용서함. 또는 그런 용서.

寬 너그러울 관   容 얼굴 용

예문 갈등을 해결하려면 **관용**과 비판적 태도, 양보와 타협하는 자세가 필요하다.

활용 그 친구는 나의 거짓말에 **관용**을 베풀었다.

비슷한말 용서
관련 어휘 타협: 어떤 일을 양보하여 의논함.

어휘 플러스+
중학교 어휘

예 **이익 집단**은 여론을 만들거나 집단의 이익을 제시한다.

이익 집단은 직업이나 관심사 등이 비슷한 사람들이 모여 자신들의 이익을 실현하기 위해 만든 단체를 말해요. 기업가 단체, 노동조합, 예술인 협회, 의사 협회 등이 이익 집단의 예라고 할 수 있지요. 이러한 이익 집단은 정치 과정에서 집단의 이익을 드러내기도 하고, 사회 문제의 해결책을 제시하기도 해요. 하지만 이익을 추구하는 과정에서 사회의 전체 이익에 부딪히는 주장을 할 때도 있고, 공공을 위한 결정을 내리는 데 혼란을 가져오기도 하지요.

문장을 읽고, 빈칸에 들어갈 낱말을 보기 에서 찾아 쓰세요.

보기

시위	혁명	견제	제정
개정	심의	의사 결정	관용

1 4·19 ＿＿＿＿＿＿＿＿＿＿＿은/는 1960년에 이승만 정부의 부정 선거에 맞선 시민들의 항쟁이다.

2 우리나라에 의미가 있는 날을 국경일로 ＿＿＿＿＿＿＿＿＿＿＿한다.

3 그 친구는 나의 거짓말에 ＿＿＿＿＿＿＿＿＿＿＿을/를 베풀었다.

4 참가자들은 지난 대회 우승자를 ＿＿＿＿＿＿＿＿＿＿＿했다.

5 국민들은 독재 정권에 맞서 법의 ＿＿＿＿＿＿＿＿＿＿＿을/를 요구했어.

6 방송 ＿＿＿＿＿＿＿＿＿＿＿ 결과, 최근 영어 자막이나 신조어 사용이 심각하다고 해.

7 세계 곳곳에서 전쟁에 반대하는 ＿＿＿＿＿＿＿＿＿＿＿이/가 이어졌다.

8 우리 시에서는 민주적 ＿＿＿＿＿＿＿＿＿＿＿ 과정을 거쳐 문제를 해결했다.

어휘 적용

1 [낱말 이해] 낱말의 뜻을 읽고, 알맞은 낱말을 보기 에서 찾아 각각 쓰세요.

> **보기**
>
> 심의   견제   개정   제정

(1) 제도나 법률 등을 만들어 정함. ✎ __________

(2) 문서의 내용 등을 고쳐 바르게 함. ✎ __________

(3) 어떤 일을 토의하여 적절한가를 판단하는 일. ✎ __________

2 [낱말 이해] 다음 문장의 밑줄 친 부분을 뜻하는 낱말은 무엇인가요? (   )

> 왕과 귀족은 서로 세력을 지나치게 펴거나 자유롭게 행동하지 못하게 했다.

① 참여했다   ② 심사했다   ③ 양보했다   ④ 견제했다

3 [낱말 관계] 밑줄 친 낱말과 뜻이 비슷한 것을 찾아 ○표 하세요.

(1) 주인 영감은 돈과 보석을 갖고 도망친 노비에게 <u>관용</u>을 베풀었다. ➡

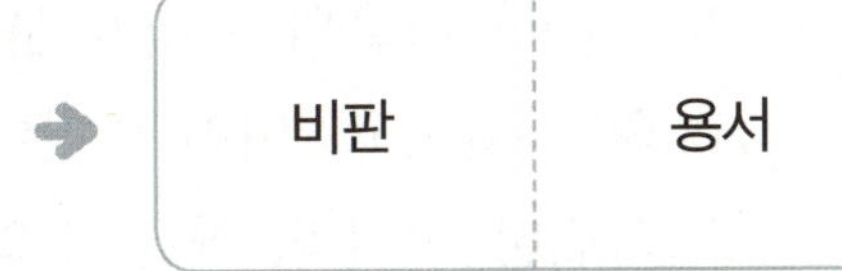

(2) 나는 시민들이 광장에 가득 모여 독재 정권이 물러나길 요구하는 <u>시위</u> 장면에 큰 감동을 받았다. ➡

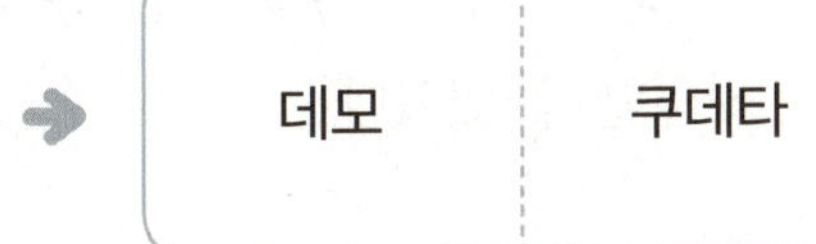

낱말 적용

4 다음 글의 빈칸에 들어갈 알맞은 낱말은 무엇인가요? ( )

> 지역의 환경 문제와 관련된 법이 ( )된 지 10년이 넘었지만, 우리 지역에는 이와 관련된 기관이 없습니다. 단순히 법을 만드는 것에 그치지 않고, 그 법이 잘 시행되고 있는지에 대해 정부가 관심을 가져야 한다고 생각합니다.

① 관용 ② 제정 ③ 시위 ④ 견제

낱말 이해

5 보기 에서 알맞은 말을 찾아 다음 낱말의 뜻풀이를 완성하세요.

> **보기**
>
> 추측하거나 이해하거나 무겁게 새롭게

(1) 관용

남의 잘못을 ( ) 용서함. 또는 그런 용서.

(2) 혁명

국가의 기초나 제도 등이 완전히 ( ) 바뀌는 일.

낱말 적용

6 다음 글의 빈칸에 들어갈 알맞은 낱말을 글자판에서 찾아 묶으세요.

> **보기**
>
> 우리 마을의 쓰레기 문제를 해결하기 위해서 주민 회의가 열렸고, 여러 의견이 제시되었다. 많은 사람이 낸 의견뿐 아니라, 적은 수의 사람이 낸 의견도 존중하는 ( ) 과정을 통해 우리 동네가 나아갈 방향을 정할 수 있었다.

의	시	해	도
원	사	님	말
결	혼	결	쭐
당	리	식	정

📖 다음 신문 기사를 읽고, 물음에 답하세요.

○○일보   20○○년 10월 3일

○○국, 곳곳에서 열린 시민권법 개정 반대 시위

　○○국 국민으로서의 권리를 보장하는 시민권법 ⊙개정에 반대하는 ⓒ시위가 곳곳에서 열리고 있다. 이번 *개정안은 작년에 입국한 난민들에게 시민권을 주겠다는 내용으로, 소수 집단을 배려하는 ⓒ관용의 정신을 담고 있다. 하지만 특정 종교를 믿는 난민들은 시민권을 받는 대상에 포함되지 않아, 이에 반대하는 사람들이 거리에 나섰다.

•개정안 고쳐 바로잡은 안.

1 다음 문장을 읽고, 빈칸에 공통으로 들어갈 낱말의 기호를 ⊙~ⓒ 중에서 찾아 쓰세요.

- 성당에서 은접시를 훔친 잘못을 용서한 신부의 (　　　　)에 장 발장은 감동받았다.
- (　　　　)을 베풀라는 말이 무조건 잘못을 덮어 주라는 뜻은 아니다.

✏️ ___________

2 이 글의 내용과 일치하지 <u>않는</u> 것은 무엇인가요? (　　　)

① 작년에 난민들이 ○○국으로 입국했다.

② ○○국에서 시민권법을 고치려고 한다.

③ 이번 개정안은 모든 종교의 사람들에게 혜택을 주겠다는 내용이다.

④ 특정 종교를 가진 난민들이 시민권을 받는 대상에서 제외되었다.

3 일차 과학 어휘 #지구 #달 #우주

측정

일정한 양을 기준으로 하여 같은 종류의 다른 양의 크기를 잼.

測 잴 **측**   定 정할 **정**

예문 실험하는 동안 **측정**한 내용은 곧바로 기록한다.

활용 환경부는 매일 미세 먼지의 양을 **측정**하여 전국의 공기 질을 알려 준다.

비슷한말 관측

▲ 실험실의 측정 도구들

지표면

지구의 표면. 또는 땅의 겉면.

地 땅 **지**   表 겉 **표**   面 얼굴 **면**

예문 여름 한낮에는 **지표면**의 온도가 높다.

활용 새벽에 **지표면** 부근에 안개가 생겼다.

비슷한말 땅거죽, 지반, 지표

태양 고도

태양이 지표면과 이루는 각.

太 클 **태**   陽 볕 **양**
高 높을 **고**   度 정도 **도**

예문 태양의 높이는 **태양 고도**를 이용하여 정확하게 나타낼 수 있다.

활용 **태양 고도**가 높아지면 그림자의 길이는 짧아진다.

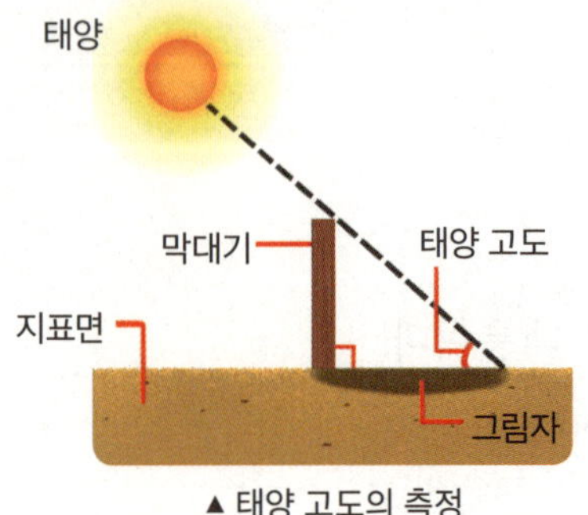

▲ 태양 고도의 측정

남중

하루 중 태양이 정확히 남쪽에 위치하는 일.

南 남녘 **남**   中 가운데 **중**

예문 태양이 **남중**했을 때의 고도를 '태양의 남중 고도'라고 한다.

활용 태양이 **남중**했을 때 그림자의 길이는 하루 중 가장 짧아.

? 도움말 태양의 남중 고도가 높은 여름에는 낮의 길이가 길고 기온이 높으며, 태양의 남중 고도가 낮은 겨울에는 낮의 길이가 짧고 기온이 낮아요.

일몰

해가 짐.

日 날 일　沒 잠길 몰

예문 **일몰** 직후에 초승달은 서쪽 하늘에서 보인다.

활용 **일몰** 후의 달의 위치를 매일 관찰해 보았어.

반대말 일출

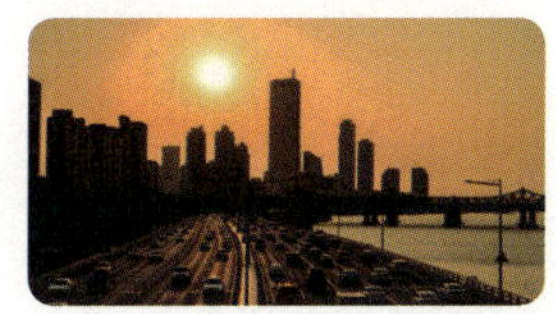

▲ 일몰 직전의 석양

지구의 자전

지구가 자전축을 중심으로 하루에 한 바퀴씩 서쪽에서 동쪽으로 회전하는 것.

地 땅 지　　球 공 구
自 스스로 자　轉 구를 전

예문 **지구의 자전**으로 낮과 밤이 번갈아 나타난다.

관련 어휘 자전축: 지구의 북극과 남극을 이은 가상의 직선.

▲ 지구의 자전

지구의 공전

지구가 태양을 중심으로 1년에 한 바퀴씩 서쪽에서 동쪽으로 회전하는 것.

地 땅 지　　球 공 구
公 공평할 공　轉 구를 전

예문 **지구의 공전**으로 계절마다 볼 수 있는 별자리가 달라진다.

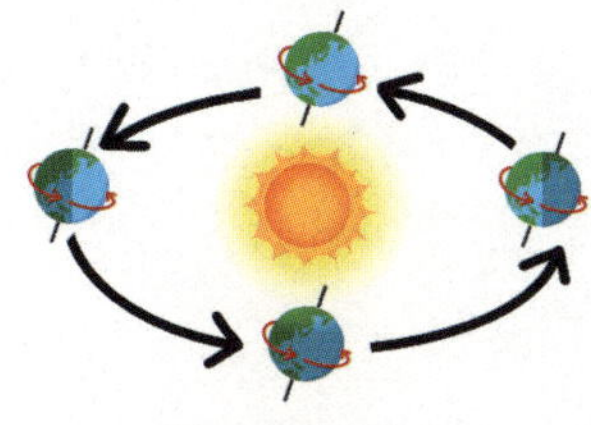

▲ 지구의 자전과 공전

궤도면

천체가 다른 천체 주위를 돌 때 그리는 길이 포함된 평면.

軌 바큇자국 궤　道 길 도　面 얼굴 면

예문 지구의 자전축이 공전 **궤도면**에 대해 기울어져 있어 계절의 변화가 생긴다.

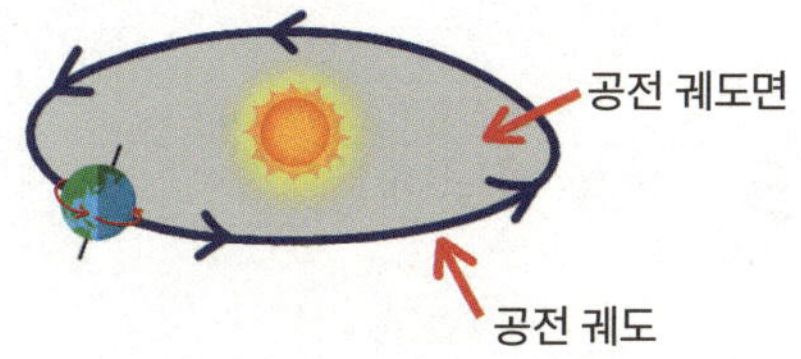

어휘 플러스⁺ 중학교 어휘

예 옛날 사람들은 **일식**과 **월식**을 불길한 징조라고 생각했다.

일식은 달이 태양의 일부나 전부를 가리는 현상으로 태양 - 달 - 지구가 일직선에 있을 때 발생해요. 달이 태양의 일부를 가릴 때에는 '부분 일식'이라고 하고, 달이 태양 전체를 가릴 때에는 '개기 일식'이라고 하지요. **월식**은 달이 지구의 그림자에 가려지는 현상으로 태양 - 지구 - 달이 일직선에 있을 때 발생해요. 일식처럼 월식도 '부분 월식'과 '개기 월식'으로 나뉘어요. 한편, 고대에는 일식이 일어나면 하늘에 큰 일이 생긴 것으로 여겨 인간 세상에 나쁜 일이 벌어진다고 믿었어요.

▲ 일식

📝 문장을 읽고, 빈칸에 들어갈 낱말을 보기 에서 찾아 쓰세요.

보기

측정	지표면	태양 고도	남중
일몰	지구의 자전	지구의 공전	궤도면

1 ________________(으)로 낮과 밤이 번갈아 나타난다.

2 실험하는 동안 ________________한 내용은 곧바로 기록한다.

3 지구의 자전축이 공전 ____________에 대해 기울어져 있어 계절의 변화가 생긴다.

4 ________________(으)로 계절마다 볼 수 있는 별자리가 달라진다.

5 여름 한낮에는 ________________의 온도가 높다.

6 ________________이/가 높아지면 그림자의 길이는 짧아진다.

7 태양이 ________________했을 때 그림자의 길이는 하루 중 가장 짧아.

8 ________________ 직후에 초승달은 서쪽 하늘에서 보인다.

낱말 이해

1 다음 낱말의 뜻이 완성되도록 알맞은 말에 ○표 하세요.

(1) 지구의 자전: 지구가 자전축을 중심으로 (1년 / 하루)에 한 바퀴씩 서쪽에서 동쪽으로 회전하는 것.

(2) 지구의 공전: 지구가 태양을 중심으로 (1년 / 하루)에 한 바퀴씩 서쪽에서 동쪽으로 회전하는 것.

낱말 적용

2 초성을 보고, 대화의 빈칸에 들어갈 알맞은 낱말을 쓰세요.

> 정민: 한옥 지붕의 처마가 끝으로 갈수록 살짝 들린 모습이 참 멋져.
> 상연: 처마는 집 안으로 들어오는 햇빛의 양을 조절하는 역할을 한대. (ㅌㅇ ㄱㄷ)가 높은 여름에는 처마가 햇빛을 차단하지만, (ㅌㅇ ㄱㄷ)가 낮은 겨울에는 살짝 들린 처마 아래로 햇빛이 들어와.

____

낱말 적용

3 다음 문장의 빈칸에 들어갈 알맞은 낱말로 짝 지어진 것은 무엇인가요? (   )

> • 한여름에 (㉠) 위로 아지랑이가 피어올랐다.
> • 태양이 (㉡)했을 때 그림자 길이는 하루 중 가장 짧다.

	㉠	㉡
①	지표면	남중
②	공전	남중
③	지표면	일몰
④	공전	일몰

낱말 적용

4 초성을 보고, 빈칸에 들어갈 알맞은 낱말을 쓰세요.

> 옛날에는 나라마다 단위가 달랐어요. 그래서 땅이나 물건을 사고팔 때 큰 어려움을 겪었지요. 이 문제를 해결하기 위해 사람들은 길이, 부피, 무게 등의 단위를 (ㅊㅈ)하는 법인 '도량형'을 통일하기로 하였지요.

낱말 쓰임

5 다음 중 밑줄 친 낱말을 잘못 활용한 친구에 ✕표 하세요.

성아	은정	혜영
탐사선은 화성의 <u>지표면</u>을 살펴보면서 많은 정보를 수집하고 있어.	<u>일몰</u> 시간이 지나니까 날이 점점 밝아지고 따뜻해지는구나.	안경을 맞추기 위해 안과에 가서 시력 <u>측정</u>을 받았어.
( )	( )	( )

낱말 적용

6 빈칸에 들어갈 알맞은 낱말을 보기 에서 찾아 각각 쓰세요.

보기

자전　　공전　　일몰　　궤도면　　지표면

- 지구의 자전축은 공전 (　　㉠　　)에 대해 기울어져 있다.
- 지구는 태양을 중심으로 1년에 한 바퀴씩 서쪽에서 동쪽으로 (　　㉡　　)한다.

㉠ ____________　　㉡ ____________

📖 다음 편지를 읽고, 물음에 답하세요.

안녕? 나는 이탈리아의 과학자 갈릴레오 갈릴레이야.

1609년 어느 날, 나는 직접 망원경을 만들어 밤하늘을 관찰했어.

달을 관찰하던 중, 달의 땅이 지구의 땅처럼 거칠고 울퉁불퉁하다는 것을 발견했단다.

그러다가 목성을 살펴보니, 지구가 (㉠ ㅌ ㅇ)을 중심으로 1년에 한 바퀴씩 서쪽에서 동쪽으로 도는 것처럼 목성 주위를 (㉡ ㄱ ㅈ) 하는 위성이 있다는 것을 발견했지. 그리고 태양을 관찰하며 태양도 자전을 한다는 것까지 알게 되었어.

여러 천체들을 관찰한 결과, '태양이 우주의 중심이고, 지구가 태양 주위를 돈다.'라는 천문학자 코페르니쿠스의 '지동설'을 뒷받침할 만한 단서들을 발견했어. 나는 이러한 내용을 적어 책으로 냈지. 그러자 책을 읽은 사람들은 큰 혼란에 빠졌어. 당시 사람들은 '우주의 중심은 지구이고, 모든 천체는 지구의 둘레를 돈다.'라는 천동설을 굳게 믿고 있었기 때문이지. 내 주장은 사람들의 비판을 받기도 했지만, 훗날 내가 주장한 지동설이 사실로 밝혀졌단다.

○월 ○일
갈릴레이 씀.

1 초성을 보고, ㉠과 ㉡에 들어갈 알맞은 낱말을 각각 쓰세요.

✏️ ㉠ _____________ ㉡ _____________

2 이 글을 바르게 이해하지 <u>못한</u> 친구는 누구인가요? ( )

① 효성: 갈릴레이는 망원경을 직접 만들어 천체를 관찰했구나.

② 경욱: 목성 주위를 도는 위성이 있구나.

③ 이삭: 갈릴레이는 자신이 낸 책에서 천동설을 주장했구나.

④ 민석: 갈릴레이는 태양도 자전한다는 것을 알았구나.

# 4일차 수학 어휘 

`#입체도형` `#각기둥` `#각뿔`

입체도형

길이와 폭, 두께를 가지고 일정한 공간을 차지하는 도형.

立 설 입   體 몸 체
圖 그림 도   形 모양 형

예문 직육면체와 같은 도형을 **입체도형**이라고 한다.

활용 택배 상자는 직육면체 형태의 **입체도형**입니다.

관련 어휘 **평면도형**: 두께가 없고 길이나 폭만 가진 평평한 면에 그려진 도형.

？도움말 입체도형의 겨냥도를 그릴 때, 보이는 모서리는 실선으로, 보이지 않는 모서리는 점선으로 나타내요.

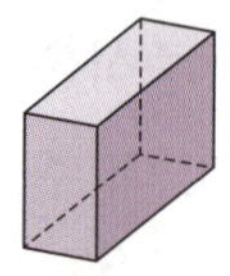 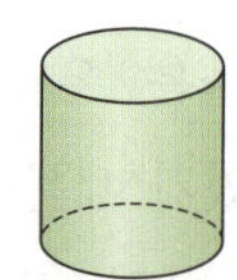 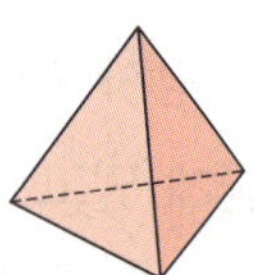

▲ 다양한 입체도형

각기둥

위아래 면이 서로 평행이고 합동인 다각형이며, 옆면이 모두 직사각형인 입체도형.

角 뿔 각

예문 **각기둥**의 모서리를 잘라서 평면 위에 펼쳐 놓은 그림을 '각기둥의 전개도'라고 한다.

활용 윗면과 아랫면이 평행하더라도 같은 크기와 모양이 아니면 **각기둥**이 아니야.

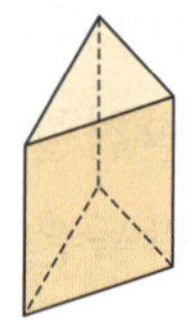 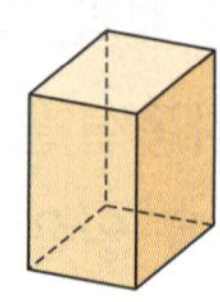 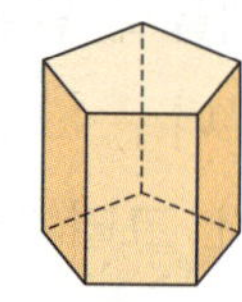 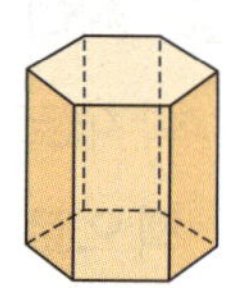

▲ 각기둥의 예

각기둥의 밑면

각기둥에서 서로 평행하고 합동인 두 면.

角 뿔 각
面 얼굴 면

예문 **각기둥의 밑면** 모양에 따라 각기둥의 이름이 달라진다.

활용 삼각기둥은 **각기둥의 밑면**이 삼각형이야.

관련 어휘 **각기둥의 옆면**: 각기둥에서 두 밑면과 만나는 면.

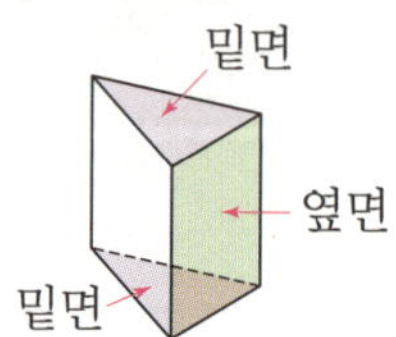

각기둥의 높이

각기둥의 두 밑면 사이의 거리.

角 뿔 각

예문 **각기둥의 높이**는 옆면끼리 만나서 생긴 모서리의 길이와 같다.

활용 친구들과 각각 다른 **각기둥의 높이**를 쟀어.

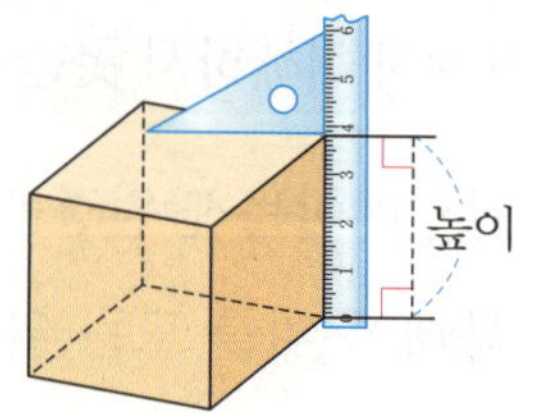

각기둥의 모서리

각기둥에서 면과 면이 만나는 선분.

角 뿔 각

[예문] 사**각기둥의 모서리** 개수는 12개이다.

[관련 어휘] 각기둥의 꼭짓점: 모서리끼리 만나는 점.

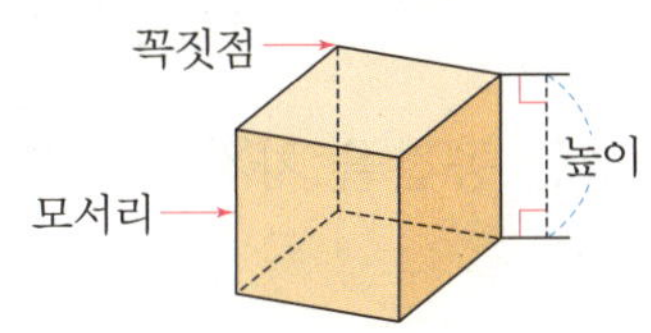

각뿔

밑면이 다각형이고, 옆면은 삼각형인 입체도형.

角 뿔 각

[예문] **각뿔**은 밑면의 모양에 따라 이름이 정해진다.

[활용] 피라미드는 **각뿔**의 형태를 띄고 있는 건축물이다.

[관련 어휘] **각뿔의 밑면**: 각뿔을 놓았을 때 바닥 부분의 면.
각뿔의 옆면: 각뿔의 밑면과 만나는 면.
각뿔의 꼭짓점: 꼭짓점 중에서도 옆면이 모두 만나는 점.
각뿔의 모서리: 각뿔에서 면과 면이 만나는 선분.

각뿔의 높이

각뿔의 꼭짓점에서 밑면에 수직인 선분의 길이.

角 뿔 각

[예문] **각뿔의 높이**를 잴 때 자와 삼각자의 직각을 이용하면 정확하고 쉽게 잴 수 있다.

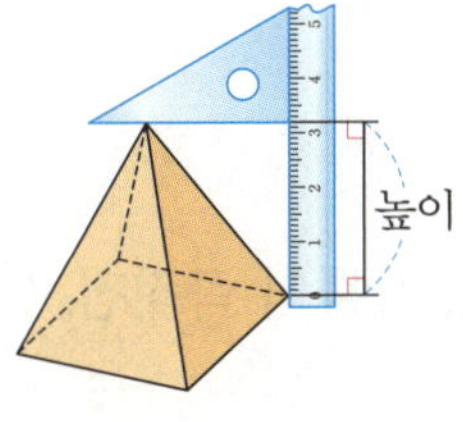

구성 요소

어떠한 사물을 짜임새 있게 이루기 위해 꼭 필요한 성분.

構 얽을 구   成 이룰 성
要 중요할 요   素 바탕 소

[예문] 각뿔의 **구성 요소**는 밑면, 옆면, 모서리, 꼭짓점, 각뿔의 꼭짓점, 높이이다.

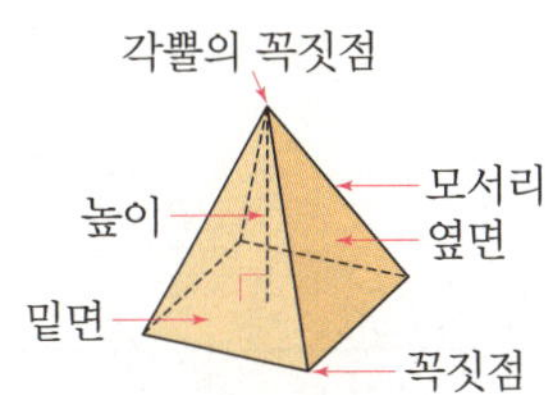

어휘 플러스+
중학교 어휘

예 **다면체**의 종류에는 각기둥, 각뿔, **각뿔대** 등이 있다.

다각형 모양의 면으로만 둘러싸인 입체도형을 **다면체**라고 해요. **각뿔대**는 각뿔을 밑면에 평행한 평면으로 잘라서 생기는 입체도형이에요. 각뿔대의 이름은 밑면의 모양에 따라 달라져요. 밑면의 모양이 사각형이면 사각뿔대, 오각형이면 오각뿔대예요. 각뿔대의 옆면은 사다리꼴인 것이 특징이에요.

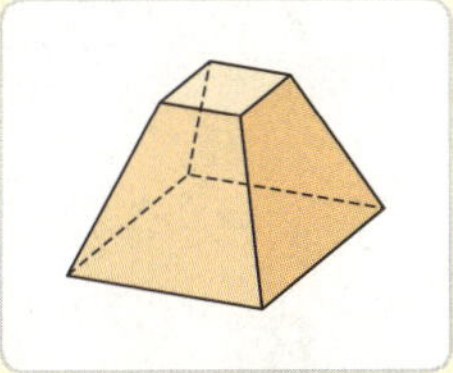

▲ 사각뿔대

🖐 문장을 읽고, 빈칸에 들어갈 낱말을 보기 에서 찾아 쓰세요.

보기

입체도형　　　각기둥　　　각기둥의 밑면　　　각기둥의 높이
각기둥의 모서리　　　각뿔　　　각뿔의 높이　　　구성 요소

1 ＿＿＿＿＿＿＿＿＿＿은/는 길이와 폭, 두께를 가지고 일정한 공간을 차지하는 도형이다.

2 ＿＿＿＿＿＿＿＿＿＿은/는 옆면끼리 만나서 생긴 모서리의 길이와 같다.

3 ＿＿＿＿＿＿＿＿＿＿ 모양에 따라 각기둥의 이름이 달라진다.

4 ＿＿＿＿＿＿＿＿＿＿은/는 위아래 면이 서로 평행이고 합동인 다각형이며, 옆면이 모두 직사각형인 입체도형이다.

5 각뿔의 ＿＿＿＿＿＿＿＿＿＿은/는 밑면, 옆면, 모서리, 꼭짓점, 각뿔의 꼭짓점, 높이이다.

6 ＿＿＿＿＿＿＿＿＿＿은/는 밑면이 다각형이고, 옆면은 삼각형인 입체도형이다.

7 ＿＿＿＿＿＿＿＿＿＿은/는 각기둥에서 면과 면이 만나는 선분이다.

8 ＿＿＿＿＿＿＿＿＿＿은/는 각뿔의 꼭짓점에서 밑면에 수직인 선분의 길이이다.

1 <낱말 이해>
낱말의 뜻을 읽고, 보기 에서 알맞은 낱말을 찾아 각각 쓰세요.

> **보기**
>
> 각기둥의 모서리   각기둥의 밑면   각기둥의 꼭짓점

(1) 각기둥에서 면과 면이 만나는 선분. _______________

(2) 각기둥에서 서로 평행하고 합동인 두 면. _______________

2 <낱말 이해>
문장의 빈칸에 들어갈 알맞은 낱말과 뜻을 찾아 줄로 이으세요.

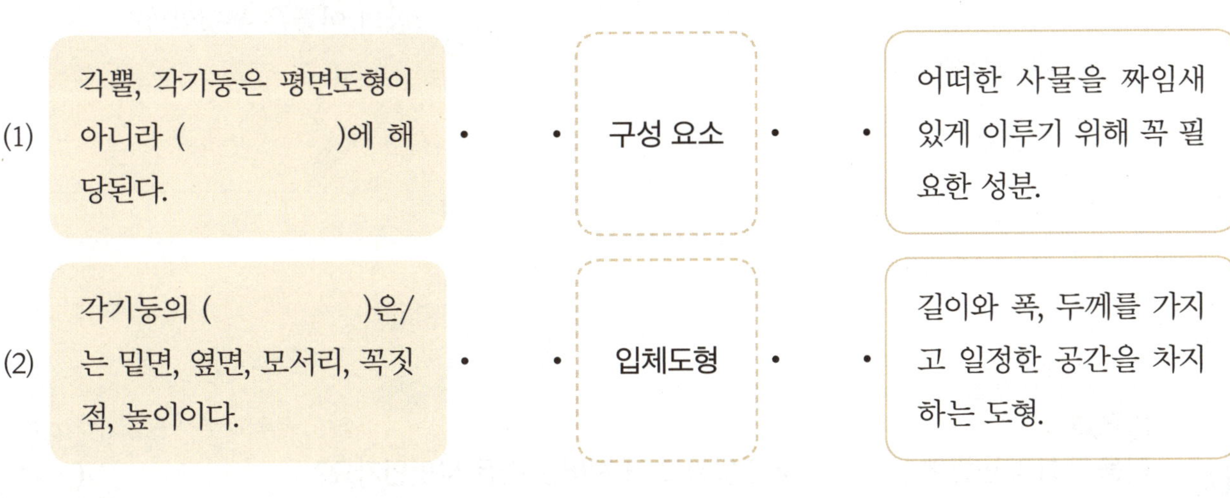

(1)

(2)

3 <낱말 적용>
다음 문장의 빈칸에 공통으로 들어갈 낱말은 무엇인가요? (   )

> • 각기둥의 꼭짓점은 옆면의 (   )끼리 만나는 점이야.
> • 그 책을 하도 많이 읽어서 (   )이/가 다 닳을 지경이에요.

① 입체도형   ② 구성 요소   ③ 꼭짓점   ④ 모서리

낱말 쓰임

4 밑줄 친 낱말의 쓰임이 바르지 <u>않은</u> 것은 무엇인가요?   (   )

① 직육면체는 <u>각기둥</u>에 포함되는 입체도형이다.

② <u>삼각뿔</u>은 밑면과 옆면이 모두 삼각형이다.

③ <u>각뿔의 높이</u>는 옆면끼리 만나서 생긴 모서리의 길이와 같다.

④ 피라미드는 밑면이 사각형인 <u>각뿔</u> 모양이다.

낱말 이해

5 다음 글자 카드에서 설명하는 낱말을 각각 쓰세요.

(1)

나는 다각형 형태인 밑면을 가지고 있어. 그리고 옆면의 모양이 모두 같은 삼각형들로 둘러싸여 있지. 나의 이름은 무엇일까?

(2)

나는 위아래 면이 서로 평행이고 합동인 입체도형이야. 위아래 면은 다각형, 옆면은 직사각형 모양이지. 나의 높이는 두 밑면 사이의 거리야. 나의 이름은 무엇일까?

낱말 적용

6 다음 대화의 빈칸에 들어갈 알맞은 낱말로 짝 지어진 것은 무엇인가요?   (   )

원희: 각기둥과 각뿔은 (㉠   )의 모양에 따라 이름이 정해지는 거 알고 있니?

하준: 그럼, (㉠   )이 삼각형이면 삼각기둥, 삼각뿔이라고 하고 (㉠   )이 사각형이면 사각기둥, 사각뿔이라고 하잖아.

원희: 잘 알고 있구나. 그러면 각기둥과 각뿔의 차이점에 대해서도 알고 있니?

하준: 각기둥의 (㉡   )은 직사각형이고, 각뿔의 (㉡   )은 이등변삼각형이야.

	㉠	㉡		㉠	㉡
①	옆면	꼭짓점	②	옆면	밑면
③	밑면	옆면	④	밑면	꼭짓점

📖 다음 설명서를 읽고, 물음에 답하세요.

피라미드 만들기

• 준비물: 피라미드 도안, 종이 인형, 가위, 풀, 자, 삼각자, 사인펜 등

 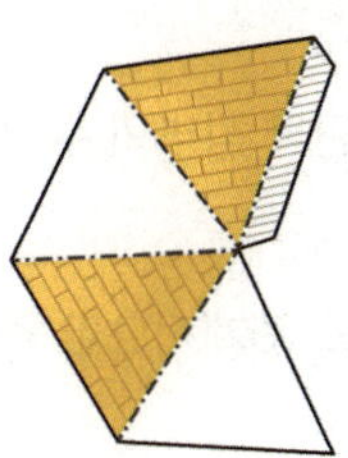

도형의 빈 부분을 자유롭게 꾸민 다음, 점선을 따라 바깥으로 접고, 빗금 친 부분에 풀칠하여 도형의 모서리가 서로 맞닿도록 붙여요.

 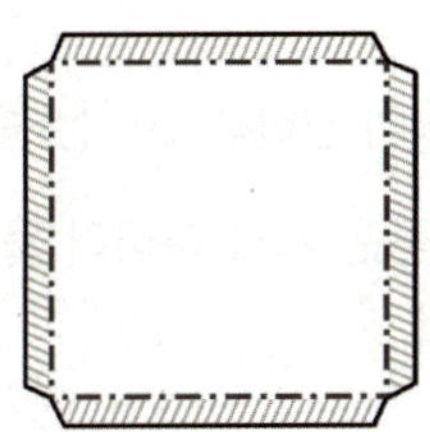

점선을 따라 바깥으로 접은 다음, 빗금친 부분에 풀칠하고 ❶을 세워 붙여요.

 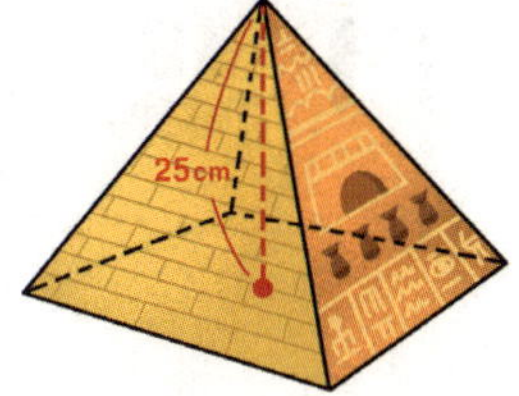

만들어진 각뿔에서 ㉠각뿔의 높이가 25cm인지 자와 삼각자의 직각을 이용해 확인해요.

고대 이집트인을 나타내는 종이 인형을 ㉡피라미드 주변에 세워 보세요.

1 ㉠의 뜻으로 가장 알맞은 것에 ○표 하세요.

각뿔을 놓았을 때 바닥 부분의 면.	각뿔의 꼭짓점에서 밑면에 수직인 선분의 길이.	각뿔의 밑면과 만나는 면.
( )	( )	( )

2 ㉡의 모양에 어울리는 낱말에 ○표 하세요.

삼각뿔	사각뿔	오각뿔	육각뿔

5일차 학습 도움 어휘

증거

어떤 사실을 증명할 수 있는 근거.

證 증거 증　據 근거 거

예문 화석은 생물이 진화해 왔다는 **증거**가 될 수 있다.

활용 동생 입에 묻은 케첩 자국이 몰래 핫도그를 먹었다는 **증거**야.

비슷한말 근거

관련 어휘 **증명하다**: 어떤 사항이나 판단 등에 대하여 그것이 진실인지 아닌지 증거를 들어서 밝히다.

수립

국가나 정부, 제도, 큰 계획 등을 세움.

樹 나무 수　立 설 립

예문 대한민국 정부의 **수립** 과정에는 많은 어려움이 있었다.

활용 계획을 체계적으로 **수립**하면 일을 진행하는 것이 수월해.

발전하다

1. 더 낫고 좋은 상태나 더 높은 단계로 나아가다.
2. 일이 어떤 방향으로 전개되다.

發 필 발　展 펼 전

예문 경제가 **발전하면서**[1] 자동차의 생산량이 늘어나 수출이 활발해졌다.

활용 작은 오해가 결국 큰 다툼으로 **발전하고**[2] 말았어.

비슷한말 발달하다, 나아지다, 자라다

가설

이론을 세우거나 조사나 실험을 하기 전에 임시로 정한 결과.

假 임시 가　說 말씀 설

예문 우리 모둠은 **가설**을 세워 실험을 했고, **가설**과 다른 결과를 얻었다.

활용 전국적으로 꿀벌들의 수가 줄어들자 여러 **가설**이 제시되었다.

비슷한말 가정

? 도움말 가설의 예로 '벼는 차가운 곳보다 따뜻한 곳에서 잘 자랄 것이다.', '모기는 땀 냄새에 반응할 것이다.' 등이 있어요.

움직이다

1. 자세나 자리를 바꾸다.
2. 생각이 바뀌다.

예문 하루 동안 태양은 동쪽에서 남쪽을 지나 서쪽으로 **움직이는**[1] 것처럼 보인다.

활용 상대편의 의견을 듣고 나니, 반대편이었던 내 생각이 **움직였다**[2].

❓도움말 '움직이다'의 다른 뜻으로 '어떤 목적을 가지고 활동하다.', '어떤 사실이나 현상이 바뀌다.', '기계나 공장이 작동되거나 운영되다.' 등이 있어요.

참여하다

어떤 일에 끼어들어 관계하다.

參 참여할 참 與 더불 여

예문 시민들은 선거나 투표에 **참여하여** 정치적 뜻을 표현한다.

활용 구성원들이 모둠 활동에 적극적으로 **참여하여** 좋은 결과를 얻었다.

비슷한말 참가하다

판단하다

기준을 바탕으로 결정을 내리다.

判 판가름할 판 斷 끊을 단

예문 뉴스와 광고를 보고, 정보의 타당성과 표현의 적절성을 **판단했다**.

활용 경찰은 주민들을 대피시켜야 한다고 **판단했어**.

비슷한말 생각하다, 살피다

주관

어떤 것에 대한 자기만의 의견이나 생각. 또는 생각하는 태도나 방향.

主 자신 주 觀 볼 관

예문 기사를 쓸 때는 **주관**을 제외하고 사실을 객관적으로 전달해야 한다.

활용 반 고흐는 **주관**을 굽히지 않고 자신만의 방식으로 그림을 그렸다.

반대말 객관

어휘 플러스+ 고사성어

예 노숙은 괄목상대한 여몽의 모습을 보고 깜짝 놀랐다.

괄목상대(刮目相對)는 눈을 비비고 상대편을 본다는 뜻으로, 다른 사람의 실력이 깜짝 놀랄 만큼 늘었음을 말해요. 오나라의 장군 여몽은 무예 실력이 뛰어났는데, 학식은 부족했어요. 오나라의 왕인 손권은 여몽에게 학문에 힘쓰라고 권유했고, 여몽은 학업에 열중했지요. 어느 날, 노숙이라는 정치가가 여몽과 이야기를 나누었고, 노숙은 괄목상대한 여몽을 보며 말했답니다. "참으로 박학다식합니다. 이전의 여몽이 아니로군요."

🖊️ 문장을 읽고, 빈칸에 들어갈 낱말을 보기 에서 찾아 쓰세요.

보기

증거	수립	발전하면서	가설
움직였다	참여하여	판단했어	주관

1 상대편의 의견을 듣고 나니, 반대편이었던 내 생각이 ________________.

2 동생 입에 묻은 케첩 자국이 몰래 핫도그를 먹었다는 ________________(이)야.

3 계획을 체계적으로 ________________하면 일을 진행하는 것이 수월해.

4 구성원들이 모둠 활동에 적극적으로 ________________ 좋은 결과를 얻었다.

5 경찰은 주민들을 대피시켜야 한다고 ________________.

6 경제가 ________________ 자동차의 생산량이 늘어나 수출이 활발해졌다.

7 전국적으로 꿀벌들의 수가 줄어들자 여러 ________________이/가 제시되었다.

8 반 고흐는 ________________을/를 굽히지 않고 자신만의 방식으로 그림을 그렸다.

낱말 이해

1 낱말의 뜻을 읽고, 알맞은 낱말을 찾아 줄로 이으세요.

(1) 어떤 일에 끼어들어 관계하다.　·　　　·　판단하다

(2) 국가나 정부, 제도, 큰 계획 등을 세움.　·　　　·　수립

(3) 기준을 바탕으로 결정을 내리다.　·　　　·　참여하다

낱말 쓰임

2 낱말의 뜻을 읽고, 밑줄 친 낱말이 어떤 뜻으로 쓰였는지 알맞은 기호를 쓰세요.

움직이다
　㉠ 자세나 자리를 바꾸다.　　㉡ 생각이 바뀌다.
　㉢ 어떤 목적을 가지고 활동하다.　　㉣ 어떤 사실이나 현상이 바뀌다.

(1) 때로는 진심이 상대의 마음을 <u>움직이는</u> 열쇠가 된다.　　　(　　　)

(2) 잠에서 깨어난 나는 굼벵이처럼 느릿느릿 <u>움직였다</u>.　　　(　　　)

(3) 환경 보호 단체들은 환경 오염 문제를 해결하기 위해 다방면으로 <u>움직였다</u>.　　　(　　　)

낱말 관계

3 밑줄 친 낱말과 뜻이 비슷한 것에 ○표 하세요.

새로 개발한 약이 기존의 약보다 효과가 높다는 <u>증거</u>가 부족해.

수립　　　가설　　　주관　　　근거

4
다음 문장의 빈칸에 공통으로 들어갈 낱말을 보기 에서 찾아 쓰세요.

보기

가설   수립   주관   증거

- 4월 11일은 대한민국 임시 정부 (   ) 기념일입니다.
- 연습을 게을리하지 않던 그 선수는 결국 신기록을 (   )하였습니다.
- 우리 고장의 관광지를 개발하려는 계획을 (   )하였습니다.

5
다음 중 밑줄 친 낱말을 잘못 활용한 친구에 ×표 하세요.

영지 (   )   로운 (   )   유진 (   )

6
다음 대화의 빈칸에 들어갈 알맞은 낱말로 짝 지어진 것은 무엇인가요?   (   )

민지: 사람들이 정치에 관심을 가지고 (㉠   ) 수 있는 방법에는 무엇이 있을까?
남준: 선거가 그 방법들 중 하나야. 후보들의 공약을 잘 살펴보고 투표를 해야지.
민지: 많은 사람들이 관심을 가져야 사회가 더 좋은 방향으로 (㉡   ) 수 있겠구나.

	㉠	㉡
①	참여할	수립할
②	판단할	참여할
③	판단할	발전할
④	참여할	발전할

 어휘 활용

📖 다음 안내문을 읽고, 물음에 답하세요.

○○ 연구소 *심리학 관련 실험 참가자 모집

기간	20○○년 10월 8일 ~ 10월 10일(3회 참여)
장소	○○ 연구소 3층
방법	1. 연구소의 ㉠판단 결과에 따라 참가자는 특정 소모임으로 이동
	2. 참가자는 특정 소모임에서 토의 실시
안내 사항	• 연구에 ㉡참여하고 싶은 분은 ○○○-○○○○으로 연락 주시기 바랍니다.
	• ㉢증거 수집을 위해 여러분의 활동이 촬영될 수 있음을 양해 부탁드립니다.
	• 조사 결과를 ㉣발전시키기 위해 추가 실험이 진행될 수 있습니다.

*심리학 생물체의 의식 현상과 행동을 연구하는 학문.

---

1 ㉠~㉣의 뜻으로 바르지 <u>않은</u> 것은 무엇인가요?　　　　　　　　　(　　　　)

① ㉠: 기준을 바탕으로 결정을 내림.

② ㉡: 어떤 일에 끼어들어 관계함.

③ ㉢: 이론을 세우거나 조사나 실험을 하기 전에 임시로 정한 결과.

④ ㉣: 더 낫고 좋은 상태나 더 높은 단계로 나아감.

2 ㉡과 같은 낱말을 쓸 수 있는 문장에 ○표 하세요.

현장 체험 학습에 (　　　　　)하는 학생들의 표정이 들떠 있다.　　　　(　　　　)

이 책에는 실험에 (　　　　　)할 만한 내용이 많다.　　　　(　　　　)

1 다음 뜻에 알맞은 낱말을 보기 에서 찾아 사다리를 타고 내려간 곳에 쓰세요.

보기
남중   각뿔   입체도형

길이와 폭, 두께를 가지고 일정한 공간을 차지하는 도형.	하루 중 태양이 정확히 남쪽에 위치하는 일.	밑면이 다각형이고, 옆면은 삼각형인 입체도형.

2 초성을 보고, ㉠과 ㉡에 들어갈 알맞은 낱말을 각각 쓰세요.

수지: 장영실은 (㉠ ㅌ ㅇ ㄱ ㄷ)에 따라 그림자의 길이가 달라지는 자연 현상을 관찰하고 해시계를 발명했어!

태윤: 물방울을 일정하게 떨어뜨려서 정확하게 시간을 (㉡ ㅊ ㅈ)할 수 있는 물시계도 놀라워.

수지: 시간을 정확하게 잰다는 사실이 당시에는 정말 신기했을 거야.

㉠ ________________   ㉡ __________

3 다음 중 낱말의 관계가 <u>다른</u> 하나에 ○표 하세요.

(1) 의도 - 목적	(2) 일출 - 일몰	(3) 참여 - 참가
( )	( )	( )

4 보기 에서 글자 카드를 찾아 문장의 빈칸에 들어갈 낱말을 완성하세요.

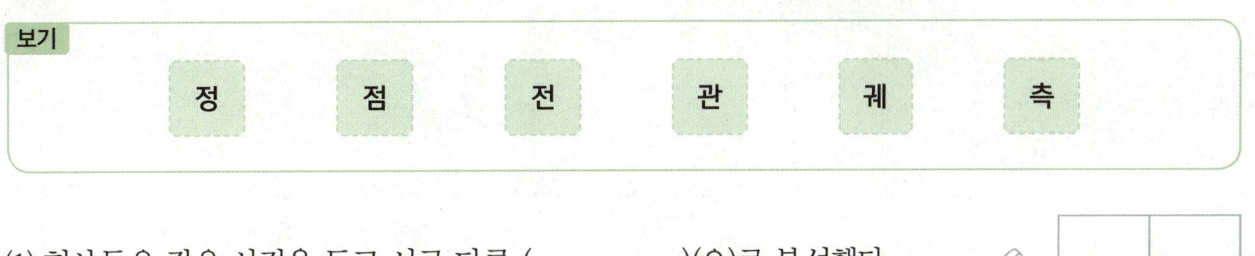

(1) 형사들은 같은 사건을 두고 서로 다른 (   )(으)로 분석했다.

(2) 강물이 녹색으로 물들어 시에서 강의 수질을 (   )했다.

5 다음 중 밑줄 친 낱말을 잘못 활용한 친구에 ×표 하세요.

윤정	채연	희철
선수들이 상대 팀을 서로 <u>견제</u>하며 몸을 푸는 모습에서 긴장감이 느껴져.	문학 작품은 읽는 사람의 <u>주관적</u>인 판단에 따라 다른 의미를 갖게 되지.	자신의 의견을 늘 명확하게 말하는 형의 <u>모호한</u> 태도를 본받고 싶어.
( )	( )	( )

6 다음 문장을 읽고, 빈칸에 들어갈 낱말을 보기 에서 찾아 각각 기호로 쓰세요.

보기

⊙ 움직이지   ⓒ 개정하지   ⓒ 참여하기로   ② 판단할

(1) 이번 체육 대회의 이어달리기 종목에 선수로 (   ) 했다.

(2) 엑스레이 촬영 중에는 (   ) 말아 주세요.

(3) 이 조사 결과로 봐서는 우리가 설정한 가설이 옳다고 (   ) 수 있다.

2주차

어휘 미리보기

이번 주에 학습할
어휘들을 살펴보자!

3일차	4일차	5일차
과학 어휘	**수학 어휘**	**학습 도움 어휘**
세포	비	구조
뿌리털	기준량	우려하다
광합성	비율	기여하다
증산 작용	백분율	사고하다
소화 기관	전항	보유하다
호흡 기관	비례식	촉진
순환 기관	외항	작용하다
배설 기관	비례배분	인위적

1일차 국어 어휘 #문학

6-1 1. 비유하는 표현
6-1 2. 이야기를 간추려요
6-1 8. 인물의 삶을 찾아서
6-2 1. 작품 속 인물과 나
6-2 8. 작품으로 경험하기

비유

어떤 사물이나 현상을 비슷한 사물이나 현상에 빗대어서 설명하는 일.

譬 비유할 비   喩 깨달을 유

예문 '따뜻한 손 같은 친구'라는 표현에서는 '따뜻한 마음'을 지닌 친구를 '따뜻한 손'에 **비유**했다.

활용 주인공의 힘든 상황은 앞이 안 보이는 깜깜한 어둠 속에 있는 것으로 **비유**할 수 있어.

관련 어휘 **직유법**: '단풍잎이 아기 손가락 같다.'처럼 '~같이', '~처럼' 등의 표현을 쓰는 비유법.
은유법: '봄 햇살은 새싹을 어루만지는 엄마의 손길이다.'처럼 '~은/는 ~이다'의 표현을 쓰는 비유법.

추구하다

목적을 이룰 때까지 뒤쫓아 구하다.

追 쫓을 추   求 구할 구

예문 이야기에서 인물의 말과 행동을 살펴보면 인물이 **추구하는** 가치를 파악할 수 있다.

활용 예술은 아름다움을 **추구하는** 인간의 활동이야.

비슷한말 바라다, 구하다

? 도움말 '가치'란 정의, 행복, 책임과 같은 것을 통틀어 이르는 말로 가치관과 관련이 있어요. '가치관'은 '인간이 어떤 행동이나 일을 선택하고 실천하는 데 바탕이 되는 생각'을 뜻해요.

반색하다

매우 반가워하다.

예문 남들과 달리 그는 우리를 **반색해** 주었다.

활용 할머니께서는 나를 보면 늘 **반색하며** 꼭 안아 주셔.

비슷한말 반가워하다

사실 질문

사실을 묻는 질문.

事 일 사   實 열매 실
質 바탕 질   問 물을 문

예문 '사건이 언제, 어디에서 일어났나요?'와 같은 질문이 **사실 질문**이다.

예문 질문의 종류에는 **사실 질문**, 추론 질문, 평가 질문이 있다.

? 도움말 추론 질문은 이미 아는 사실을 바탕으로 짐작한 내용을 묻는 질문이에요. '왜 … 했을까요?', '까닭은 무엇일까요?' 등이 추론 질문이에요. 평가 질문은 사실에 대한 가치 판단을 묻는 질문이에요. '만약 자신이라면 … 했을까요?' 등이 평가 질문이에요.

발단

1. 이야기의 사건이 시작되는 부분.
2. 어떤 일의 원인이 되는 일.

發 일어날 **발**　端 처음 **단**

예문 이야기의 **발단**[1]에서 인물과 배경이 소개되었다.

활용 친구의 사과 전화를 받지 않은 것이 오해의 **발단**[2]이 되었어.

비슷한말 원인[2], 계기[2]　　**반대말** 결말

도움말 『금도끼 은도끼』 이야기에서는 나무꾼이 도끼를 연못에 빠트린 사건이 이야기의 발단이 돼요.

전개

1. 사건이 본격적으로 발생하고 갈등이 일어나는 부분.
2. 열리어 나타남.
3. 시작하여 벌임.

展 펼 **전**　開 열 **개**

예문 이야기의 **전개**[1]에서 두 인물이 서로 다투기 시작했다.

활용 차창 밖에는 초록빛 보리밭이 끝없이 **전개**[2]되었다.

활용 지구 곳곳에서 환경 보호 운동이 **전개**[3]되고 있대.

비슷한말 진전, 진행

절정

1. 사건 속의 갈등이 커지면서 긴장감이 가장 높아지는 부분.
2. 어떤 현상이 발전되어 가장 높은 수준에 이른 상태.

絶 끊을 **절**　頂 정수리 **정**

예문 이야기의 **절정**[1]에서 인물들 사이의 갈등과 긴장감이 극에 달했다.

활용 오랫동안 비가 내리지 않아 무더위가 **절정**[2]에 이르렀어.

비슷한말 정상[2]

결말

사건이 해결되는 부분이나 어떤 일이 마무리되는 끝.

結 맺을 **결**　末 끝 **말**

예문 이야기의 **결말**에서 인물들 사이의 갈등이 해결되었다.

활용 학급 회의는 **결말**을 내지 못하고 끝났다.

비슷한말 끝, 마무리, 결과　　**반대말** 발단

어휘 플러스+
중학교 어휘

예 비유법에는 직유법과 은유법 이외에도 **의인법**과 **활유법**이 있다.

의인법은 사람이 아닌 동물이나 식물 등을 사람인 것처럼 표현하는 방법을 말해요. 예를 들면 '따뜻한 햇볕에 꽃눈이 기지개를 활짝 펴요.'와 같은 것이지요.

활유법은 살아 있지 않은 것을 살아 있는 것에 비유하는 방법이에요. 예를 들면 '외로운 등대를 파도가 힘차게 껴안는다.'와 같은 것이지요.

🖐 문장을 읽고, 빈칸에 들어갈 낱말을 보기 에서 찾아 쓰세요.

> **보기**
>
> 비유   추구하는   반색하며   사실 질문
> 발단   전개   절정   결말

1 학급 회의는 _________________을/를 내지 못하고 끝났다.

2 오랫동안 비가 내리지 않아 무더위가 _________________에 이르렀어.

3 예술은 아름다움을 _________________ 인간의 활동이야.

4 이야기의 _________________에서 인물과 배경이 소개되었다.

5 차창 밖에는 초록빛 보리밭이 끝없이 _________________되었다.

6 할머니께서는 나를 보면 늘 _________________ 꼭 안아 주셔.

7 '사건이 언제, 어디에서 일어났나요?'와 같은 질문이 _________________(이)다.

8 '따뜻한 손 같은 친구'라는 표현에서는 '따뜻한 마음'을 지닌 친구를 '따뜻한 손'에 _________________했다.

낱말 이해

1 밑줄 친 낱말의 뜻을 가장 알맞게 설명한 것에 ○표 하세요.

> 높은 건물의 창밖으로 <u>전개</u>되는 도시의 풍경이 다채로웠다.

| 열리어 나타남. | 시작하여 벌임. |

2주

낱말 이해

2 ㉠~㉣의 뜻으로 바르지 <u>않은</u> 것은 무엇인가요?　　（　　）

> • 이야기의 구조: ㉠발단 ⇨ ㉡전개 ⇨ ㉢절정 ⇨ ㉣결말

① ㉠: 이야기의 사건이 시작되는 부분.
② ㉡: 사건이 본격적으로 발생하고 갈등이 일어나는 부분.
③ ㉢: 이야기의 인물과 배경이 소개되는 부분.
④ ㉣: 사건이 해결되고 일이 마무리되는 부분.

낱말 적용

3 다음 대화의 ㉠~㉢ 중 '사실 질문'은 무엇인가요?　　（　　）

> 원규: 형! ㉠『나의 라임오렌지나무』에서 주인공인 제제와 친한 나무의 이름이 뭐였는지 기억해?
> 윤규: 그럼, 바로 '밍기뉴'지.
> 원규: 대단한데? ㉡그럼 형은 뽀르뚜까 아저씨에 대해서 어떻게 생각해?
> 윤규: 제제를 진심으로 사랑했기에 좋은 분이라고 생각해.
> 원규: 그렇구나. ㉢뽀르뚜까 아저씨는 왜 사랑하는 제제를 데려다 키우지 않았을까?
> 윤규: 부모와 자식 사이의 관계를 끊기는 어려웠을 거야.

낱말 적용

4 초성을 보고, 대화의 빈칸에 공통으로 들어갈 낱말을 쓰세요.

낱말 적용

5 다음 문장의 빈칸에 들어갈 알맞은 낱말의 기호를 보기 에서 찾아 각각 쓰세요.

> **보기**
>
> ㉠ 추구하는   ㉡ 반색하며   ㉢ 견제하며   ㉣ 비교하는

(1) 오랜 여행에서 돌아온 동생을 보고 아버지께서는 (   ) 맞아 주셨다.

(2) 우리나라 건축물의 특징은 주변 환경과 자연스러운 어울림을 (   ) 것이다.

낱말 이해

6 다음 낱말에 알맞은 뜻의 기호를 보기 에서 찾아 사다리를 타고 내려간 곳에 쓰세요.

> **보기**
>
> ㉠ 목적을 이룰 때까지 뒤쫓아 구하다.
> ㉡ 매우 반가워하다.
> ㉢ 사실을 묻는 질문.

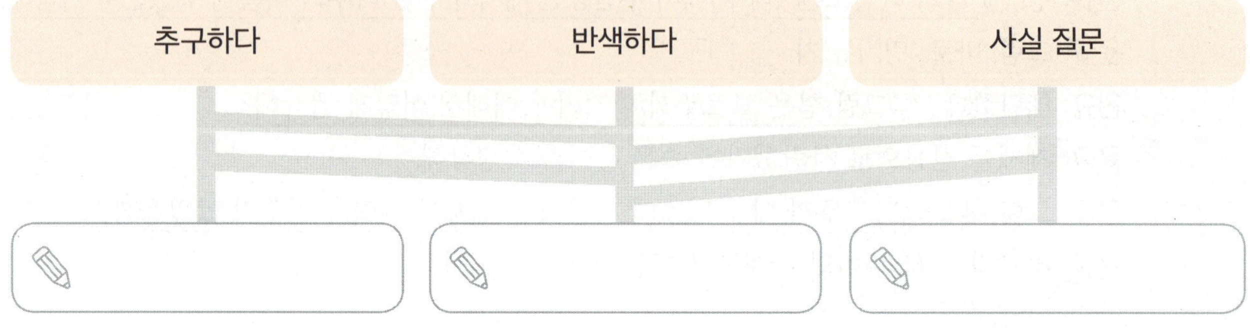

📖 다음 서평을 읽고, 물음에 답하세요.

독서일보   20○○년 ○월 ○일

이달의 책

새로운 우정

    이 이야기는 학교라는 배경과 평범하지 않은 주인공 덕분에 발단 부분에서 부터 궁금증을 자아낸다. 이야기의 (㉠   ) 부분에서는 주인공이 친구의 속마음을 우연히 알게 된 후, 두 인물 사이에 갈등이 시작된다. 새로운 인물이 등장하면서 주인공과 친구의 갈등은 절정에 달하지만, 갈등을 해결하고 두 인물의 우정이 더 단단해진 모습으로 이야기는 (㉡   )을 맺는다.

    이 책에는 갈등을 피하지 않고 문제를 슬기롭게 풀어 나간다면 우리가 한 단계 성장할 수 있다는 교훈이 담겨 있다.

1 이 글의 빈칸에 들어갈 알맞은 낱말로 짝 지어진 것은 무엇인가요?   (   )

	㉠	㉡
①	원인	결말
②	전개	결말
③	원인	절정
④	추론	절정

2 이 글과 관련된 질문의 종류를 보기 에서 찾아 각각 쓰세요.

보기

    사실 질문   평가 질문   추론 질문

(1)   주인공과 친구는 어떤 일로 갈등을 겪게 되었나요?   ✏️ ______

(2)   만약 나라면 이야기 속 친구와의 갈등을 어떻게 해결했을까요?   ✏️ ______

2 일차

사회 어휘   #경제 #근현대 #산업

가계

1. 소비의 주체로 '가정'을 이르는 말.
2. 살림을 꾸려 나가는 방법이나 상태.

家 집 가   計 꾀할 계

예문 **가계**[1]는 기업에서 일하여 소득을 얻고, 기업은 물건을 판매하거나 서비스를 제공한다.

활용 물건의 값이 많이 올라 **가계**[2]를 꾸려 나가는 데 큰 어려움이 있다.

비슷한말 살림, 살림살이, 가정경제

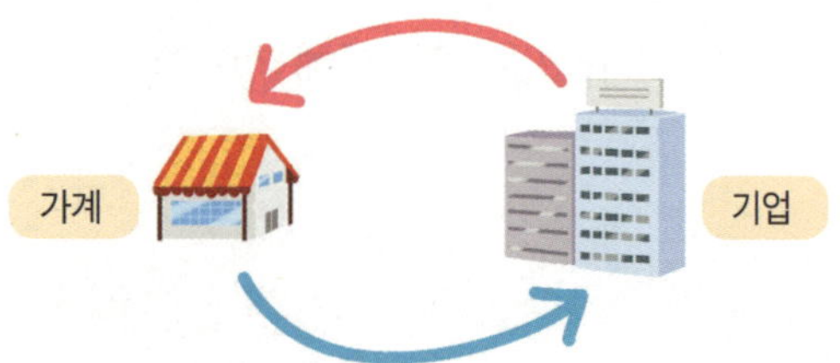

소득

일한 대가로 받는 돈.

所 바 소   得 얻을 득

예문 우리 가족은 부모님께서 일하여 얻는 **소득**으로 생활한다.

활용 이번 달에는 손님이 많지 않아서 **소득**이 줄었어.

비슷한말 수익, 수입
관련 어휘 **1인당 국민 총소득**: 일정 기간에 한 나라의 국민이 벌어들인 소득을 그 나라의 인구수로 나눈 것.
소득 불평등: 사회 전반적으로 소득이 고르지 않은 상태.

독과점

하나의 기업 또는 몇몇 기업이 시장 대부분을 차지하는 상태.

獨 홀로 독   寡 적을 과   占 차지할 점

예문 **독과점**이 이루어지면 소비자들은 지나치게 비싼 값으로 물건을 사야 하는 피해를 볼 수 있다.

활용 시에서 하나밖에 없는 버스 회사가 가격을 올려 **독과점** 논란이 일어나고 있어.

관련 어휘 **독점**: 한 기업이 시장을 차지하고 있는 상태.
과점: 몇몇 기업이 시장을 장악하고 있는 상태.

자유 무역 협정

나라 간에 상품과 서비스를 자유롭게 사고팔 수 있도록 한 공식적인 약속.

自 스스로 자   由 말미암을 유
貿 바꿀 무   易 바꿀 역
協 도울 협   定 정할 정

예문 **자유 무역 협정**으로 나라들 간에 경제 교류가 활발해졌다.

활용 **자유 무역 협정**으로 다른 나라의 물건을 저렴한 값에 살 수 있어!

관련 어휘 **수출**: 국내의 상품, 기술을 외국으로 팔아 내보냄.
수입: 국외의 상품, 기술을 국내로 사들임.

이윤

물건이나 서비스를 생산 및 판매하여 얻는 순수한 이익.

利 이로울 **이**　潤 윤택할 **윤**

예문 기업이 **이윤**만 추구하면, 환경 오염과 같은 사회 문제가 생길 수 있다.

활용 오늘은 물건을 산 손님이 많아 **이윤**을 많이 남길 수 있었어!

비슷한말 이익

공정

어느 쪽으로 치우치지 않고 고르며 올바름.

公 공평할 **공**　正 바를 **정**

예문 기업의 담합은 **공정**하지 않은 경제 활동이다.

활용 이번 올림픽에서 **공정**하지 못한 판정 때문에 많은 국가들이 항의했다.

비슷한말 공평, 정의　　**반대말** 불공정

관련 어휘 담합: 몇몇 기업들이 모여 물건 값을 함께 올리는 일.

자원

인간의 생활 및 생산에 필요한 모든 것으로, 기술이나 노동력도 포함됨.

資 재물 **자**　源 근원 **원**

예문 1960년대의 우리나라는 선진국보다 **자원**과 기술이 부족했지만 노동력은 풍부했다.

활용 천연**자원**은 언젠가는 다 고갈될 거야.

도움말 자원은 석탄, 석유, 곡물 등과 같은 천연자원, 노동력이나 재능을 뜻하는 인적 자원, 유물, 유적 등 문화적 가치를 지닌 문화 자원으로 나뉘어요.

원산지

어떤 물건의 재료를 생산하는 곳.

原 근원 **원**　産 낳을 **산**　地 땅 **지**

예문 이 팝콘은 미국이 **원산지**인 옥수수로 만들어졌다.

활용 식당에서는 음식의 **원산지**를 표시하고 있다.

비슷한말 생산지: 원산지의 재료에 어떤 것을 더해 새로운 물품을 만드는 곳.

어휘 플러스 ^{중학교 어휘}

예 산업이 **고도화, 다변화**되면서 기업들은 새로운 기술 연구에 박차를 가하고 있다.

고도화는 '수준이 높아짐.'을 뜻해요. 예를 들면, 예전에는 땅속에서 뽑아낸 기름으로 휘발유, 등유, 경유, 중유 등을 만들었는데 품질이 좋지 않았어요. 이에 시설을 고도화하여 더 질 좋은 기름을 만들어 낼 수 있게 되었지요.

다변화는 '일의 방법이나 모양이 다양하고 복잡해짐.'을 뜻해요. 예전에는 우리나라가 공장에서 만든 상품들만 수출했지만, 이제는 게임, 영화, 드라마 등의 문화 상품도 수출하면서 수출 품목이 다변화되었어요.

📝 문장을 읽고, 빈칸에 들어갈 낱말을 보기 에서 찾아 쓰세요.

> **보기**
>
> 가계   소득   독과점   자유 무역 협정
>
> 이윤   공정   자원   원산지

1 우리 가족은 부모님께서 일하여 얻는 ___________________(으)로 생활한다.

2 시에서 하나밖에 없는 버스 회사가 가격을 올려 _________________ 논란이 일어나고 있어.

3 이번 올림픽에서 _________________하지 못한 판정 때문에 많은 국가들이 항의했다.

4 식당에서는 음식의 _________________을/를 표시하고 있다.

5 오늘은 물건을 산 손님이 많아 _________________을/를 많이 남길 수 있었어!

6 천연_________________은/는 언젠가는 다 고갈될 거야.

7 물건의 값이 많이 올라 _________________을/를 꾸려 나가는 데 큰 어려움이 있다.

8 _________________(으)로 나라들 간에 경제 교류가 활발해졌다.

1 다음 낱말의 뜻을 읽고, 낱말 퍼즐을 완성하세요.

낱말 이해

가로열쇠 ❶ 나라 간에 상품과 서비스를 자유롭게 사고팔 수 있도록 한 공식적인 약속.

세로열쇠 ❷ 인간의 생활 및 생산에 필요한 모든 것으로, 기술이나 노동력도 포함됨.

❸ 어느 쪽으로 치우치지 않고 고르며 올바름.

2 다음 중 낱말의 관계가 나머지와 <u>다른</u> 것은 무엇인가요? ( )

낱말 관계

① 소득 - 수입　　　② 가계 - 살림　　　③ 공정 - 불공정　　　④ 이윤 - 이익

3 다음 뉴스 보도문을 읽고, 빈칸에 공통으로 들어갈 낱말을 보기 에서 찾아 쓰세요.

낱말 적용

보기

독과점　　　자원　　　자유 무역 협정　　　원산지

　　최근 1년간 농산물의 (　　　　　) 표시를 제대로 하지 않은 사례의 약 25%는 김치와 관련된 것으로 나타났습니다. 주로 *외국산 김치를 *국내산으로 표시하거나 김치에 사용된 외국산 고춧가루를 국내산으로 거짓 표시한 경우입니다. 이렇게 (　　　　　)을/를 속인 식당들의 목록은 ○○ 소비자원 누리집에서 볼 수 있습니다.

•외국산 다른 나라에서 생산함. 또는 그 물건.
•국내산 자기 나라에서 생산함. 또는 그 물건.

낱말 이해

4 낱말의 뜻을 읽고, 알맞은 낱말을 찾아 줄로 이으세요.

(1) 일한 대가로 받는 돈. · · 가계

(2) 하나의 기업 또는 몇몇 기업이 시장 대부분을 차지하는 상태. · · 독과점

(3) 소비의 주체로 '가정'을 이르는 말. 또는 살림을 꾸려 나가는 방법이나 상태. · · 소득

낱말 적용

5 초성을 보고, 다음 대화의 빈칸에 들어갈 알맞은 낱말을 쓰세요.

자윤: 이 양말을 만드는 데 500원이 들었대. 그런데 소비자들은 양말을 1500원에 사니까 너무 비싼 것 같아.

희서: 제품을 만드는 데 든 비용과 제품을 소비자에게 판매하는 가격은 차이 날 수밖에 없어. 기업이 (㉠ ㅇㅇ)을 얻어야 직원들에게 월급을 주고, 그래야 (㉡ ㄱㄱ)도 소득이 생기지 않겠어?

㉠ _____________ ㉡ _____________

낱말 적용

6 초성을 보고, 다음 글의 빈칸에 들어갈 알맞은 낱말을 쓰세요.

한국은 1960년대 이후 경제가 빠르게 성장했어요. 급속한 경제 발전이 이루어지면서 부자인 사람은 더욱 부유해지고, 가난한 사람은 더욱 가난해지는 (ㅅㄷ) 불평등과 같은 문제들이 발생하게 되었어요.

____

📖 다음 발표 준비 메모를 읽고, 물음에 답하세요.

나라 안의 *말총과 과일을 모두 사들여 사람들에게 비싼 값에 판매한 허생의 행동은 ㉠독점에 해당합니다. 말총은 갓을 쓰려면 꼭 있어야 하는 망건의 재료였고, 과일은 제삿상에 올라가는 품목이었습니다. 그렇기 때문에 사람들은 *울며 겨자 먹기로 허생에게 말총과 과일을 비싸게 살 수밖에 없었습니다. 이렇게 ㉡자원의 가격을 마음대로 조정하는 것은 바람직하지 않습니다. 다수가 비싼 가격에 물건을 사야 하고, 소수가 ㉢이윤을 독차지하여 공정하지 않기 때문입니다.

• 말총 말의 갈기나 꼬리의 털.
• 울며 겨자 먹기 맵다고 울면서도 겨자를 먹는다는 뜻으로, 싫은 일을 억지로 마지못해 함을 비유적으로 이르는 말.

1 ㉠~㉢의 뜻으로 바르지 <u>않은</u> 것에 ✕표 하세요.

(1) ㉠: 국외의 상품, 기술을 국내로 사들임. ( )

(2) ㉡: 인간의 생활 및 생산에 필요한 모든 것으로, 기술이나 노동력도 포함됨. ( )

(3) ㉢: 물건이나 서비스를 생산 및 판매하여 얻는 순수한 이익. ( )

세포

동물과 식물의 몸을 이루는 기본 단위.

細 가늘 세　胞 세포 포

예문 **세포**는 대부분 크기가 매우 작아 맨눈으로는 볼 수 없다.

활용 동물 **세포**에는 식물 **세포**와 다르게 세포벽이 없대.

관련 어휘 핵: 세포의 모든 활동을 조절하는 기관.

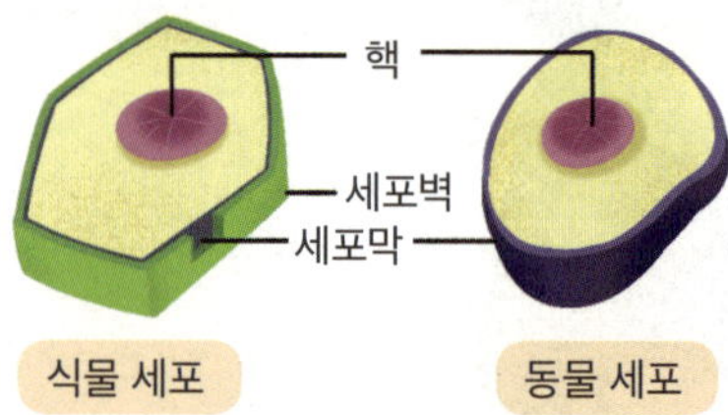

뿌리털

식물의 뿌리 끝에 실처럼 길고 부드럽게 나온 가는 털.

예문 **뿌리털**은 식물이 흙 속의 물과 양분을 잘 흡수하도록 돕는다.

활용 가뭄이 들면 식물은 땅속의 물과 양분을 잘 흡수하기 위해 **뿌리털**을 무성하게 만든다.

도움말 뿌리털은 뿌리의 겉넓이를 넓혀 흙 속의 물과 양분을 잘 흡수하도록 도와주지요.

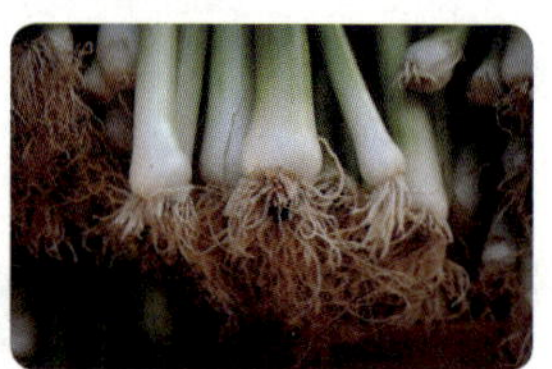
▲ 뿌리의 모습

광합성

식물이 빛과 이산화 탄소, 물을 이용하여 스스로 양분을 만드는 것.

光 빛 광　合 합할 합　成 이룰 성

예문 햇빛과 물이 없는 곳에서는 식물이 **광합성**을 할 수 없다.

활용 식물이 쑥쑥 잘 크는 것을 보니, **광합성**이 잘 이루어지는 것 같아!

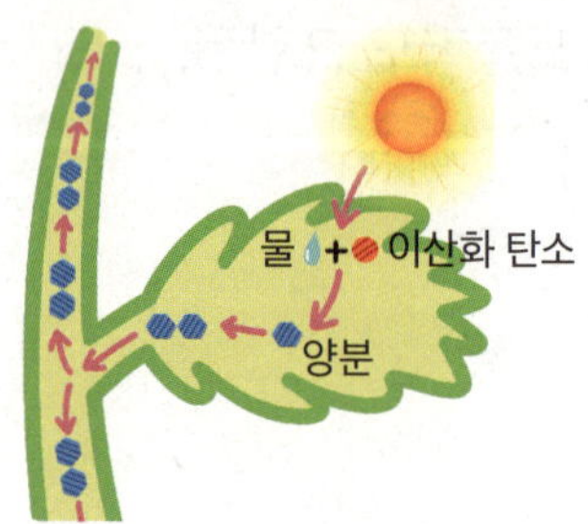

▲ 광합성과 양분의 이동

증산 작용

잎에 도달한 물이 기공을 통해 식물 밖으로 빠져나가는 것.

蒸 찔 증　散 흩을 산
作 지을 작　用 쓸 용

예문 **증산 작용**은 뿌리에서 흡수한 물을 식물의 꼭대기까지 끌어올리는 일을 돕는다.

예문 **증산 작용**은 식물의 온도를 조절하는 역할을 한다.

관련 어휘 기공: 식물의 잎이나 줄기에 있는, 호흡과 증산 작용을 하는 구멍.

소화 기관

음식물을 잘게 쪼개서 영양소를 흡수하는 일을 하는 신체 기관.

消 꺼질 소 化 될 화
器 그릇 기 官 벼슬 관

예문 **소화 기관**에는 입, 식도, 위, 작은창자, 큰창자, 항문 등이 있고, 소화를 도와주는 기관에는 간, 쓸개, 이자가 있다.

활용 **소화 기관**에 문제가 생겼는지 요즘 소화가 잘 되지 않아.

호흡 기관

숨을 들이마시고 내쉬는 활동과 관련된 신체 기관.

呼 부를 호 吸 숨 들이쉴 흡
器 그릇 기 官 벼슬 관

예문 **호흡 기관**에는 코, 기관, 기관지, 폐 등이 있다.

활용 미세 먼지의 영향으로 **호흡 기관**의 상태가 나빠진 것 같아.

순환 기관

혈액의 이동에 관여하는 신체 기관.

循 돌 순   環 고리 환
器 그릇 기 官 벼슬 관

예문 **순환 기관**에는 심장과 혈관이 있다.

예문 **순환 기관** 중, 심장은 혈액을 온몸으로 보낸다.

관련 어휘 순환: 주기적으로 자꾸 되풀이하여 돎.

배설 기관

몸속의 필요하지 않은 물질을 몸 밖으로 내보내는 일을 하는 신체 기관.

排 밀칠 배 泄 샐 설
器 그릇 기 官 벼슬 관

예문 **배설 기관**에는 콩팥, 방광 등이 있다.

예문 **배설 기관** 중, 콩팥은 혈액에 있는 노폐물을 걸러낸다.

어휘 플러스+ **중학교 어휘**

예 현미경으로 식물의 **형성층**을 관찰했다.

형성층은 식물의 뿌리에서 흡수한 물이 이동하는 통로인 물관과 뿌리에서 흡수한 양분이 이동하는 통로인 체관 사이에 있는 층이에요. 형성층은 새로운 세포를 만들어 줄기나 뿌리를 굵어지게 하는 일을 해요. 형성층은 모든 식물에 있지 않고, 쌍떡잎식물에서만 볼 수 있어요. 쌍떡잎식물은 떡잎이 한 장 나는 외떡잎식물과 달리, 씨가 싹틀 때 떡잎이 두 장 나는 식물이에요.

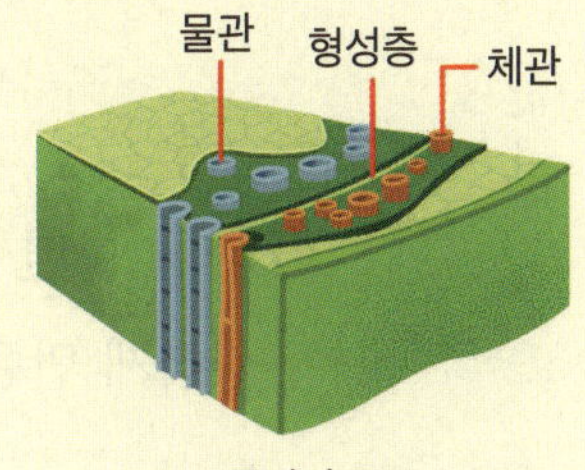

▲ 줄기의 구조

어휘 이해

문장을 읽고, 빈칸에 들어갈 낱말을 **보기** 에서 찾아 쓰세요.

보기

세포	뿌리털	광합성	증산 작용
소화 기관	호흡 기관	순환 기관	배설 기관

1 미세 먼지의 영향으로 ＿＿＿＿＿＿＿＿＿의 상태가 나빠진 것 같아.

2 ＿＿＿＿＿＿＿＿＿은/는 음식물을 잘게 쪼개서 영양소를 흡수하는 일을 하는 신체 기관이다.

3 ＿＿＿＿＿＿＿＿＿은/는 동물과 식물의 몸을 이루는 기본 단위이다.

4 ＿＿＿＿＿＿＿＿＿은/는 식물의 온도를 조절하는 역할을 한다.

5 ＿＿＿＿＿＿＿＿＿에는 콩팥, 방광 등이 있다.

6 ＿＿＿＿＿＿＿＿＿에는 심장과 혈관이 있다.

7 ＿＿＿＿＿＿＿＿＿은/는 식물이 빛과 이산화 탄소, 물을 이용하여 스스로 양분을 만드는 것이다.

8 가뭄이 들면 식물은 땅속의 물과 양분을 잘 흡수하기 위해 ＿＿＿＿＿＿＿＿＿을/를 무성하게 만든다.

 어휘 적용

낱말 이해

1 다음 설명에서 가리키는 '이것'은 무엇인지 쓰세요.

> • 이것은 뿌리에서 물과 양분을 더 잘 흡수하도록 돕습니다.
> • 가뭄이 들면 식물은 이것을 무성하게 만듭니다.
> • 이것은 식물의 뿌리 끝에 실처럼 길고 부드럽게 나온 가는 털입니다.

낱말 이해

2 다음 낱말의 뜻이 완성되도록 알맞은 낱말에 ○표 하세요.

(1) 호흡 기관: 코, (콩팥 / 폐) 등과 같이 숨을 들이마시고 내쉬는 활동에 관여하는 신체 기관.

(2) 순환 기관: 심장과 혈관처럼 (혈액 / 음식물)의 이동에 관여하는 신체 기관.

낱말 적용

3 다음 대화의 빈칸에 들어갈 알맞은 낱말로 짝 지어진 것은 무엇인가요? ( )

> 유찬: 수찬아, 식물에다가 왜 비닐을 덮어 둔 거야?
> 수찬: 식물이 추울까 봐 덮어 줬어. 형! 여기 비닐 안쪽에 물방울이 맺혔어.
> 유찬: 이 현상은 잎에 도달한 물이 (㉠)을 통해서 빠져나가는 (㉡)으로 인해 생긴 거야.
> 수찬: 아, 그렇구나.

	㉠	㉡
①	기관	광합성
②	뿌리털	증산 작용
③	핵	광합성
④	기공	증산 작용

낱말 이해

4 낱말의 뜻을 읽고, 보기 에서 글자 카드를 찾아 빈칸에 알맞은 낱말을 완성하세요.

보기

| 소 | 흡 | 설 | 배 | 호 | 화 |

(1) 음식물을 잘게 쪼개서 영양소를 흡수하는 일을 하는 신체 기관. ◇ ☐☐ 기관

(2) 몸속의 필요하지 않은 물질을 몸 밖으로 내보내는 일을 하는 신체 기관. ◇ ☐☐ 기관

낱말 쓰임

5 밑줄 친 낱말을 잘못 활용한 친구에 ✕표 하세요.

낱말 적용

6 다음 글의 빈칸에 들어갈 알맞은 낱말은 무엇인가요? (   )

> 식물은 잎과 뿌리를 통해 흡수한 이산화 탄소와 물, 햇빛과 같은 빛 에너지를 이용하여 스스로 양분을 만들어 생명을 유지할 수 있어요. 식물이 가진 이 놀라운 능력을 바로 (   )(이)라고 하지요. 이 과정을 통해 잎에서 만들어진 양분은 줄기, 열매 등 식물 곳곳으로 이동해요.

① 증산 작용   ② 광합성   ③ 흡수   ④ 배설

📖 다음 온라인 백과사전을 읽고, 물음에 답하세요.

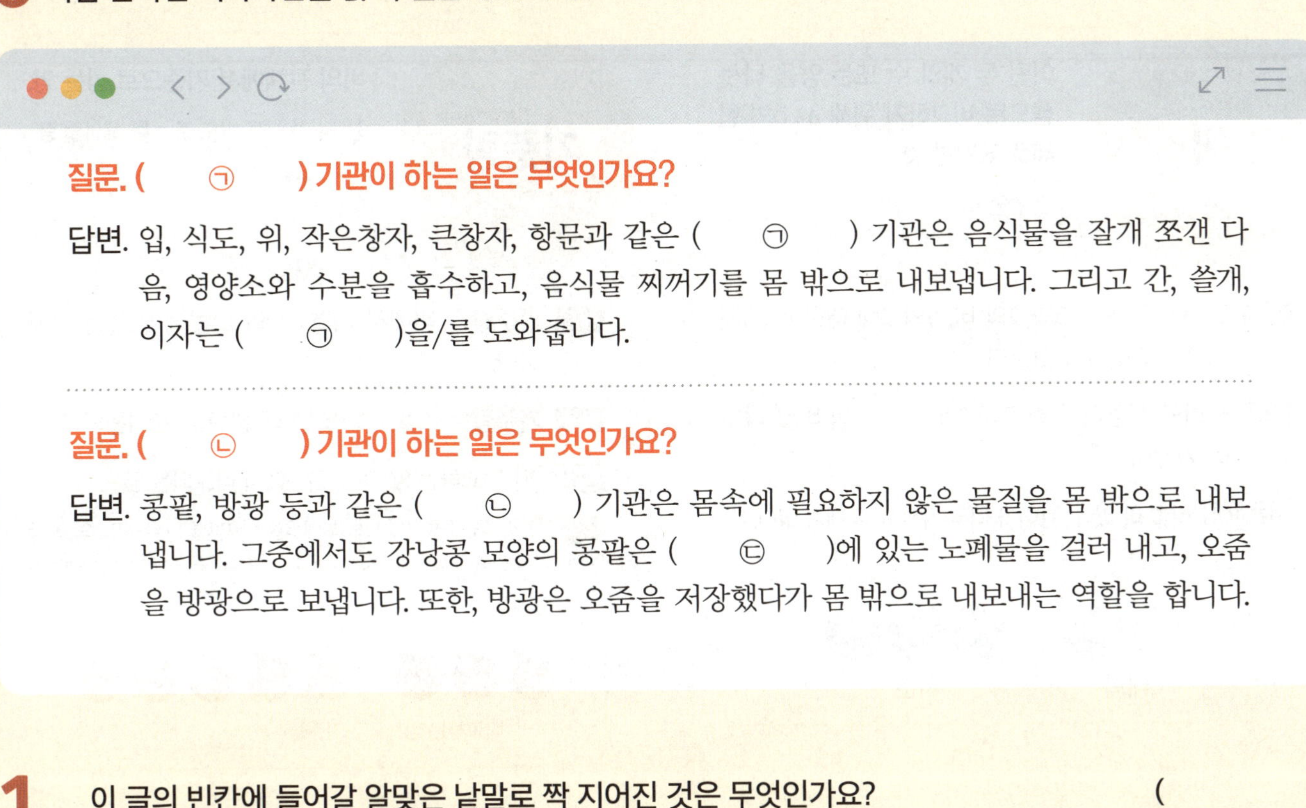

질문. (㉠) 기관이 하는 일은 무엇인가요?

답변. 입, 식도, 위, 작은창자, 큰창자, 항문과 같은 (㉠) 기관은 음식물을 잘개 쪼갠 다음, 영양소와 수분을 흡수하고, 음식물 찌꺼기를 몸 밖으로 내보냅니다. 그리고 간, 쓸개, 이자는 (㉠)을/를 도와줍니다.

질문. (㉡) 기관이 하는 일은 무엇인가요?

답변. 콩팥, 방광 등과 같은 (㉡) 기관은 몸속에 필요하지 않은 물질을 몸 밖으로 내보냅니다. 그중에서도 강낭콩 모양의 콩팥은 (㉢)에 있는 노폐물을 걸러 내고, 오줌을 방광으로 보냅니다. 또한, 방광은 오줌을 저장했다가 몸 밖으로 내보내는 역할을 합니다.

1 이 글의 빈칸에 들어갈 알맞은 낱말로 짝 지어진 것은 무엇인가요? ( )

	㉠	㉡
①	배설	소화
②	순환	호흡
③	소화	감각
④	소화	배설

2 ㉢에 들어갈 알맞은 낱말에 ◯표 하세요.

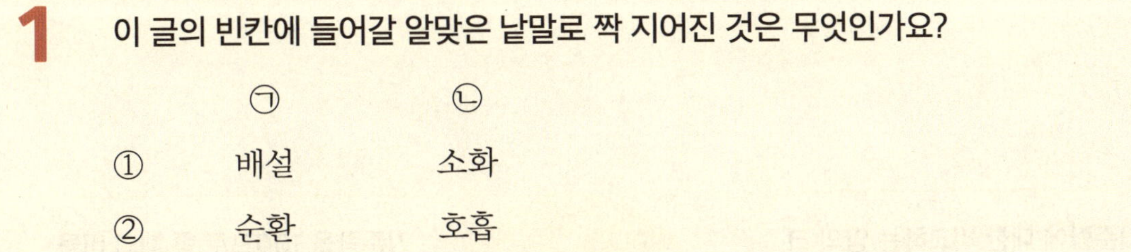

비

어떤 두 개의 수 또는 양을 나눗셈으로 비교하기 위해 a : b의 형태로 표시한 것.

比 견줄 비

예문 5 : 3은 5 대 3, 5와 3의 비, 5의 3에 대한 비, 3에 대한 5의 **비**라고 읽는다.

활용 태희와 지훈이가 축구공 5개를 2 : 3의 **비**로 나누어 가졌어.

관련 어휘 **비할 바 없다**: 차이가 너무 커서 비길 데가 없다.

태희   :   지훈

기준량

비의 관계에서 기준으로 삼는 양.

基 터 기   準 법도 준   量 헤아릴 량

예문 **기준량**은 비에서 기호 ' : '의 오른쪽에 있는 숫자이다.

활용 **기준량**은 비율로 나타낼 때 분모로 표시됩니다.

관련 어휘 **비교하는 양**: 비의 관계에서 비교되는 양.

? 도움말 3 : 5는 5를 기준으로 하여 3을 비교함을 나타내요. 즉, 3 : 5에서 ' : ' 오른쪽의 5는 기준량이고, ' : ' 왼쪽의 3은 비교하는 양이에요.

비교하는 양   :   기준량

비율

기준량에 대한 비교하는 양의 크기.

比 견줄 비   率 비율 율

예문 5 : 10을 **비율**로 나타내면 $\frac{5}{10}$, 또는 0.5이다.

활용 기준량과 비교하는 양의 수가 달라도 **비율**은 같을 수 있어.

$$（비율） = （비교하는 양） \div （기준량） = \frac{（비교하는 양）}{（기준량）}$$

$$5 : 10 \rightarrow \frac{5}{10} \rightarrow 0.5 \qquad 1 : 2 \rightarrow \frac{1}{2} \rightarrow 0.5$$

→ 비율이 같다 ←

백분율

기준량을 100으로 할 때의 비율.

百 일백 백   分 나눌 분   率 비율 율

예문 **백분율**은 기호 '%'를 사용하여 나타낸다.

? 도움말 백분율을 나타낼 때 사용되는 기호 '％'는 퍼센트, 프로로 읽어요. 예를 들어 비율 $\frac{20}{100}$은 20％로 쓰고, 20 퍼센트라고 읽어요. 비나 눈이 올 확률을 표시할 때, 식품의 어떤 성분이 포함된 정도 등을 표시할 때 쓰여요.

백분율은 소수나 분수로 나타낸 비율에 100을 곱한 수에 기호 %를 붙여 나타낸다.

예 $\frac{15}{20} \times 100 = 75（\%）$

즉, $\frac{15}{20} = \frac{75}{100} = 75\%$이다.

2주

전항

비에서 기호 ' : ' 앞에 있는 수.

前 앞 **전**　項 항목 **항**

예문 1 : 3에서 1은 **전항**, 3은 후항이다.

관련 어휘 항: 두 수의 비에서 쓰인 두 수를 각각 이르는 말.
후항: 비에서 기호 ' : ' 뒤에 있는 수.

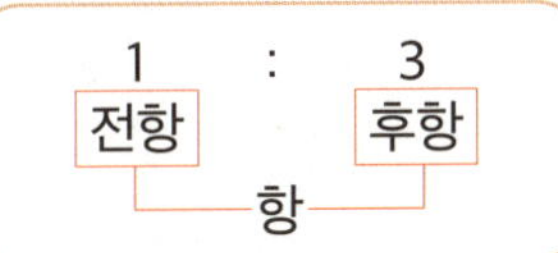

비례식

두 개의 비가 같음을 기호 ' = '를 사용해 나타낸 식.

比 견줄 **비**　例 법식 **례**　式 법식 **식**

예문 1 : 3 = 2 : 6과 같은 식이 **비례식**이다.

활용 **비례식**을 활용해서 산이나 건물의 높이를 잴 수 있습니다.

외항

비례식에서 가장 바깥쪽에 있는 수.

外 바깥 **외**　項 항목 **항**

예문 비례식에서 **외항**과 내항의 곱은 같다.

관련 어휘 내항: 비례식에서 가장 안쪽에 있는 수.

비례배분

어떤 수량을 주어진 비와 같아지도록 나누는 것.

比 견줄 **비**　例 법식 **례**
配 나눌 **배**　分 나눌 **분**

예문 사과 10개를 형과 동생이 3 : 2로 **비례배분**할 때 각자 가질 수 있는 사과는 각각 6개, 4개이다.

어휘 플러스⁺
중학교 어휘

예 두 값이 서로 일정하게 늘어나거나 줄어드는 관계에는 **정비례** 관계와 **반비례** 관계가 있다.

정비례는 두 양이 서로 같은 비율로 늘어나는 관계예요. 오른쪽 그래프에서 x가 2배, 3배, 4배…로 늘어나면 y도 2배, 3배, 4배…로 늘어나요.

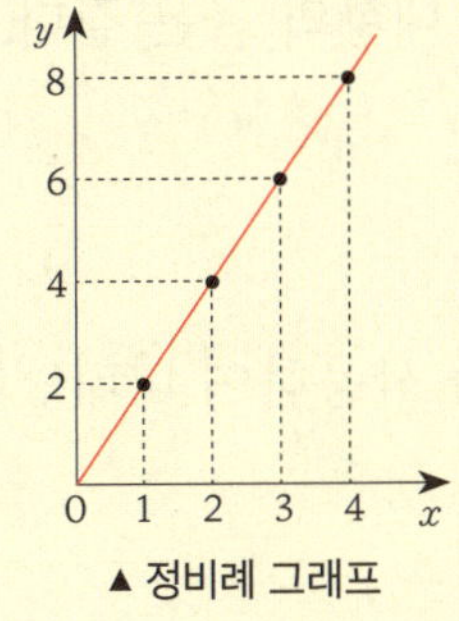

▲ 정비례 그래프

반비례는 한 쪽의 양이 커질 때 다른 쪽 양이 그와 같은 비로 작아지는 관계예요. x가 2배, 3배, 4배…로 늘어나면 y는 $\frac{1}{2}$배, $\frac{1}{3}$배, $\frac{1}{4}$배…로 줄어들어요.

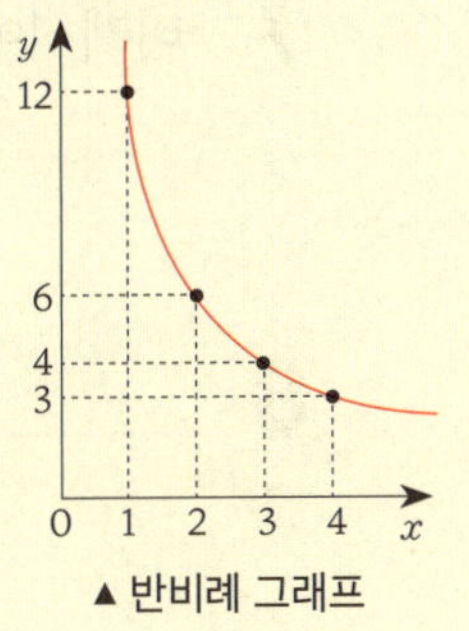

▲ 반비례 그래프

어휘 이해

✏ 문장을 읽고, 빈칸에 들어갈 낱말을 보기 에서 찾아 쓰세요.

> **보기**
>
> 비　　　기준량　　　비율　　　백분율
>
> 전항　　　비례식　　　외항　　　비례배분

1 1 : 3에서 1은 ________________, 3은 후항이다.

2 1 : 3 = 2 : 6과 같은 식이 ________________ 이다.

3 ________________은/는 비에서 기호 ' : '의 오른쪽에 있는 숫자이다.

4 태희와 지훈이가 축구공 5개를 2 : 3의 ________________ (으)로 나누어 가졌어.

5 사과 10개를 형과 동생이 3 : 2로 ________________ 할 때 각자 가질 수 있는 사과는 각각 6개, 4개이다.

6 5 : 10을 ________________ (으)로 나타내면 $\dfrac{5}{10}$, 또는 0.5이다.

7 비례식에서 ________________ 와/과 내항의 곱은 같다.

8 ________________은/는 기호 ' % '를 사용하여 나타낸다.

2주

1 낱말 이해

다음 낱말의 뜻이 완성되도록 알맞은 말에 ○표 하세요.

(1) 기준량 : 비의 관계에서 (기준 / 기호)(으)로 삼는 양. 비에서 기호 ' : '의 (오른쪽 / 왼쪽)에 씀.

(2) 비교하는 양: 비의 관계에서 (비례 / 비교)되는 양. 비에서 기호 ' : '의 (오른쪽 / 왼쪽)에 씀.

2 낱말 이해

다음 글자 카드에서 설명하는 낱말을 보기 에서 찾아 각각 쓰세요.

보기

비율   백분율   비례식   비례배분

(1)
- 기준량을 100으로 할 때의 비율을 뜻해요.
- 이것의 기호로 '%'를 사용해요.
- 이것을 나타낼 때 사용하는 기호는 퍼센트, 프로로 읽어요.

(2)
- 어떤 수량을 주어진 비와 같아지도록 나누는 것을 뜻해요.
- 형과 동생이 이 방법을 사용하여 만두 20개를 3 : 2로 나눈다면 각각 12개와 8개로 나눌 수 있어요.

3 낱말 적용

초성을 보고, 빈칸에 들어갈 알맞은 낱말을 쓰세요.

(1) 비에서 기호 ' : ' 뒤에 있는 수를 (ㅎㅎ)이라고 한다.

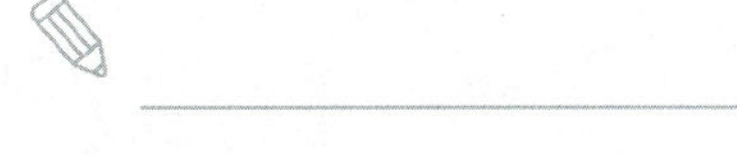

(2) 비례식에서 가장 안쪽에 있는 수를 (ㄴㅎ)이라고 한다.

4 대화를 읽고, 빈칸에 들어갈 알맞은 낱말을 보기 에서 찾아 쓰세요.

보기

기준량   비례식   비   백분율

아들: 엄마, 내일 아침 메뉴는 뭐예요?

엄마: 내일 아침은 땅콩버터와 딸기잼을 넣은 샌드위치를 만들려고 해.

아들: 오! 그렇다면 저는 땅콩버터와 딸기잼의 (㉠)을/를 1 : 4로 만들어 주세요.

엄마: 딸기잼을 (㉡)(으)로 정했을 때, 땅콩버터를 비교하는 양으로 하면 땅콩버터의 비율은 $\frac{1}{4}$이 되겠구나.

㉠ ＿＿＿＿＿＿＿＿   ㉡ ＿＿＿＿＿＿＿＿

5 밑줄 친 낱말의 쓰임이 바르지 <u>않은</u> 것은 무엇인가요? (   )

① 2 : 9의 비에서 <u>기준량</u>은 9입니다.

② 비율이 같은 비를 사용해 <u>비례식</u>을 만듭니다.

③ $\frac{10}{100}$을 <u>백분율</u>로 나타내면 10%입니다.

④ 어떤 두 수를 나눗셈으로 비교하기 위해 나타낸 것을 <u>비율</u>이라고 합니다.

6 다음 문장의 빈칸에 공통으로 들어갈 낱말은 무엇인가요? (   )

- 2 : 5 = 4 : 10과 같은 식을 ( )(이)라고 한다.
- ( )에는 외항과 내항이 존재한다.
- ( )에서 외항의 곱과 내항의 곱의 크기는 같다.

① 비   ② 비율   ③ 비례식   ④ 비례배분

📖 다음 광고지를 보고 나눈 대화를 읽고, 물음에 답하세요.

지은: 우아, 치킨집에서 할인 행사를 하고 있어. 배달은 20% 할인이야.

승호: ㉠백분율인 20%를 분수로 나타내면 $\frac{20}{100}$이니까 ㉡비로 나타내면 20 : 100이 되는 거지?

지은: 20 : 100에서 20은 (㉮   )이고 100은 ㉢기준량이야.

승호: 할인된 금액은 20 : 100 = □ : 20000이라는 ㉣비례식을 세워 □에 들어갈 값을 구한 후, 20000에 그 값을 빼면 알 수 있어. 포장할 때 할인된 금액도 비례식을 세워 알아보면 돼.

1 ㉠~㉣의 뜻으로 바르지 <u>않은</u> 것은 무엇인가요?　　　　　(　　　)

① ㉠: 기준량을 100으로 할 때의 비율.

② ㉡: 어떤 두 개의 수 또는 양이 일정하게 줄어드는 관계.

③ ㉢: 비의 관계에서 기준으로 삼는 양.

④ ㉣: 두 개의 비가 같음을 기호 ' = '를 사용해 나타낸 식.

2 대화를 <u>잘못</u> 이해한 친구는 누구인가요?　　　　　(　　　)

① 선미: 40%는 기준량을 100으로 했을 때 40만큼의 비율이라는 뜻이야.

② 상우: 30%는 30퍼센트로 읽어.

③ 경남: ㉮에 들어갈 알맞은 말은 '비교하는 양'이야.

④ 한길: 같은 양의 치킨을 살 때, 포장 주문할 때보다 배달 주문할 때 더 낮은 가격으로 살 수 있어.

구조

부분이나 요소가 어떤 전체를 짜 이룸.

構 얽을 구   造 지을 조

[예문] 이야기 **구조**에는 발단, 전개, 절정, 결말이 있다.

[활용] 비버는 나무와 흙을 이용해 댐 **구조**의 보금자리를 만들어 생활한다.

[비슷한말] 구성, 틀

[?도움말] '재난 등을 당하여 어려운 처지에 빠진 사람을 구해 줌.'을 뜻하는 '구조(救助)'라는 낱말도 있어요.

우려하다

근심하거나 걱정하다.

憂 근심 우   慮 생각할 려

[예문] 대부분의 기업들은 자신의 제품이 덜 팔리게 될 것을 **우려하여** 기술 공개를 꺼린다.

[활용] 눈이 쌓여 길이 얼기 시작하자, 아빠는 나의 등굣길을 **우려하셨다**.

[비슷한말] 걱정하다, 근심하다

기여하다

도움이 되도록 힘을 쏟다.

寄 부칠 기   與 줄 여

[예문] 그는 세계 평화에 **기여한** 공로를 인정받아 노벨 평화상을 수상했다.

[활용] 재호가 연극의 대본을 재미있게 써서 이번 공연이 성공하는 데 크게 **기여했어**.

[비슷한말] 공헌하다, 이바지하다

▲ 노벨상의 메달

사고하다

여러모로 따져 가며 생각하다.

思 생각 사   考 생각할 고

[예문] 논설문을 쓰기 전, 주장하는 바를 명료하게 드러내기 위해 논리적으로 **사고하는** 과정을 거치는 것이 좋다.

[활용] 어려운 문제라도 스스로 해결하려고 노력하면 **사고하는** 힘을 기를 수 있어.

[비슷한말] 생각하다, 사유하다, 궁리하다

보유하다

가지고 있거나 간직하고 있다.

保 지킬 **보**   有 있을 **유**

[예문] 생물은 수많은 세포를 **보유하고** 있다.

[활용] 그는 세계 신기록을 **보유한** 수영 선수야.

[비슷한말] 가지다, 지니다, 소유하다, 간직하다

촉진

다그쳐 빨리 나아가게 함.

促 재촉할 **촉**   進 나아갈 **진**

[예문] 유럽의 경제 및 사회 발전을 **촉진**시키기 위해 유럽 연합(EU)이 결성되었다.

[활용] 정부에서 수출을 **촉진**하기 위해 다양한 정책을 내놓았다.

[비슷한말] 증진, 장려, 활성화

[?] [도움말] '결성되다'는 '조직이나 단체 등이 짜여 만들어지다.'라는 뜻이에요.

작용하다

어떠한 현상을 일으키거나 영향을 미치다.

作 지을 **작**   用 쓸 **용**

[예문] 이야기 속 인물의 삶에서 얻은 교훈은 나의 가치관을 형성하는 데 크게 **작용하였다**.

[활용] 공정하지 못한 투표 과정은 사회 발전을 막는 요소로 **작용합니다**.

인위적

자연의 힘이 아닌 사람의 힘으로 이루어지는. 또는 그러한 것.

人 사람 **인**   爲 만들 **위**   的 과녁 **적**

[예문] 간척지는 갯벌을 막아 **인위적**으로 만든 땅이다.

[활용] 추운 계절에도 식물을 기르기 위해 '온실'이라는 **인위적** 환경을 만들기도 해.

[비슷한말] 인공적   [반대말] 자연적

어휘 플러스⁺ 고사성어

[예] **맹모삼천**은 '맹자의 어머니가 자녀 교육을 위해 집을 세 번이나 옮겼다.'라는 뜻의 사자성어이다.

　　아버지를 일찍 여의고 어머니와 함께 공동묘지 근처로 이사간 맹자는 묘지 근처에서 곡하는 흉내를 내며 놀았어요. 맹자의 어머니는 그런 맹자가 걱정되어 시장 근처로 이사를 갔지요. 새로 이사간 곳에서 맹자는 이번엔 장사하는 흉내만 냈어요. 맹자 어머니는 이 모습을 보고, 또 이사를 갔지요. 이번에 이사간 곳은 서당 근처였어요. 맹자는 이제 글 읽는 흉내를 내면서 놀았고, 학문과 예절에 관심을 갖게 되었어요. 이 이야기에서 자녀를 올바르게 키우기 위해서 환경이 중요하다는 '**맹모삼천(孟母三遷)**'('맹모삼천지교(孟母三遷之敎)')라는 고사성어가 유래되었지요.

📝 문장을 읽고, 빈칸에 들어갈 낱말을 보기 에서 찾아 쓰세요.

> **보기**
>
> 구조 우려하셨다 기여한 사고하는
>
> 보유한 촉진 작용합니다 인위적

1 눈이 쌓여 길이 얼기 시작하자, 아빠는 나의 등굣길을 ____________________.

2 공정하지 못한 투표 과정은 사회 발전을 막는 요소로 __________________.

3 유럽의 경제 및 사회 발전을 ______________시키기 위해 유럽 연합(EU)이 결성되었다.

4 그는 세계 신기록을 __________________ 수영 선수야.

5 그는 세계 평화에 __________________ 공로를 인정받아 노벨 평화상을 수상했다.

6 어려운 문제라도 스스로 해결하려고 노력하면 __________________ 힘을 기를 수 있어.

7 비버는 나무와 흙을 이용해 댐 __________________의 보금자리를 만들어 생활한다.

8 간척지는 갯벌을 막아 __________________(으)로 만든 땅이다.

2주

1 밑줄 친 낱말이 바르게 쓰였는지 '예', '아니요'를 따라가 마지막에 나오는 번호를 쓰세요.

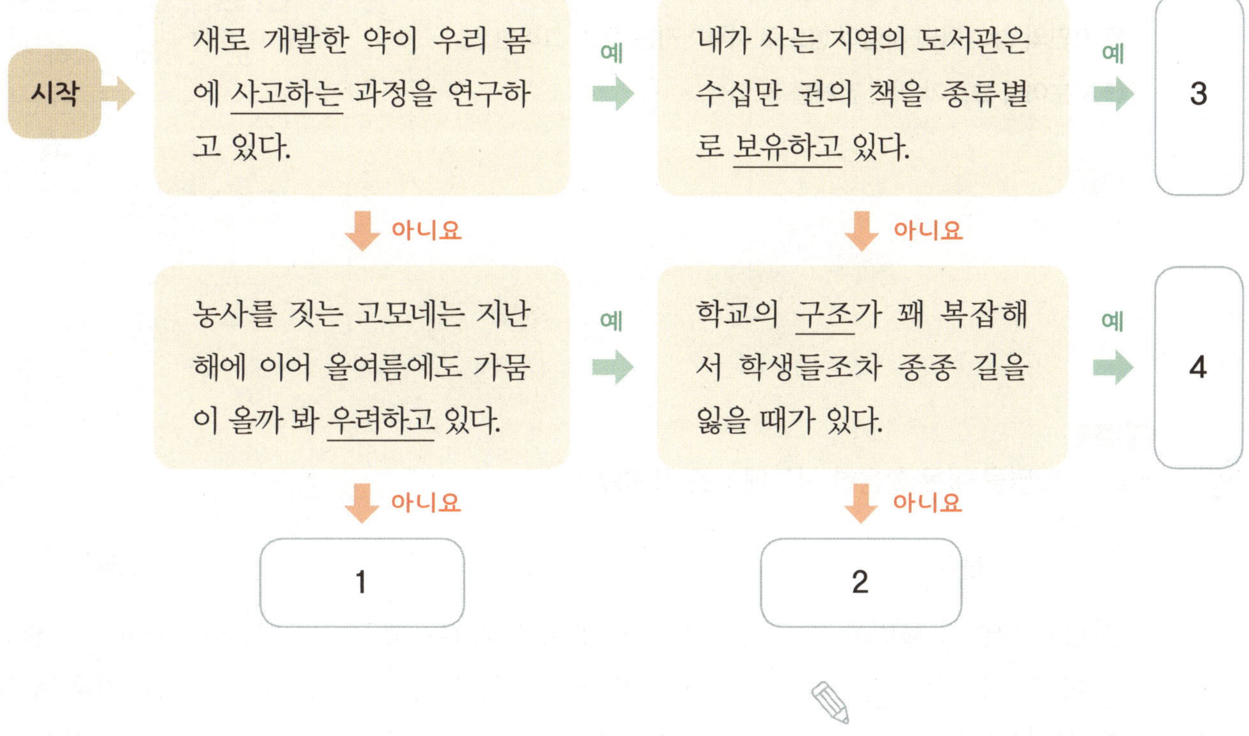

____

2 초성을 보고, 다음 문장의 빈칸에 들어갈 알맞은 낱말을 쓰세요.

> 스마트폰과 같은 디지털 기기를 (ㅂㅇ)한 사람들이 점차 늘어나고 있습니다.

____

3 밑줄 친 낱말과 뜻이 비슷한 것은 무엇인가요? ( )

> 두 아들을 둔 어머니가 있었어요. 어머니는 늘 걱정하며 살았어요. 왜냐하면 한 아들은 우산 장수였고, 한 아들은 부채 장수였기 때문이죠. 해가 비치면 '우리 큰아들 우산이 안 팔리겠구나.'라고 한숨을 쉬었고, 비가 내리면 '우리 작은아들 부채는 누가 사 주나?'라며 눈물을 흘렸답니다.

① 작용하며   ② 보유하며   ③ 촉진하며   ④ 우려하며

4
뜻에 알맞은 낱말을 글자판에서 찾아 묶으세요. 낱말은 가로, 세로, 대각선으로 묶을 수 있어요.

❶ 가지고 있거나 간직하고 있다.

❷ 다그쳐 빨리 나아가게 함.

❸ 자연의 힘이 아닌 사람의 힘으로 이루어지는. 또는 그러한 것.

❹ 부분이나 요소가 어떤 전체를 짜 이룸.

화	살	촉	종
인	위	적	진
보	유	하	다
물	구	조	일

5
밑줄 친 낱말을 <u>잘못</u> 활용한 친구에 ✕표 하세요.

진주	승호	도현
사람이 나이가 들면서 주름이 생기는 것은 <u>인위적</u>인 현상이야.	서로에 대한 경쟁심이 작용하여 두 친구의 사이는 어색해졌어.	스스로 <u>사고하고</u> 판단하는 능력을 키우는 것이 나를 위한 길이야.
( )	( )	( )

6
보기 에서 글자 카드를 찾아 문장의 빈칸에 공통으로 들어갈 낱말을 쓰세요.

보기

했	고	기	사	여	다

- 에디슨의 발명품들은 사람들의 삶의 수준을 높이는 데 (   ).
- 이순신 장군이 만든 거북선은 왜군을 무찌르는 데 크게 (   ).

📖 다음 신문 기사를 읽고, 물음에 답하세요.

○○일보   20○○년 10월 13일

○○국의 핵 실험으로 화산 활동에 대한 우려 심화

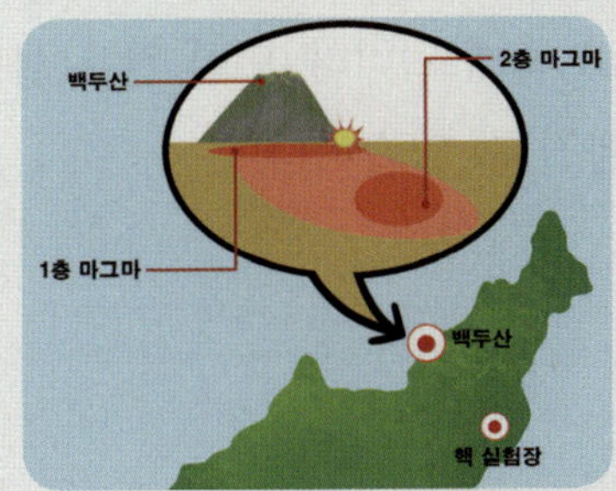

지난 10일, 핵 실험 시설이 있는 것으로 예상되는 지역에서 핵 실험으로 인한 (㉠)인 지진 현상이 관찰되었습니다. 이번 지진 현상은 자연적인 현상이 아니라는 점에서 ○○국이 (㉡) 이 시설에 전 세계의 관심이 집중되고 있습니다. 이 지역은 화산과 가까운 곳으로, 전문가들은 이 핵 실험이 화산 활동의 *촉진제로 (㉢) 않을지 우려하고 있습니다.

- ○○○ 기자

•촉진제 어떤 일이 빨리 이루어지도록 돕는 것을 비유적으로 이르는 말.

1 ㉠에 들어갈 알맞은 낱말을 찾아 ○표 하세요.

자연적	구조적	발전적	인위적

2 이 글의 빈칸에 들어갈 알맞은 낱말로 짝 지어진 것은 무엇인가요? ( )

	㉡	㉢
①	기여한	사고하지
②	보유한	공헌하지
③	보유한	작용하지
④	생각한	발견하지

2_{주차} 종합 평가

1 ⊙~②의 뜻으로 바르지 <u>않은</u> 것은 무엇인가요?　　　　　　　(　　　　)

> 　바다가 붉은색 또는 녹색으로 물든 것을 본 적이 있나요? 바닷물이 붉은색으로 물들어 보이는 것을 적조 현상, 녹색으로 물들어 보이는 것을 녹조 현상이라고 합니다. 이는 바닷속 단⊙세포 생물인 식물성 플랑크톤의 수가 평소보다 많아졌기 때문입니다. 이러한 현상이 발생하면 물 속 산소의 ⓒ비율이 낮아져 물고기나 조개 등이 숨을 쉬지 못하고 죽게 됩니다. 또한 잡은 물고기를 팔아 생활하는 어민들의 ⓒ소득이 줄어, ②가계 경제가 나빠질 수 있습니다.

① ⊙: 동물과 식물의 몸을 이루는 기본 단위.

② ⓒ: 기준량에 대한 비교하는 양의 크기.

③ ⓒ: 일한 대가로 받는 돈.

④ ②: 작은 규모로 물건을 파는 집.

2 문장의 빈칸에 들어갈 알맞은 낱말을 찾아 ◯표 하세요.

(1) 장사를 계속해도 재료의 가격이 올라서 (　　　　　) 이/가 남지 않는다. ➡

이윤	이해

(2) 남극에는 아직 개발되지 않은 (　　　　　)이/가 남아 있다고 한다. ➡

소원	자원

3 초성을 보고, 빈칸에 공통으로 들어갈 낱말을 쓰세요.

> - 형은 내가 모르는 것이 있으면 여러 (ㅂㅇ)를 들어 이해하기 쉽게 설명해 주었다.
> - 착하고 순한 사람은 흔히 양에 (ㅂㅇ)된다.
> - 이 시에는 참신한 (ㅂㅇ)가 많이 사용되었다.

4 밑줄 친 낱말을 <u>잘못</u> 활용한 친구에 ✕표 하세요.

2주

5 다음 낱말에 알맞은 뜻의 기호를 보기 에서 찾아 사다리를 타고 내려간 곳에 쓰세요.

보기
ㄱ 식물이 빛과 이산화 탄소, 물을 이용하여 스스로 양분을 만드는 것.
ㄴ 어떤 물건의 재료를 생산하는 곳.
ㄷ 어떤 수량을 주어진 비와 같아지도록 나누는 것.
ㄹ 사실을 묻는 질문.

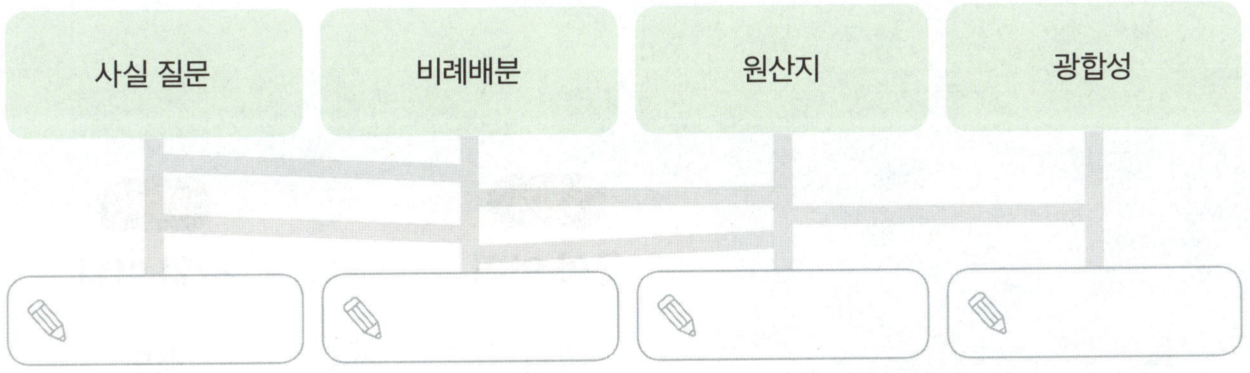

6 밑줄 친 부분과 바꿔 쓸 수 있는 낱말을 찾아 줄로 이으세요.

(1) 등산 중 친구를 우연히 만난 희승이는 매우 <u>반가워했다</u>. ・ ・ 반색했다

(2) 윤 초시 댁은 그 당시에 논 천 마지기를 <u>갖고 있었다</u>. ・ ・ 추구했다

(3) 윤지는 칭찬을 받기보다 스스로 만족할 만한 실력을 <u>갖추기를 바랐다</u>. ・ ・ 보유했다

3 주차

어휘 미리보기

1일차

국어 어휘

과장
연설
공식적
관용 표현
보도
여론
허위
저작권

2일차

사회 어휘

적도
위도
기후
대륙
연안
정상 회담
개척
합작하다

과학 어휘

소독

압력

발생하다

보존하다

연소

소화

유용하다

발화점

수학 어휘

직육면체의 부피

직육면체의 겉넓이

띠그래프

원그래프

해석하다

상관관계

권역

통계

학습 도움 어휘

제시하다

반응하다

근원

함축

대처하다

증진

변천

획기적

1일차 국어 어휘 #듣기 #말하기

과장

사실보다 지나치게 부풀려 나타냄.

誇 자랑할 과   張 베풀 장

예문 **과장** 광고는 상품을 잘 팔리게 하려고 상품 기능을 실제보다 부풀린다.

활용 현서는 실제보다 더 큰 개를 보았다고 **과장**했어.

비슷한말 과대, 허풍

연설

여러 사람 앞에서 자기의 의견을 말하는 것.

演 펄 연   說 말씀 설

예문 안창호 선생은 독립운동의 깃발 아래 모두의 뜻을 모으자는 **연설**을 했다.

활용 친구들 앞에서 학급 회장 후보 **연설**을 했어.

비슷한말 강연, 웅변

공식적

국가가 정했거나 사회가 인정한. 또는 인정한 것.

公 공적인 공   式 법식 식   的 과녁 적

예문 **공식적**인 말하기 상황에서는 큰 소리로 정확하게 말해야 한다.

활용 학급 회의와 같은 **공식적**인 자리에서는 존댓말을 써야 해요.

활용 **공식적**인 자리에서 말 실수를 했대!

비슷한말 공적, 형식적   **반대말** 개인적, 비공식적

관용 표현

둘 이상의 낱말이 합쳐져 각 낱말의 원래 뜻과는 다른, 새로운 뜻으로 쓰이는 표현.

慣 익숙할 관   用 쓸 용
表 겉 표   現 나타날 현

예문 **관용 표현**에는 '발이 넓다.', '가는 날이 장날이다.'와 같은 관용어와 속담 등이 있다.

활용 상황과 내용에 적절한 **관용 표현**을 사용해야 해.

?도움말 관용 표현을 쓰면 이런 점이 좋아요.
· 전하고 싶은 말을 쉽게 표현할 수 있어요.
· 자신의 이야기에 귀 기울여 듣게 할 수 있어요.
· 이야기에 흥미를 느끼게 할 수 있어요.

보도

신문이나 뉴스 등 대중 매체로 사람들에게 새로운 소식을 알리는 것. 또는 그 소식.

報 알릴 보 道 길 도

[예문] 뉴스는 사람들에게 중요한 사건을 때에 알맞게 **보도**한다.

[활용] 어제 불량 식품에 대한 뉴스 **보도** 봤어?

[관련 어휘] 뉴스: 새로운 소식을 전하여 주는 방송의 프로그램.
신문: 사회에서 발생한 사건에 대한 사실이나 해설을 널리 신속하게 전달하기 위한 정기 간행물.

여론

사회의 많은 사람들이 지닌 공통의 의견.

輿 수레 여 論 논의할 론

[예문] 뉴스는 여러 사람의 생각에 영향을 주어 **여론**을 만든다.

[활용] 구청은 주민들의 **여론**에 따라 이곳에 도서관을 짓기로 했다.

[비슷한말] 공론
[관련 어휘] 대중: 수많은 사람의 무리. 현대 사회를 구성하는 대다수의 사람.

허위

진실이 아닌 것을 진실이라고 꾸민 것.

虛 빌 허 僞 거짓 위

[예문] **허위** 광고는 있지도 않은 상품의 기능을 있는 것처럼 설명한다.

[활용] 그 댓글의 내용은 **허위**인 것으로 밝혀졌어.

[비슷한말] 거짓, 엉터리, 허구

저작권

문학, 예술, 학문, 기술에 속하는 창작물을 만든 사람이 갖는 권리.

著 나타날 저 作 지을 작 權 권세 권

[예문] 자료를 활용할 때에는 **저작권**을 확인해야 한다.

[활용] 나는 이 책을 썼으니까 이 책에 대한 **저작권**이 있어.

[관련 어휘] 저작자: 책이나 작품 등의 창작물을 만든 사람.

어휘 플러스⁺
중학교 어휘

예 **발표를 할 때 언어적 표현, 준언어적 표현, 비언어적 표현을 고르게 사용했다.**

언어적 표현은 우리가 말을 사용하여 표현하는 것을 의미하고, **준언어적 표현**은 말의 빠르기, 높낮이, 강약 등을 의미해요. **비언어적 표현**은 말 이외의 몸짓, 손짓, 표정이나 자세를 뜻해요. 이러한 세 가지 표현을 고르게 사용하면 자신의 의견을 효과적으로 전달할 수 있어요.

나: (눈을 크게 뜨며) 당신은 누구신가요?
　　 비언어적 표현　　　　 언어적 표현

요정: (빠른 말투로) 저는 숲속의 요정이랍니다.
　　 준언어적 표현　　　　 언어적 표현

나: (고개를 흔들며) 이건 꿈일 거야, 믿을 수 없어!
　　 비언어적 표현　　　　 언어적 표현

문장을 읽고, 빈칸에 들어갈 낱말을 보기 에서 찾아 쓰세요.

보기

과장	연설	공식적	관용 표현
보도	여론	허위	저작권

1 ______________은/는 진실이 아닌 것을 진실이라고 꾸민 것을 뜻한다.

2 구청은 주민들의 ______________에 따라 이곳에 도서관을 짓기로 했다.

3 나는 이 책을 썼으니까 이 책에 대한 ______________이/가 있어.

4 어제 불량 식품에 대한 뉴스 ______________ 봤어?

5 친구들 앞에서 학급 회장 후보 ______________을/를 했어.

6 ______________인 말하기 상황에서는 큰 소리로 정확하게 말해야 한다.

7 현서는 실제보다 더 큰 개를 보았다고 ______________했어.

8 ______________에는 '발이 넓다.', '가는 날이 장날이다.'와 같은 관용어와 속담 등이 있다.

1 낱말 이해
다음 밑줄 친 낱말의 뜻으로 알맞은 것은 무엇인가요?　　　　　　（　　　　）

> 과자에서 쇳조각이 나온 일에 대해 기업이 <u>공식적</u>으로 사과하길 요청합니다.

① 개인에 속하거나 관계되는 것.
② 국가가 정했거나 사회가 인정한 것.
③ 일의 범위나 규모가 매우 큰 것.
④ 일의 차례를 따라 나아가는 과정.

2 낱말 이해
다음 설명에서 가리키는 '이것'은 무엇인지 쓰세요.

> • <u>이것</u>은 둘 이상의 낱말이 합쳐진 형태입니다.
> • <u>이것</u>은 원래의 뜻과는 다른, 새로운 뜻으로 쓰이는 표현입니다.
> • 관용어와 속담 등이 <u>이것</u>에 포함됩니다.

 ________________

3 낱말 적용
다음 대화의 빈칸에 들어갈 알맞은 낱말은 무엇인가요?　　　　　　（　　　　）

① 보도　　　　② 뉴스　　　　③ 과장　　　　④ 여론

4

밑줄 친 낱말의 쓰임이 바르지 않은 것은 무엇인가요?　　　　　　　　　　　　　　　(　　　　　)

① '발이 넓다.'는 아는 사람이 많아 활동 범위가 넓다는 관용 표현이다.

② 광고를 볼 때는 과장된 부분이 있는지 잘 살펴봐야 한다.

③ 자료의 내용이 허위가 아닌지 확인할 필요가 있다.

④ 연설은 친한 사람들 몇 명과 나누는 말이라서 굳이 존댓말로 말하지 않아도 된다.

5

다음 문장의 빈칸에 공통으로 들어갈 낱말은 무엇인가요?　　　　　　　　(　　　　　)

- 소설의 (　　　　　　)을/를 두고 다툼이 벌어졌다.
- 어떤 사람이 내가 그린 그림을 이용해 옷을 만들어서 내 (　　　　　　)이/가 *침해당했다.

　*침해 침범하여 해를 끼침.

① 순서　　　　　　② 투표권　　　　　　③ 내용　　　　　　④ 저작권

6

다음 대화의 빈칸에 들어갈 알맞은 낱말을 보기 에서 찾아 각각 쓰세요.

보기

연설　　　여론　　　허위　　　보도

보도국장: 장원일 기자, 다음 주 주요 뉴스는 무엇인가?

기자: 네, 이번에 당선된 대통령의 취임 (　⊙　)을/를 뉴스로 내보낼 예정입니다.

보도국장: 대통령에 대한 국민들의 (　⊙　)은/는 어떠한지도 함께 알려 주면 좋겠군.

기자: 설문 조사를 실시하면 어떨까요?

보도국장: 좋아. 뉴스 화면에 설문 조사 결과를 함께 넣으면 훨씬 믿음직한 뉴스가 될 것 같군.

⊙ _____________　　⊙ _____________

📖 다음 뉴스 보도문을 읽고, 물음에 답하세요.

건강 기능 식품, 어떠신가요?

　○○ 소비자 단체에서 실시한 '건강 기능 식품에 대한 문제점'을 묻는 설문 조사에 따르면 '효과에 대한 ㉠허위 · ㉡과장 광고'가 가장 큰 문제점으로 조사되었습니다. 제품에 눈에 띄는 효과가 없더라도 효과가 큰 것처럼 홍보하거나, SNS나 블로그를 통해 ㉢여론을 조작하는 것으로 드러났습니다. 뉴스를 시청하시는 여러분은 실제 효과가 있는 제품을 (㉣ ㄱ ㅅ ㅈ)으로 판매하는 곳에서 구매하시길 바랍니다.

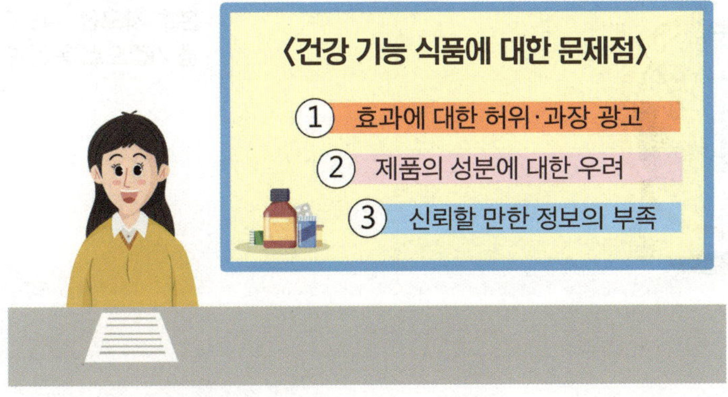

1 ㉠~㉢의 뜻으로 바르지 <u>않은</u> 것에 ✕표 하세요.

(1) ㉠: 진실이 아닌 것을 진실이라고 꾸민 것.　　　　　　　　　　　（　　　　）

(2) ㉡: 사실보다 지나치게 줄여서 나타냄.　　　　　　　　　　　　（　　　　）

(3) ㉢: 사회의 많은 사람들이 지닌 공통의 의견.　　　　　　　　　（　　　　）

2 초성을 보고, ㉣에 들어갈 알맞은 낱말을 쓰세요.

✎
____

2일차 사회 어휘 #자연 #문화

적도

지구의 북극과 남극으로부터 같은 거리에 있는 곳을 이은 선.

赤 붉을 적   道 길 도

예문 **적도**를 기준으로 북쪽은 북위, 남쪽은 남위라고 한다.

활용 **적도** 지방은 열대 기후가 나타나 매우 덥고 습해.

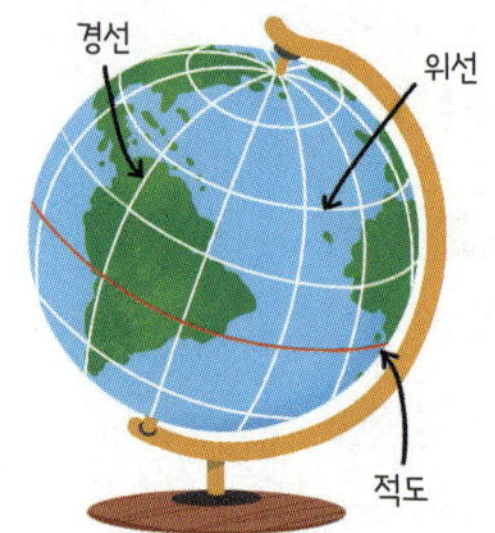

위도

지구상의 위치를 나타내는 좌표축 중에서 가로로 된 것. 적도를 중심으로 북위와 남위로 나뉨.

緯 씨줄 위   度 법도 도

예문 일본, 중국, 터키는 우리나라와 같은 **위도**에 있다.

활용 지도에서 내가 사는 곳의 **위도**와 경도를 알아봤어.

관련 어휘 **경도**: 지구상의 위치를 나타내는 좌표축 중에서 세로로 된 것.
본초 자오선: 경도의 기준이 되는 선. 본초 자오선을 기준으로 동경과 서경으로 나뉨.

기후

일정한 지역에서 여러 해 동안 나타난 기온, 비, 눈, 바람 등의 평균 상태.

氣 기운 기   候 기후 후

예문 한대 **기후**는 북극처럼 추운 지역의 기후를 뜻한다.

활용 지구 온난화로 세계의 **기후**가 급격하게 변하고 있다.

▲ 한대 기후가 나타나는 남극 지방

대륙

바다로 둘러싸인 큰 땅덩어리.

大 큰 대   陸 뭍 륙

예문 **대륙** 중, 우리나라가 속한 아시아가 가장 크다.

활용 **대륙**을 가로지르는 기차 여행을 꿈꾸고 있어!

비슷한말 내륙, 육지

관련 어휘 **대양**: 넓은 지역을 차지하는 큰 바다.

❓도움말 지구에는 아시아, 아프리카, 유럽, 북아메리카, 남아메리카, 오세아니아와 같은 6개의 대륙이 있어요.

연안

강이나 호수, 바다와 잇닿아 있는 육지.

沿 따를 연 岸 언덕 안

예문 강이나 바다와 맞닿아 있는 나라를 '**연안** 국가'라고 한다.

활용 우리나라의 남동 **연안** 지역에는 중화학 공업이 발전했어.

비슷한말 바닷가, 해변, 해안, 해안가

정상 회담

나라를 다스리는 최고 지도자들이 한자리에 모여서 하는 토의.

頂 정수리 정 上 위 상
會 모일 회 談 말씀 담

예문 한국과 미국은 **정상 회담**에서 문화 교류 방안을 논의했다.

개척

1. 거친 땅을 일구어 논과 밭처럼 쓸모 있는 땅으로 만듦.
2. 새로운 분야에 대한 일을 처음으로 열어 나감.

開 열 개 拓 넓힐 척

예문 옛날에는 갯벌을 **개척**[1]의 대상으로 여겼지만, 오늘날에는 보존의 대상으로 여긴다.

활용 성공한 사람들은 대개 **개척**[2] 정신이 뛰어납니다.

비슷한말 개간[1]

합작하다

어떠한 것을 만들거나 목표를 달성하기 위하여 힘을 모으다.

合 합할 합 作 지을 작

예문 한국, 중국, 일본이 **합작해** 만든 영화가 국내에서 큰 관심을 받았다.

활용 이 그림은 친구와 **합작해** 만든 작품이야!

비슷한말 합동하다, 협력하다, 협업하다

어휘 플러스⁺
중학교 어휘

예 기후에 따라 사람들의 생활 양식이 달라진다.

생활 양식은 사회나 집단이 공통적으로 갖고 있는 생활에 대한 인식이나 생활하는 방식을 이르는 말이에요. 생활 양식에는 의식주, 언어, 관습, 종교, 학문 등이 포함되지요. 지구에는 지역에 따라 다양한 기후가 나타나고, 그에 따라 사람들의 생활 양식이 달라져요. 사계절이 있는 온대 기후 지역과 냉대 기후 지역에는 농업 활동이 발달했어요. 건조 기후 지역에서는 오아시스를 중심으로 마을이 형성되고, 사람들이 가축을 기르며 물과 풀을 찾아 이동하는 유목 생활을 해요.

어휘 이해

문장을 읽고, 빈칸에 들어갈 알맞은 낱말을 보기 에서 찾아 쓰세요.

보기

적도	위도	기후	대륙
연안	정상 회담	개척	합작해

1 ________________ 지방은 열대 기후가 나타나 매우 덥고 습해.

2 ________________ 중, 우리나라가 속한 아시아가 가장 크다.

3 강이나 바다와 맞닿아 있는 나라를 '________________ 국가'라고 한다.

4 이 그림은 친구와 ________________ 만든 작품이야!

5 옛날에는 갯벌을 ________________의 대상으로 여겼지만, 오늘날에는 보존의 대상으로 여긴다.

6 지구 온난화로 세계의 ________________이/가 급격하게 변하고 있다.

7 한국과 미국은 ________________에서 문화 교류 방안을 논의했다.

8 일본, 중국, 터키는 우리나라와 같은 ________________에 있다.

1 낱말 이해

다음 낱말의 뜻이 완성되도록 알맞은 말에 ○표 하세요.

(1) 위도: 지구상의 위치를 나타내는 좌표축 중에서 (가로 / 세로)로 된 것.

(2) 적도: 지구의 (위도와 경도 / 북극과 남극)(으)로부터 같은 거리에 있는 곳을 이은 선.

2 낱말 적용

초성을 보고, 다음 글의 빈칸에 들어갈 알맞은 낱말을 쓰세요.

> 대통령은 우리나라를 대표하는 외교관이라고 할 수 있습니다. 우리나라 대통령은 23일 오후, 대통령실 *청사에서 첫 (ㅈㅅ ㅎㄷ)을 가졌습니다. 두 대통령은 *양국의 협력을 강화하고 국제 문제의 해결을 위해 노력할 것을 약속했습니다.
>
> •청사 관청의 사무실로 쓰는 건물.
> •양국 두 나라.

3 낱말 적용

문장의 빈칸에 들어갈 알맞은 낱말을 찾아 줄로 이으세요.

(1) 강대국들은 아프리카 (   )의 천연자원을 차지하려고 욕심을 부렸다.   ·   · 기후

(2) 지중해와 맞닿은 그리스의 (   ) 지방은 관광지로 매우 유명하다.   ·   · 대륙

(3) 이상 (   )이/가 나타나 세계 곳곳에서 유래 없는 가뭄과 홍수가 이어졌다.   ·   · 연안

4
다음 글의 빈칸에 들어갈 알맞은 낱말을 보기 에서 찾아 쓰세요.

보기

개척하여   합작하여   개혁하여

귀여운 곰이 주인공으로 등장하는 한 애니메이션이 130개가 넘는 나라에 수출되어 큰 인기를 얻고 있습니다. 그런데 이 작품을 북한과 (   ) 만들었다고 하네요. 이렇게 북한과 교류하는 경험이 쌓여서 통일에 한 발짝 다가가기 바랍니다.

____

5
밑줄 친 낱말의 쓰임이 바르지 <u>않은</u> 것은 무엇인가요?   (   )

① <u>적도</u> 지방은 기온이 높고 강수량이 많다.
② 태풍이 칠 때 바다의 <u>연안</u>에서는 해일에 대비한다.
③ 냉대 <u>기후</u> 지역은 겨울이 길고 여름이 짧다.
④ 콜럼버스는 <u>위도</u>를 항해하여 아메리카 대륙에 도착했다.

6
밑줄 친 낱말과 뜻이 비슷한 것에 ○표 하세요.

우리 학교는 독일의 연주단과 <u>합작해서</u> 멋진 공연을 하기로 했어.

측정해서   계획해서   창작해서   협업해서

📖 다음 문자 대화를 읽고, 물음에 답하세요.

1 초성을 보고, ㉠에 들어갈 알맞은 낱말을 쓰세요.

2 ㉡의 뜻으로 알맞은 것은 무엇인가요?　　　　　　　　　　（　　　　）

① 강이나 호수, 바다와 잇닿아 있는 육지.

② 눈으로 분간하기 어려울 정도로 아주 작은 먼지.

③ 지구상의 위치를 나타내는 좌표축 중에서 세로로 된 것.

④ 일정한 지역에서 여러 해 동안 나타난 기온, 비, 눈, 바람 등의 평균 상태.

소독

병에 걸리거나 옮기는 것을 예방하기 위해 병원균을 없애는 일.

消 사라질 소 毒 독 독

예문 상처를 **소독**할 때 묽은 과산화 수소수를 사용하기도 한다.

활용 전염병을 막기 위해 **소독**을 철저히 하자!

비슷한말 살균, 멸균
관련 어휘 감염: 병의 원인이 되는 미생물이 몸속에 퍼지는 일.
전염: 병이 남에게 옮음.

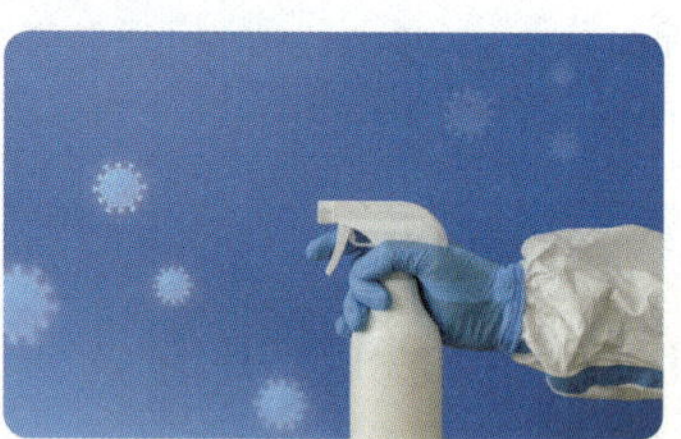

압력

1. 두 물체가 서로 만나는 면에 대해 수직으로 누르는 힘.
2. 자기 뜻대로 하기 위해 다른 사람에게 가하는 힘.

壓 누를 압 力 힘 력

예문 비행기 안의 **압력**[1]은 땅보다 하늘에서 더 낮아 과자 봉지의 부피가 달라진다.

활용 시민 단체는 언론을 이용해 정부에 **압력**[2]을 넣었다.

비슷한말 압박

▲ 땅과 하늘에서의 기체 부피 변화

발생하다

어떤 일이나 사물이 생겨나다.

發 필 발 生 날 생

예문 물질이 탈 때에는 빛과 열이 **발생한다**.

활용 진도 6.5 규모의 지진이 **발생하여** 많은 피해를 입었습니다.

활용 주변 공사장에서 소음과 먼지가 많이 **발생하고** 있어.

비슷한말 나타나다, 일어나다, 생기다

보존하다

잘 보호하고 보살펴 남기다.

保 지킬 보 存 있을 존

예문 질소는 식품의 내용물을 **보존하거나** 신선하게 보관하는 데 이용된다.

활용 환경을 **보존하기** 위해 일회용품을 쓰지 않도록 노력해야 합니다.

비슷한말 유지하다, 지키다, 보호하다

❓도움말 '보존하다'와 헷갈릴 수 있는 낱말 '보전하다'는 '온전하게 보호하여 유지하다.'라는 뜻이에요.

연소

물질이 산소와 빠르게 반응하여 빛과 열을 내는 현상.

燃 탈 연　燒 불사를 소

예문 초가 **연소**한 후에는 물과 이산화 탄소가 생긴다.

활용 비닐과 같은 물질은 **연소**할 때 독성이 있는 기체를 배출해요.

? 도움말 연소가 일어나려면 산소와 탈 물질이 있어야 하고, 온도가 발화점 이상이 돼야 해요.

소화

불을 끔.

消 사라질 소　火 불 화

예문 물질에 따라 **소화**시키는 방법이 다르다.

활용 신속한 대응으로 불은 이내 **소화**되었다.

비슷한말 진화　　　**반대말** 방화

? 도움말 보통 화재가 일어나면 물로 불을 끄지만, 기름이나 가스, 전기로 인한 불은 소화기를 이용하거나 두꺼운 이불로 덮어 꺼야 해요.

유용하다

쓸모가 있다.

有 있을 유　用 쓸 용

예문 소화기는 화재의 초기 단계에서 불을 끌 수 있는 **유용한** 도구이다.

활용 이 문제집은 어휘력을 향상시키는 데 **유용하다**.

비슷한말 유효하다　　　**반대말** 소용없다, 쓸데없다

발화점

어떤 물질이 불에 직접 닿지 않아도 타기 시작하는 온도.

發 필 발　火 불 화　點 점 점

예문 불을 끄려면 **발화점** 미만으로 온도를 낮춘다.

활용 성냥개비의 붉은 부분은 **발화점**이 낮아 쉽게 불이 붙습니다.

? 도움말 물질마다 발화점이 다른데, 황린이라는 물질은 30℃이며, 나무는 400~470℃, 고무는 350℃, 수소는 약 500℃예요.

어휘 플러스⁺
중학교 어휘

예 해발 고도가 높은 산은 대기압이 낮다.

　대기압은 공기의 무게로 인해 생기는 압력을 말해요. 고도가 올라갈수록 대기압이 낮아지기 때문에 비행기를 타면 귀가 멍멍해지기도 해요. **해발 고도**는 평균 해수면을 기준으로 측정한 높이예요. 해발 고도가 높아지면 대기압이 낮아지고 끓는점이 낮아져요. 그렇기 때문에 산에서 라면을 끓이면 평지에서의 발화점(100℃)보다 낮은 온도에서 물이 끓어 라면이 설익지요. 산에서 라면을 끓일 때는 보통 때보다 물을 조금 더 많이 넣어야 해요.

문장을 읽고, 빈칸에 들어갈 알맞은 낱말을 보기 에서 찾아 쓰세요.

소독	압력	발생한다	보존하기
연소	소화	유용한	발화점

1 비닐과 같은 물질은 ______________ 할 때 독성이 있는 기체를 배출해요.

2 환경을 ______________ 위해 일회용품을 쓰지 않도록 노력해야 합니다.

3 전염병을 막기 위해 ______________ 을/를 철저히 하자!

4 신속한 대응으로 불은 이내 ______________ 되었다.

5 시민 단체는 언론을 이용해 정부에 ______________ 을/를 넣었다.

6 불을 끄려면 ______________ 미만으로 온도를 낮춘다.

7 소화기는 화재의 초기 단계에서 불을 끌 수 있는 ______________ 도구이다.

8 물질이 탈 때에는 빛과 열이 ______________ .

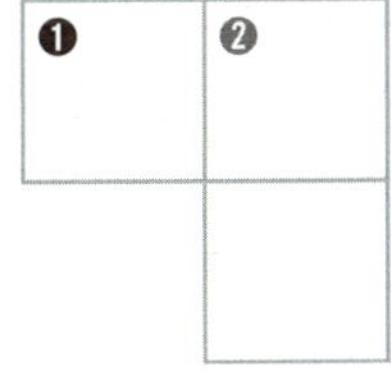

1 낱말 이해

다음 낱말의 뜻을 읽고, 낱말 퍼즐을 완성하세요.

> 가로 열쇠 ❶ 물질이 산소와 빠르게 반응하여 빛과 열을 내는 현상.
>
> 세로 열쇠 ❷ 불을 끔.

2 낱말 적용

다음 대화의 빈칸에 들어갈 알맞은 낱말로 짝 지어진 것은 무엇인가요? (   )

> 누나: 멀티탭에 먼지가 쌓여 있으면 화재가 (㉠   ) 수 있대.
>
> 동생: 아, 그렇구나. 그런데 화재가 발생하면 물을 뿌려야겠지?
>
> 누나: 아니야. 전기로 인한 화재는 물을 뿌리면 감전될 수 있어서 소화기로 불을 꺼야 해.
>
> 동생: 정말 (㉡   ) 정보네. 알려 줘서 고마워.

	㉠	㉡
①	유용할	연소한
②	발생할	보존한
③	발생할	유용한
④	보존할	발생한

3 낱말 적용

초성을 보고, 다음 대화의 빈칸에 들어갈 알맞은 낱말을 쓰세요.

> 준희: 비행기를 타거나 높은 산에 올라갈 때 가끔 귀가 아파요. 이유가 뭘까요?
>
> 의사: 높은 곳에 올라가면 공기의 (ㅇㄹ   )이 낮아진답니다. 우리 귀 속에는 귀 안팎의 (ㅇㄹ   )이 같도록 유지하는 기관이 있어요. 그런데 갑작스럽게 고도가 높아지면 이 기관의 (ㅇㄹ   ) 조절 기능이 떨어져 귀가 먹먹해지거나 아프게 느껴진답니다.

4

다음 문장의 빈칸에 들어갈 알맞은 낱말은 무엇인가요? (   )

> 성냥의 머리 부분을 성냥갑에 그으면, 그 순간에 발생하는 마찰력으로 인해 온도가
> (ㅂㅎㅈ) 이상이 되어 성냥에 불이 붙는다.

① 전환점   ② 결승점   ③ 어는점   ④ 발화점

5

다음 중 밑줄 친 낱말을 <u>잘못</u> 활용한 친구에 ✕표 하세요.

희연 (   )

대영 (   )

은진 (   )

6

초성을 보고, 문장의 빈칸에 공통으로 들어갈 낱말을 쓰세요.

> • 눈이 많이 내리면 도로가 꽁꽁 얼어 교통 혼잡이 (ㅂㅅㅎㄷ).
> • 여름철에는 온도와 습도가 높아 세균이 증가하기 쉬워 식중독이 빈번하게 (ㅂㅅㅎㄷ).

3주

📖 다음 인터뷰 기사를 읽고, 물음에 답하세요.

○○일보 　　　　　　　　　　　　　　　　　20○○년 10월 3일

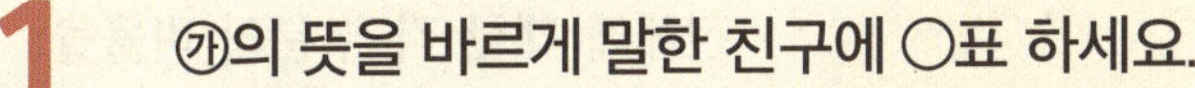

기자: 소방관 님, 안녕하세요? 학생 기자 ○○○입니다.

소방관: 안녕하세요?

기자: 소방관은 어떤 일을 하나요?

소방관: 네, 저희 소방관은 화재가 발생했을 때 긴급히 화재를 진
압하고, 다친 사람을 병원으로 빠르게 이송합니다.

기자: 소화 방법으로 어떤 것들이 있나요?

소방관: 연소의 조건들을 제거하는 방법을 활용해서 화재를 진압
합니다. 석유나 가스와 같은 연소 물질을 제거할 때도 있고, 차가운 물을 뿌려 ㉮발화점
이하로 온도를 낮추기도 하고, 소화기를 사용해 산소를 차단하기도 합니다.

기자: 가장 어려운 일은 무엇인가요?

소방관: 아무래도 응급 환자분들을 이송할 때, 빠른 응급 처치가 어렵습니다. 상처가 있을 때는
(　　㉠　　)과 여러 응급 처치를 동시에 해야 하기 때문이죠.

---

1 ㉮의 뜻을 바르게 말한 친구에 ○표 하세요.

혜경	어떤 물질이 얼거나 녹기 시작하는 온도를 말해.	(　)
승희	두 물체가 서로 만나는 면에 대해 수직으로 누르는 힘을 말해.	(　)
하윤	어떤 물질이 불에 직접 닿지 않아도 타기 시작하는 온도를 말해.	(　)

2 다음 문장을 읽고, ㉠과 빈칸에 들어갈 알맞은 낱말을 쓰세요.

> 감염병을 예방하기 위해 손을 (　　　　　)하는 습관을 지녀야 한다.

4 일차 수학 어휘   #직육면체 #그래프 #통계

직육면체의 부피

직육면체가 차지하는 공간의 크기.

直 곧을 직   六 여섯 육
面 얼굴 면   體 몸 체

예문 **직육면체의 부피**를 구하는 방법을 알아보았다.

관련 어휘 부피의 단위: cm³(세제곱센티미터), m³(세제곱미터)

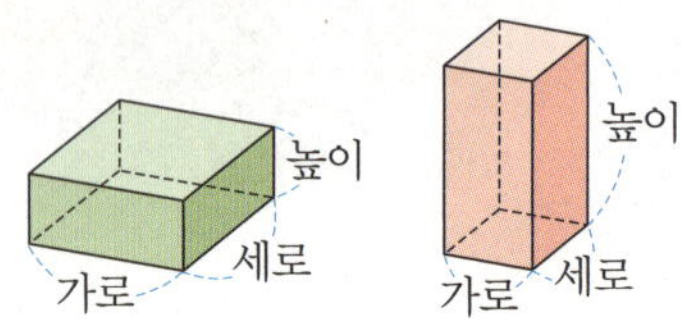

(직육면체의 부피) = (가로) × (세로) × (높이)
= (밑면의 넓이) × (높이)

직육면체의 겉넓이

직육면체 겉면의 넓이.

直 곧을 직   六 여섯 육
面 얼굴 면   體 몸 체

예문 **직육면체의 겉넓이**는 여섯 면의 넓이의 합이다.

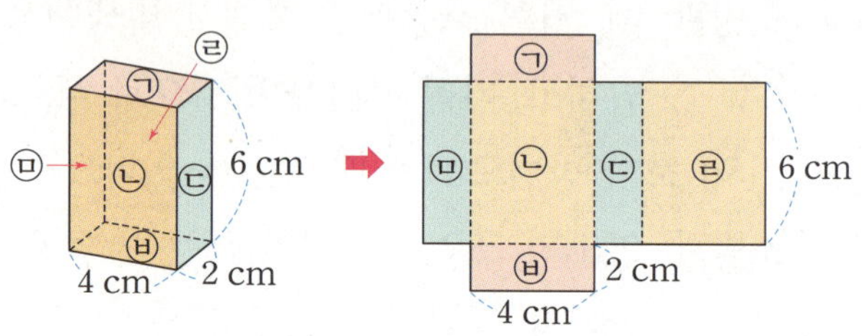

(직육면체의 겉넓이)
= (4×2) + (4×6) + (2×6) + (4×6) + (2×6) + (4×2)
   ㄱ   ㄴ   ㄷ   ㄹ   ㅁ   ㅂ
= 88 cm²

띠그래프

전체에 대한 각 부분의 비율을 띠 모양에 나타낸 그래프.

예문 **띠그래프** 중 가장 긴 부분은 가장 높은 비율의 항목을 나타낸다.

<학생들이 선호하는 운동 종목>

0 10 20 30 40 50 60 70 80 90 100(%)

| 야구 (35 %) | 농구 (20 %) | 축구 (30 %) | 배구 (15 %) |

▲ 띠그래프의 예시

원그래프

전체에 대한 각 부분의 비율을 원 모양에 나타낸 그래프.

圓 둥글 원

예문 **원그래프**에서 각 항목의 비율을 한눈에 볼 수 있다.

<학생들이 선호하는 종류의 책>

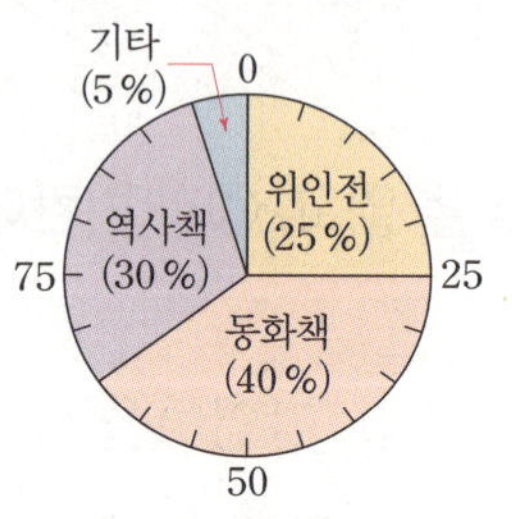

▲ 원그래프의 예시

해석하다

어떤 내용을 판단하고 이해하거나 표현된 내용을 이해하여 설명하다.

解 풀 해   釋 풀 석

[예문] 그래프를 **해석하였더니** 매년 대회 참가 인원이 늘고 있다는 것을 알 수 있었다.

[활용] 연구자들이 비석에 적힌 고대 문자를 **해석했다**.

[활용] 나는 이 소설의 결말을 긍정적으로 **해석했어**.

[비슷한말] 생각하다, 읽다, 풀다

상관관계

두 가지 가운데 한쪽이 변하면 다른 한쪽도 따라서 변하는 관계.

相 서로 상   關 관계할 관
關 관계할 관   係 맬 계

[예문] 우리 모둠은 혈액형과 성격의 **상관관계**가 있다는 가설을 세웠다.

[활용] 이 그래프를 통해 미세 먼지 농도와 호흡기 질환 사이의 **상관관계**를 알 수 있다.

[활용] 연구소에서 인간관계와 행복이 어떤 **상관관계**가 있는지 조사했다.

권역

특정한 범위 안의 지역.

圈 우리 권   域 지경 역

[예문] 서울과 인천, 경기 **권역**의 초등학교 수가 다른 지역보다 많다.

[활용] 우리 시는 5개 **권역**으로 나누어 특성에 맞는 개발 정책을 세우기로 했다.

통계

여러 가지 현상을 조사하고, 기준에 따라 정리한 결과를 숫자로 나타낸 것.

統 거느릴 통   計 셀 계

[예문] **통계**는 사회적인 현상을 분석하는 데 도움이 된다.

[활용] 복잡한 **통계** 자료를 표나 그림으로 나타내면 훨씬 이해하기 쉽다.

어휘 플러스+
중학교 어휘

예 **좌표평면**에 표시된 점 P의 위치는 P(a, b)로 표시한다.

좌표평면은 x축과 y축이 있는 평면 안에 점의 위치를 나타낸 것을 말해요. 두 직선이 만나는 점을 '원점'이라고 하고, 알파벳 'O'로 표기하지요. 가로로 뻗어 나가는 직선은 x축, 세로로 뻗어 나가는 직선은 y축이에요. a는 x축의 한 값을, b는 y축의 한 값을 나타내며, 좌표평면에서 a와 b만큼 떨어진 점을 P(a, b)로 표시하지요.

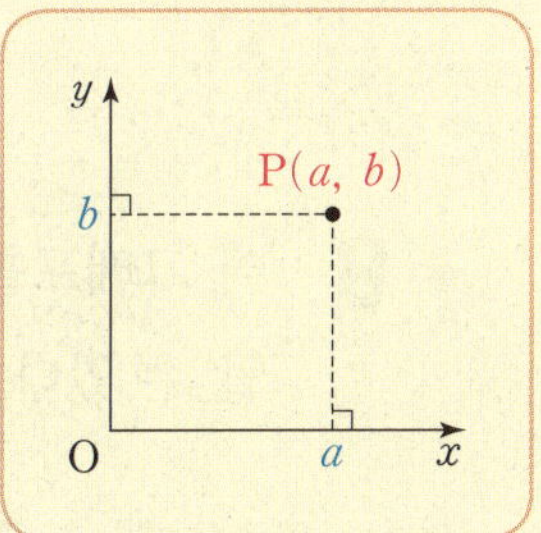

📝 문장을 읽고, 빈칸에 들어갈 알맞은 낱말을 보기 에서 찾아 쓰세요.

보기

직육면체의 부피	직육면체의 겉넓이	띠그래프	원그래프
해석했어	상관관계	권역	통계

1 ____________________은/는 직육면체가 차지하는 공간의 크기이다.

2 나는 이 소설의 결말을 긍정적으로 ________________.

3 ________________은/는 전체에 대한 각 부분의 비율을 원 모양에 나타낸 그래프이다.

4 서울과 인천, 경기 ________________의 초등학교 수가 다른 지역보다 많다.

5 ________________은/는 전체에 대한 각 부분의 비율을 띠 모양에 나타낸 그래프이다.

6 복잡한 ________________ 자료를 표나 그림으로 나타내면 훨씬 이해하기 쉽다.

7 ____________________은/는 여섯 면의 넓이의 합이다.

8 이 그래프를 통해 미세 먼지 농도와 호흡기 질환 사이의 ________________을/를 알 수 있다.

1 밑줄 친 낱말의 뜻을 찾아 가장 알맞게 설명한 것에 ○표 하세요.

> 나는 스마트폰 사용 시간과 눈이 건조해지는 증상 사이에 <u>상관관계</u>가 있다고 생각한다.

(1) 두 가지 가운데 한쪽이 변화해도 다른 한쪽은 변하지 않는 관계.   (   )

(2) 두 가지 가운데 한쪽이 변하면 다른 한쪽도 따라서 변하는 관계.   (   )

2 다음 글자 카드에서 설명하는 낱말을 각각 쓰세요.

(1)
- 전체에 대한 각 비율을 나타내는 그래프예요.
- 띠 모양의 직사각형을 길이로 나누어 그 구분된 직사각형으로 조사한 값의 크기를 나타내요.

(2)
- 전체에 대한 각 비율을 나타내는 그래프예요.
- 원을 반지름으로 나누고 그 면적으로 전체에 대한 각 부분의 값의 크기를 나타내요.

3 보기 의 낱말 뜻을 보고, 문장의 빈칸에 들어갈 알맞은 낱말을 쓰세요.

> **보기**
>
> 물체 겉면의 넓이.

노란색 직육면체의 (   )가 파란색 직육면체의 (   )보다 크기 때문에 포장지가 더 많이 필요하다.

4 다음 대화의 빈칸에 들어갈 알맞은 낱말로 짝 지어진 것은 무엇인가요? (   )

> 성진: 조사 결과를 표로만 나타내면 수치를 한눈에 비교하기 힘들 것 같은데 (㉠   )로
>   표현하는 게 어떨까?
>
> 하라: 좋은 생각이야. 원에서 차지하는 각각의 비율을 한눈에 비교할 수 있겠다.
>
> 성진: 보고서의 결론 부분에는 그래프를 (㉡   ) 내용을 넣으면 좋을 것 같아.

	㉠	㉡
①	상관관계	암기한
②	띠그래프	암기한
③	막대그래프	해석한
④	원그래프	해석한

5 문장의 빈칸에 들어갈 알맞은 낱말을 찾아 줄로 이으세요.

(1) 기차역 공사를 시작으로 우리 지역의 남부 (   ) 개발이 본격화되었다. · · 통계

(2) 최근 몇 년간의 (   ) 자료로 보아 독감 환자의 발생률이 낮아지고 있다. · · 권역

(3) 직육면체의 (   )은/는 직육면체가 차지하는 공간의 크기이다. · · 부피

6 다음 문장의 빈칸에 공통으로 들어갈 낱말은 무엇인가요? (   )

> • 직육면체의 (   )을/를 구하려면 밑면의 넓이에 높이를 곱한다.
> • (   )의 단위는 cm^3, m^3 등이다.

① 겉넓이   ② 공간   ③ 부피   ④ 상관관계

📖 다음 블로그의 글을 읽고, 물음에 답하세요.

Home > 자료실 > 통계 자료

119 신고 관련 내용의 조사 결과

올 한 해 119에 들어온 주요 신고 내용을 광범위하게 조사하여 그래프로 나타내 보았습니다. 화재나 사고 등 현장 출동을 요청하는 신고의 비율이 가장 크고, 그다음으로 치료 방법의 안내를 요청하는 신고, 잘못된 신고, 기타 순으로 나타났습니다. 이번 ㉮통계 결과를 바탕으로 119 신고 ㉯권역과 신고의 특징 간 상관관계를 세밀하게 밝혀 내어 사고 예방과 대처에 참고할 예정입니다.

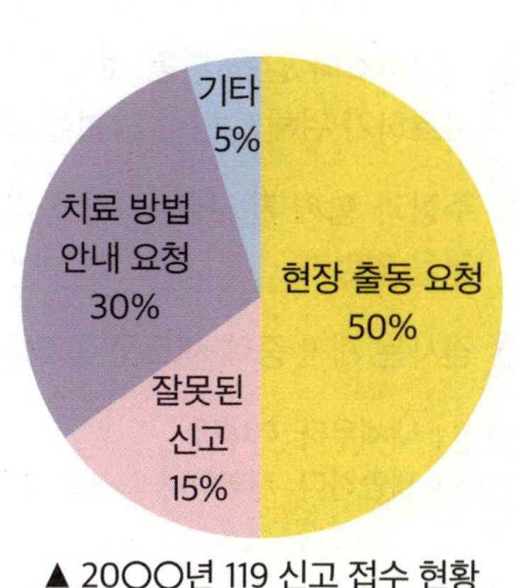

▲ 20○○년 119 신고 접수 현황

3주

1 ㉮와 ㉯의 알맞은 뜻을 보기 에서 찾아 각각 기호로 쓰세요.

보기
㉠ 특정한 범위 안의 지역.
㉡ 두 가지 가운데 한쪽이 변하면 다른 한쪽도 따라서 변하는 관계.
㉢ 여러 가지 현상을 조사하고, 기준에 따라 정리한 결과를 숫자로 나타낸 것.

✏️ ㉮____________ ㉯____________

2 이 글에서 제시된 그래프와 관련된 설명에 ○표 하세요.

(1) 전체에 대한 각 부분의 비율을 띠 모양에 나타낸 그래프이다. (   )

(2) 전체에 대한 각 부분의 비율을 원 모양에 나타낸 그래프이다. (   )

제시하다

1. 어떠한 의사를 말이나 글로 나타내다.
2. 물품을 내어 보이다.

提 끌 제   示 보일 시

[예문] 그린피스와 같은 환경 보호 단체는 지구 환경을 보호하기 위해 다양한 방법을 **제시한다**.[1]

[예문] 주장과 함께 **제시한**[1] 근거가 적절한지 판단하여 글을 읽었다.

[활용] 검사는 재판 중에 새로운 증거를 **제시하였다**.[2]

[비슷한말] 내세우다, 꺼내다
[관련 어휘] 제안하다: 계획이나 의견을 내어 놓다.

반응하다

1. 자극을 받아 어떤 현상이 일어나다.
2. 물질 사이에 화학적 변화가 일어나다.

反 돌이킬 반   應 응할 응

[예문] 우리 강아지는 내 목소리에 가장 잘 **반응한다**.[1]

[활용] 실험 중, 두 물질이 **반응하여**[2] 폭발이 일어나자 사람들이 대피하였다.

[?도움말] 화학적 변화가 일어나면 물질의 성질이나 구조가 변해요.

근원

사물이 비롯되는 근본이나 원인.

根 뿌리 근   源 근원 원

[예문] **근원**이 다른 민족은 서로 다른 문화를 갖게 된다.

[활용] 스트레스는 많은 질병의 **근원**이야.

[활용] 우주의 **근원**이 무엇인지 궁금해.

[비슷한말] 근본, 원천, 뿌리

함축

말이나 글이 여러 뜻을 담고 있음.

含 머금을 함   蓄 모을 축

[예문] 시에는 **함축**적인 표현들이 많다.

[활용] '비둘기'라는 낱말에는 평화, 자유와 같은 뜻이 **함축**되어 있다.

[활용] 친구의 말에 기쁨과 아쉬움 등 여러 감정이 **함축**되어 있었어.

[비슷한말] 내포, 암시

대처하다

어떤 사건이나 상황에 대하여 알맞은 조치를 취하다.

對 대답할 대　處 곳 처

예문 한국과 일본은 미세 먼지 문제에 함께 **대처하기**로 약속했다.

활용 화재가 발생했을 때 어떻게 **대처해야** 할까요?

활용 간호사는 응급 상황에 신속하게 **대처했다**.

비슷한말 조치하다, 대응하다

증진

기운이나 세력 등이 점점 더 늘어 가고 나아감.

增 더할 증　進 나아갈 진

예문 UN은 국제 협력의 **증진**, 세계 평화의 유지를 목적으로 한다.

활용 체력 **증진**을 위해 매일 아침 달리기를 한다.

비슷한말 신장, 증대, 촉진　**반대말** 감퇴

3주

변천

세월의 흐름에 따라 바뀌고 변함.

變 변할 변　遷 옮길 천

예문 우리나라 정치 제도는 민주주의가 확대되는 모습으로 **변천**해 왔다.

활용 이번 전시회를 통해 생활 도구의 **변천**을 잘 알 수 있었어.

비슷한말 변이

획기적

어떤 과정이나 분야에서 전혀 새로운 시기를 열어 놓을 만큼 뚜렷이 구분되는 것.

劃 새길 획　期 기약할 기　的 과녁 적

예문 1973년, 정부는 국가 경제를 **획기적**으로 발전시키기 위해 중화학 공업을 육성할 것을 발표했다.

활용 세탁기는 가사 시간을 줄이는 **획기적**인 제품이다.

비슷한말 기념비적, 기록적, 파격적

어휘 플러스+
헷갈리는 어휘

예 경찰에게 신분증을 **제시했다**. / 학급 회의에서 새로운 투표 방식을 **제안했다**.

　'제시하다'와 '제안하다'의 뜻은 어떻게 다를까요? 먼저 **제시하다**는 '의견을 제시하다.', '증명서를 제시했다.'처럼 어떤 의견이나 생각을 말이나 글로 표현하는 상황이나 검사하는 과정에서 필요한 물건 등을 내놓는 상황에서 쓰입니다. **제안하다**는 사물이 아닌 계획이나 생각을 표현한다는 뜻을 지니기 때문에 '제시하다'는 '제안하다'의 의미를 포함하는 말이라고 할 수 있습니다.

📝 문장을 읽고, 빈칸에 들어갈 알맞은 낱말을 보기 에서 찾아 쓰세요.

보기

제시하였다	반응한다	근원	함축
대처했다	증진	변천	획기적

1 체력 ________________을/를 위해 매일 아침 달리기를 한다.

2 검사는 재판 중에 새로운 증거를 ________________.

3 우리 강아지는 내 목소리에 가장 잘 ________________.

4 이번 전시회를 통해 생활 도구의 ________________을/를 잘 알 수 있었어.

5 ________________이/가 다른 민족은 서로 다른 문화를 갖게 된다.

6 시에는 ________________적인 표현들이 많다.

7 간호사는 응급 상황에 신속하게 ________________.

8 세탁기는 가사 시간을 줄이는 ________________인 제품이다.

3주

1 낱말 이해
낱말의 뜻을 읽고, 알맞은 낱말을 찾아 줄로 이으세요.

(1) 기운이나 세력 등이 점점 더 늘어 가고 나아감. • • 근원

(2) 사물이 비롯되는 근본이나 원인. • • 함축

(3) 말이나 글이 여러 뜻을 담고 있음. • • 증진

2 낱말 적용
보기 에서 글자 카드를 찾아 문장의 빈칸에 들어갈 낱말을 완성하세요.

보기

| 반 | 축 | 제 | 함 | 응 | 시 |

(1) 그 소설을 읽은 독자들은 긍정적으로 (　　　　　)했다.

(2) 학교 도서관에서 책을 빌리기 위해 학생증을 (　　　　　)했다.

3 낱말 적용
다음 문장이 완성되도록 알맞은 낱말에 ◯표 하세요.

(1) 건강 (증진 / 대응)을 위해서는 규칙적인 운동과 건강한 식습관이 필수적이다.

(2) 갑작스런 폭설에 (대처할 / 암시할) 시간이 없었다.

낱말 이해

4 초성을 보고, 보기 의 빈칸에 들어갈 낱말의 뜻에 ○표 하세요.

보기

▲ 전화기의 (ㅂㅊ) 과정

사물이 비롯되는 근본이나 원인.

세월의 흐름에 따라 바뀌고 변함.

기운이나 세력 등이 점점 더 늘어 가고 나아감.

낱말 쓰임

5 다음 중 밑줄 친 낱말을 잘못 활용한 친구에 ✕표 하세요.

희준 (   )

수정 (   )

지안 (   )

낱말 이해

6 다음 중 보기 의 뜻에 알맞은 낱말은 무엇인가요? (   )

보기

- 자극을 받아 어떤 현상이 일어나다.
- 물질 사이에 화학적 변화가 일어나다.

① 감명받다   ② 반대하다   ③ 적응하다   ④ 반응하다

📖 다음 블로그의 글을 읽고, 물음에 답하세요.

우리 민족에게 큰 위로를 준 시인, 윤동주

일제 강점기에 활동했던 시인 윤동주는 자신의 시에 *자아 성찰과 나라 잃은 상황에 대한 안타까움을 (㉠)하여 표현했습니다. 오랜 시간이 흘러 시대의 상황과 모습이 (㉮)해 왔지만, 그의 시는 여전히 우리에게 삶의 방향을 제시합니다.

"죽는 날까지 하늘을 우러러
한 점 부끄럼이 없기를,
잎새에 이는 바람에도
나는 괴로워했다."

소리 내어 한 구절 한 구절 읽을 때마다 마음 한구석이 아려 오고, 코끝이 찡하게 시려 옵니다. 이는 이 시의 근원이 슬픔에 있기 때문일지도 모릅니다. 28세라는 젊은 나이로 세상을 떠난 윤동주의 삶이 더욱 안타까워집니다.

*자아 성찰 자기 자신을 살펴보고 반성함.

1 ㉠에 들어갈 알맞은 낱말은 무엇인가요? (   )

① 보유   ② 함축   ③ 대처   ④ 촉진

2 ㉮와 같은 낱말이 들어갈 문장에 ○표 하세요.

(1) 잔잔한 음악을 들으면 집중력 (   )에 도움이 된다. (   )

(2) 전시회에서 우리나라 한복의 (   ) 과정을 살펴보았다. (   )

3주차 종합 평가

1 다음 문장을 읽고, 빈칸에 들어갈 알맞은 낱말의 기호를 보기 에서 찾아 각각 쓰세요.

보기

　　1972년, 스웨덴의 스톡홀름에서 열린 '국제 연합(UN) 인간 환경 회의'에서는 환경 보존을 위해 각국이 노력해야 함을 강조했다. 그로부터 20년 후, 브라질의 리우에서 개최된 대규모 ㉠정상 회담에서도 지구 환경을 보존할 것을 ㉡공식적으로 선언했다. 하지만 계속된 노력에도 불구하고 지구 곳곳에는 이상 ㉢기후가 발생하고 있다.

(1) 국가가 정했거나 사회가 인정한. 또는 인정한 것. 　　　　　　　　　　(　　　)

(2) 나라를 다스리는 최고 지도자들이 한자리에 모여서 하는 토의. 　　(　　　)

(3) 일정한 지역에서 여러 해 동안 나타난 기온, 비, 눈, 바람 등의 평균 상태. 　(　　　)

2 초성을 보고, 빈칸에 공통으로 들어갈 낱말을 쓰세요.

- 담당자의 착오로 예상치 못한 문제가 (　ㅂㅅ　)하였다.
- 홍수가 자주 (　ㅂㅅ　)하는 지역을 조사하여 대비해야 한다.

3 다음 중 뜻이 비슷한 낱말이 <u>아닌</u> 것은 무엇인가요? 　　　　　(　　　)

① 발생하다 　　　　② 일어나다 　　　　③ 연소하다 　　　　④ 생기다

4 다음 중 밑줄 친 낱말을 잘못 활용한 친구에 ×표 하세요.

현아	재룡	은혜
시대의 <u>변천</u>에 따라 사람들의 가치관과 삶의 모습이 달라져.	우리 모둠의 설문 조사 결과를 <u>해석한</u> 내용을 보고서에 담았어.	우리나라의 출생률이 <u>증진</u>되어서 인구수가 줄고 있어.

(   )   (   )   (   )

5 다음 보기 의 두 낱말의 관계와 비슷한 것은 무엇인가요? (   )

> **보기**
>
> 유용하다 - 소용없다

① 소화 - 방화

② 획기적 - 기념비적

③ 근원 - 원천

④ 제시하다 - 내세우다

6 다음 문장의 빈칸에 들어갈 알맞은 낱말은 무엇인가요? (   )

> 상대방이 우리에게 유리한 조건을 (   ) 긍정적으로 검토하고 있다.

① 반응하여   ② 함축하여   ③ 대처하여   ④ 제시하여

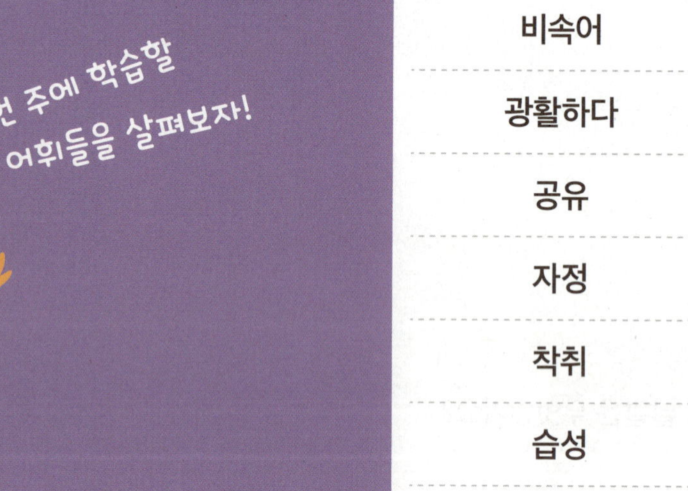

1일차	2일차
국어 어휘	**사회 어휘**
소통	관할하다
비속어	비무장 지대
광활하다	구호
공유	산하
자정	세계 시민
착취	등재
습성	기아
단정	보고

3일차
과학 어휘

확대하다
빛의 굴절
전지의 직렬연결
전구의 직렬연결
전류
도체
효율적
손실

4일차
수학 어휘

원주
원주율
원기둥
원기둥의 밑면
원뿔
모선
구
구의 중심

5일차
학습 도움 어휘

초래하다
이면
바람직하다
근거
결론
인과
참조
누적

평가 문제도
잘 풀어 보자!

4주
종합 평가

1일차 국어 어휘 #쓰기

소통

1. 뜻이 서로 통하여 오해가 없음.
2. 막히지 않고 잘 통함.

疏 소통할 소　通 통할 통

예문 고운 우리말 사용이 아름다운 **소통**[1]을 이룬다.

활용 명절이나 휴가철에는 이동하는 사람들이 많아 차량 **소통**[2]이 원활하지 못하다.

관련 어휘 **왕래**: 가고 오고 함.
교류: 문화나 사상 등이 서로 통함.

비속어

예절에 어긋나는 거친 말.

卑 낮을 비　俗 풍속 속　語 말씀 어

예문 **비속어**, 욕설 같이 격식에 맞지 않는 말을 사용하지 않아야 한다.

활용 SNS를 통해 **비속어**를 사용하는 것은 사회에 부정적인 영향을 끼쳐.

관련 어휘 **은어**: 어떤 특정한 집단의 사람들이 다른 사람들이 알아듣지 못하게 자신들끼리만 사용하는 말.
줄임 말: 낱말의 일부분을 줄여 만든 말.

광활하다

막힌 데가 없이 트이고 넓다.

廣 넓을 광　闊 트일 활

예문 동물은 생태계가 어우러진 **광활한** 자연에서 살아야 한다.

활용 **광활한** 들판을 보니, 마음까지 탁 트이는 것 같아.

비슷한말 광대하다, 너르다, 넓다, 드넓다

공유

두 사람 이상이 하나의 사물을 함께 가지거나 사용함.

共 함께 공　有 있을 유

예문 글을 쓰고 난 후, 내가 쓴 글을 친구들과 **공유**하여 검토하는 과정이 필요하다.

활용 시에서 운영하는 자전거 **공유** 서비스가 인기를 끌고 있다.

자정

1. 오염된 자연이 물리학적·화학적·생물학적 작용으로 깨끗해짐.
2. 부패한 조직이 깨끗해지기 위해 스스로 노력함을 비유하는 말.

自 스스로 **자**　淨 깨끗할 **정**

예문 자연의 힘이 아무리 위대해도 **자정**¹ 능력을 넘어서는 오염을 감당하기 어렵다.

활용 인터넷상에서 '악플 대신 선플을 달자'는 **자정**² 운동이 펼쳐지고 있다.

? 도움말 '밤 열두 시.'를 뜻하는 '자정(子正)'이라는 낱말도 있어요. '자정(自淨)'과 '자정(子正)'은 발음은 같지만, 뜻이 다른 낱말이에요.

착취

어떤 사람이 다른 사람이 만들거나 길러 낸 것을 적절한 값을 내지 않고 강제로 가지는 일.

搾 짤 **착**　取 취할 **취**

예문 공정 무역은 노동력의 **착취**가 없는 노동 환경을 추구한다.

활용 일제는 우리 민족을 경제적으로 **착취**했습니다.

습성

1. 동일한 동물의 종 내에서 공통되는 생활 양식이나 행동 양식.
2. 습관이 되어 버린 성질.

習 익힐 **습**　性 성품 **성**

예문 동물원은 자연에서 쉽게 만나기 힘든 다양한 동물의 **습성**¹을 볼 수 있는 곳이다.

활용 그는 자기 전에 책을 읽는 **습성**²이 있다.

비슷한말 습관, 버릇

단정

딱 잘라서 판단하고 결정함.

斷 끊을 **단**　定 정할 **정**

예문 '반드시', '절대로', '결코'와 같이 **단정**하는 표현은 가급적 쓰지 않는다.

활용 성공하지 못할 수도 있지만, 실패할 것이라고 **단정** 짓지 말자.

비슷한말 결정, 판단, 결단

어휘 플러스＋ 　중학교 어휘

예 글을 쓰기 전에 **개요**를 작성하면 글의 **통일성**을 갖출 수 있다.

　통일성이란 글의 세부 내용이 하나의 주제로 긴밀하게 연결되는 성질을 말해요. 관련 없는 내용이 글에 있으면 글의 통일성이 떨어진다고 볼 수 있어요. 예를 들어, 제주도 여행을 다녀온 후에 쓴 기행문에서 배, 비행기와 같은 교통수단의 종류와 역사를 자세하게 소개하는 내용은 글의 통일성을 해치는 것이에요.

　개요는 글을 쓰기 전 단계에서 주제와 목적에 맞게 중심 내용을 배치하는 설계도예요. 개요의 역할은 내용이 주제에서 벗어나지 않게 하고, 중요한 내용을 빠뜨리지 않게 하는 것이에요. 개요는 글 전체와 부분 간에 균형을 잡아 주어요.

📖 문장을 읽고, 빈칸에 들어갈 낱말을 보기 에서 찾아 쓰세요.

> **보기**
>
> | 소통 | 비속어 | 광활한 | 공유 |
> |------|--------|--------|------|
> | 자정 | 착취 | 습성 | 단정 |

1 명절이나 휴가철에는 이동하는 사람들이 많아 차량 ______________이/가 원활하지 못하다.

2 일제는 우리 민족을 경제적으로 ______________했습니다.

3 동물원은 자연에서 쉽게 만나기 힘든 다양한 동물의 ______________을/를 볼 수 있는 곳이다.

4 SNS를 통해 ______________을/를 사용하는 것은 사회에 부정적인 영향을 끼쳐.

5 성공하지 못할 수도 있지만, 실패할 것이라고 ______________ 짓지 말자.

6 시에서 운영하는 자전거 ______________ 서비스가 인기를 끌고 있다.

7 자연의 힘이 아무리 위대해도 ______________ 능력을 넘어서는 오염을 감당하기 어렵다.

8 ______________ 들판을 보니, 마음까지 탁 트이는 것 같아.

낱말 이해

1 다음 뜻을 읽고, 알맞은 낱말을 찾아 줄로 이으세요.

(1) 예절에 어긋나는 거친 말.　　　　　　　•　　•　단정

(2) 딱 잘라서 판단하고 결정함.　　　　　•　　•　자정

(3) 오염된 자연이 물리학적·화학적·생물학적 작용으로 깨끗해짐.　•　　•　비속어

낱말 이해

2 밑줄 친 낱말의 뜻을 가장 알맞게 설명한 것에 ◯표 하세요.

> 고양이는 적들에게 자신의 존재를 숨기기 위해 배설물을 땅에 묻는 <u>습성</u>이 있다.

(1) 동일한 동물의 종 내에서 공통되는 생활 양식이나 행동 양식.　　　　（　　　）

(2) 딱 잘라서 판단하고 결정함.　　　　　　　　　　　　　　（　　　）

낱말 적용

3 다음 글의 빈칸에 들어갈 알맞은 낱말은 무엇인가요?　　　　　　（　　　）

> 몽골의 (　　　　) 자연 속으로 초대되다
>
> 　이 글을 쓰는 지금도 드넓게 펼쳐진 몽골의 초원을 처음 마주한 순간을 잊을 수 없다. 특히 그날은 빛나는 별로 가득한 밤하늘을 감상한 날이기도 했다. 교과서에서나 볼 수 있었던 별자리들을 내 눈으로 관찰한다는 사실이 신기했다. (　　　　) 초원만큼이나 끝을 알 수 없을 만큼 넓게 펼쳐진 밤하늘을 바라보며 경이로움을 느꼈다.

① 친절한　　　　② 광활한　　　　③ 행복한　　　　④ 유명한

어휘
적용

4 낱말 적용

초성을 보고, 다음 문장의 빈칸에 알맞은 낱말을 글자판에서 찾아 묶으세요. 낱말은 가로, 세로, 대각선으로 묶을 수 있어요.

❶ 일제 강점기에는 강제로 일본으로 끌려가 노동력을 (ㅊㅊ)당하는 경우도 있었다.

❷ 한쪽의 말만 듣고 (ㄷㅈ)하는 것은 현명하지 못한 태도이다.

❸ 우리 모둠은 인터넷으로 필요한 자료를 (ㄱㅇ)하고 있다.

❹ 요즘은 가족들이 각자 스마트폰만 보고 있는 경우가 많아 서로 (ㅅㅌ)하는 시간이 줄었다.

단	정	다	운	쿵
추	착	취	소	광
르	붙	나	통	활
트	림	물	공	유
롤	보	병	사	비

5 낱말 쓰임

밑줄 친 낱말의 쓰임이 바르지 <u>않은</u> 것은 무엇인가요? (   )

① 우리 집은 이웃들과 정원을 <u>공유</u>하고 있다.

② <u>비속어</u>나 욕설을 자주 사용하면 매사에 부정적인 태도가 형성될 수 있다.

③ 물속 미생물의 활동에 의하여 오염 물질이 감소되는 <u>자정</u> 작용이 일어난다.

④ 다른 사람과 물건을 <u>소통</u>할 때는 내 것처럼 소중히 아껴 쓰도록 해야 한다.

6 낱말 적용

다음 문장의 빈칸에 공통으로 들어갈 낱말을 쓰세요.

- 명절 연휴 마지막 날, 고속도로의 차량 (   )이 원활합니다.
- 구청장은 지역 주민들과의 (   )을 위해 자리를 마련하였다.
- 서로 간에 (   )이 잘 되지 않아 작업이 늦어지고 있다.

📖 다음 블로그의 글을 읽고, 물음에 답하세요.

㉠광활한 밀림에서 침팬지를 연구한 동물학자의 일대기

이 책은 침팬지를 수십 년 동안 연구한 제인 구달의 일대기를 다루었어요. 동물과의 ㉡소통을 꿈꿔 온 제인 구달은 26살 무렵, 아프리카 케냐의 밀림에서 연구를 시작했어요. 처음에는 침팬지들이 제인에게 마음을 열지 않아 연구가 힘들었지만, 끈질긴 노력 끝에 제인은 침팬지들과 어울리게 되었지요. 제인 구달은 침팬지가 사냥을 해서 육식을 하고, 도구도 사용하는 ㉢습성이 있다는 사실을 발견했어요.

♣ 이 책에서 인상 깊은 문장을 찾아 댓글로 ㉣공유해 주세요.

1 ㉠~㉢의 뜻으로 바르지 <u>않은</u> 것에 ×표 하세요.

(1) ㉠: 막힌 데가 없이 트이고 넓은.   (   )

(2) ㉡: 뜻이 서로 통하여 오해가 없음.   (   )

(3) ㉢: 딱 잘라서 판단하고 결정함.   (   )

2 ㉣과 같은 낱말을 쓸 수 있는 문장은 무엇인가요?   (   )

① 나는 이번에도 계획이 실패할 것 같다고 (   )했다.

② 이 누리집에서는 불법으로 영화를 (   )하고 있어.

③ 악덕 사장이 제대로 된 대우 없이 직원들을 (   )하고 있다.

④ 언젠가는 (   )한 우주를 여행할 수 있을 날이 올 것이다.

2일차 사회 어휘 #통일 #지구촌

관할하다

일정한 권한을 가지고 통제하거나 지배하다.

管 주관할 관   轄 다스릴 할

예문 대한 제국 시절, 고종 황제는 울릉군청이 독도를 **관할하라는** 명령을 내렸다.

활용 이 도로는 종로 경찰서에서 **관할하고** 있어.

비슷한말 감독하다, 관리하다, 담당하다

관련 어휘 **권한**: 어떤 사람이나 기관의 권리나 권력이 미치는 범위.
통제하다: 행위를 제한하다.

비무장 지대

남과 북의 휴전 협정에 따라 무력 충돌을 막기 위해 군사 활동이 금지된 곳.

非 아닐 비   武 굳셀 무   裝 꾸밀 장
地 땅 지   帶 띠 대

예문 **비무장 지대**는 휴전선으로부터 남과 북으로 각각 2km 내에 위치한 지역이다.

활용 **비무장 지대**는 사람들이 활동하지 않아 야생 동식물이 많이 살고 있대.

? 도움말 비무장 지대는 'DMZ'라고도 불려요. 비무장 지대는 1950년에 발생한 6·25 전쟁이 1953년 휴전 협정에 의해 중단되면서 생겼어요.

구호

재난으로 어려움에 처한 사람을 보호함. 아프거나 다친 사람을 간호하거나 치료함.

救 구원할 구   護 보호할 호

예문 한 청년 의사는 전쟁에서 **구호** 활동을 하다가 뜻이 맞는 의사들과 국경 없는 의사회를 설립했다.

활용 이 수익금은 재해를 입은 사람들의 **구호**에 쓸 예정이다.

비슷한말 구제, 구휼, 원조

산하

어떤 조직이나 세력의 관리 아래.

傘 우산 산   下 아래 하

예문 국제 연합(UN) **산하** 전문 기구로는 유엔 난민 기구, 국제 원자력 기구 등이 있다.

활용 경찰청 **산하**에는 도로 교통 공단 등의 기관이 포함되어 있다.

? 도움말 '산과 내(개천)라는 뜻으로, 자연을 이르는 말'인 '산하(山河)'라는 낱말도 있어요.

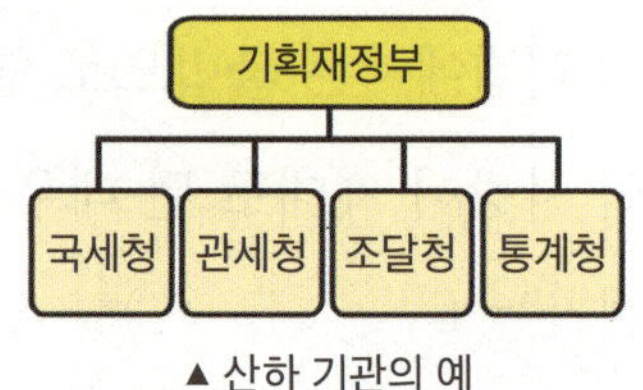

▲ 산하 기관의 예

세계 시민

지구촌 문제에 관심을 갖고 이를 해결하고자 노력하는 자세를 지닌 사람.

世 인간 **세**　界 경계 **계**
市 시장 **시**　民 백성 **민**

[예문] **세계 시민**은 지속 가능한 미래를 위해 생활 속에서 실천한다.

[활용] 나는 **세계 시민**으로서 세계 곳곳에서 일어나는 전쟁이 끝났으면 좋겠어.

등재

일정한 사항을 장부에 올리거나 책이나 잡지 등에 실음.

登 오를 **등**　載 실을 **재**

[예문] 유네스코는 인류 무형 문화유산에 '씨름'을 **등재**하기로 결정했다.

[활용] 경주의 석굴암과 불국사는 유네스코 세계 유산으로 **등재**되어 있어.

[비슷한말] 게재, 기재

기아

먹을 것이 없어 심하게 굶음.

飢 주릴 **기**　餓 주릴 **아**

[예문] 지구촌 사람들은 빈곤과 **기아** 문제를 해결하려고 모금 활동, 교육 지원 등 다양한 노력을 하고 있다.

[활용] 이 나라는 오랜 가뭄으로 식량이 부족하여 많은 사람들이 **기아**에 시달리고 있다.

[비슷한말] 굶주림, 기근
[관련 어휘] 빈곤: 가난하여 살기가 어려움.

보고

1. 귀한 물건을 보관하는 창고.
2. 귀한 것이 많이 나거나 보관되어 있는 곳을 비유적으로 이르는 말.

寶 보배 **보**　庫 창고 **고**

[예문] 독도는 다양한 동식물이 서식하는 생태계의 **보고**^{2}이다.

[활용] **보고**^{1}에 진주 목걸이와 금반지를 넣어 두었다.

[활용] 천연자원의 **보고**^{2}인 바다가 점점 오염되고 있다.

(?)[도움말] '일에 대한 내용이나 결과를 알림.'의 뜻을 지닌 '보고(報告)'라는 낱말도 있어요.

어휘 플러스+
중학교 어휘

(예) 우크라이나의 크림 반도는 **냉전** 시대에 **열강**이 충돌한 지역이다.

　냉전은 무기를 사용하는 전쟁 대신 경제나 외교 등을 수단으로 하는 대립을 뜻하고, **열강**은 미국, 소련, 중국 등 국제 문제에서 큰 역할을 담당하는 강한 나라들을 뜻해요. 제2차 세계 대전이 끝난 1940년대 중반부터, 미국을 중심으로 한 자본주의 국가들과 소련을 중심으로 한 사회주의 국가들 간의 갈등이 오랫동안 계속되었는데 이를 '냉전 시대'라고 불러요. 자본주의는 개인이 재산을 가지고 자유롭게 경제 활동을 할 수 있는 제도, 사회주의는 경제 활동을 모두 국가에서 관리하는 제도를 말하지요. 그런데 1990년대에 이르러 소련과 같은 사회주의 국가들이 자본주의를 받아들이고, 소련이라는 연합 국가가 무너지면서 냉전 시대가 끝났어요.

문장을 읽고, 빈칸에 들어갈 낱말을 보기 에서 찾아 쓰세요.

> **보기**
>
> 관할하라는   비무장 지대   구호   산하
>
> 세계 시민   등재   기아   보고

1 천연자원의 _________________인 바다가 점점 오염되고 있다.

2 대한 제국 시절, 고종 황제는 울릉군청이 독도를 _________________ 명령을 내렸다.

3 나는 _______________(으)로서 세계 곳곳에서 일어나는 전쟁이 끝났으면 좋겠어.

4 이 나라는 오랜 가뭄으로 식량이 부족하여 많은 사람들이 _________________에 시달리고 있다.

5 _________________은/는 휴전선으로부터 남과 북으로 각각 2km 내에 위치한 지역이다.

6 경찰청 _________________에는 도로 교통 공단 등의 기관이 포함되어 있다.

7 유네스코는 인류 무형 문화유산에 '씨름'을 _______________하기로 결정했다.

8 이 수익금은 재해를 입은 사람들의 _______________에 쓸 예정이다.

1
다음 글에서 설명하는 것이 무엇인지 알맞은 낱말을 쓰세요.

왼쪽 지도에서 초록색으로 표시된 지역을 무엇이라고 부를까요? 이곳은 1953년 7월 27일, 6·25 전쟁에 대한 휴전 협정이 맺어지면서 만들어진 구역입니다. 이곳은 휴전선을 중심으로 남과 북으로 2km 이내의 지역으로, 남과 북의 충돌을 막기 위해 군사 시설이나 군인을 두지 않습니다.

2
초성을 보고, 다음 뜻에 알맞은 낱말을 빈칸에 쓰세요.

(1) 일정한 권한을 가지고 통제하거나 지배하다. (ㄱㅎㅎㄷ)

(2) 먹을 것이 없어 심하게 굶음. (ㄱㅇ)

3
다음 문장의 빈칸에 공통으로 들어갈 낱말은 무엇인가요?　　　　　　(　　　)

- 우리 연구소에서 발표한 논문이 유명 학술지에 (　　　　)되었다.
- 유네스코의 세계 유산으로 (　　　　)된 수원 화성은 조선 시대 때 정조의 명령으로 만들어졌다.

① 기근　　　　② 원조　　　　③ 등재　　　　④ 관리

낱말 적용

4 다음 글의 빈칸에 들어갈 알맞은 낱말을 보기 에서 찾아 쓰세요.

보기

구호   산하   등재   관리

○○시에서는 12일부터 내린 집중 *호우로 피해를 본 500여 가구에 (   ) 물품을 지원한다고 밝혔다. 시에서 *이재민에게 전달할 (   ) 물품은 쌀, 생수, 이불, 화장지 등이다. ○○시 관계자는 주민들의 피해가 신속하게 복구되길 희망한다고 밝혔다.

• 호우 줄기차게 내리는 크고 많은 비.
• 이재민 재해를 입은 사람.

____

낱말 쓰임

5 밑줄 친 낱말의 쓰임이 바르지 **않은** 것은 무엇인가요?　　　　　　　　(   )

① 한강 유역은 고구려, 백제, 신라가 번갈아 <u>관할하던</u> 지역이다.

② 새 정부는 정부 <u>산하</u> 기관의 조직을 개편하려고 한다.

③ 가뭄이 들어 수많은 사람들이 <u>기아</u>에 시달리고 있다.

④ 내가 질문을 하자 선생님께서 자세하게 <u>등재</u>를 하셨다.

낱말 적용

6 초성을 보고, 다음 문장의 빈칸에 공통으로 들어갈 낱말을 쓰세요.

- (ㅅㄱ ㅅㅁ)이란 오늘날 지구촌에서 발생하는 다양한 문제에 대해 관심을 갖고 이를 해결하기 위해 노력하는 사람을 말합니다.
- (ㅅㄱ ㅅㅁ)이 되기 위해서는 서로의 다름을 이해하고 존중하는 자세를 지녀야 합니다.

____

📖 다음 신문 기사를 읽고, 물음에 답하세요.

○○일보　　　　　　　　　　　　　　　　20○○년 ○월 ○일

*무장 단체, 유적과 도시 잇따라 파괴해

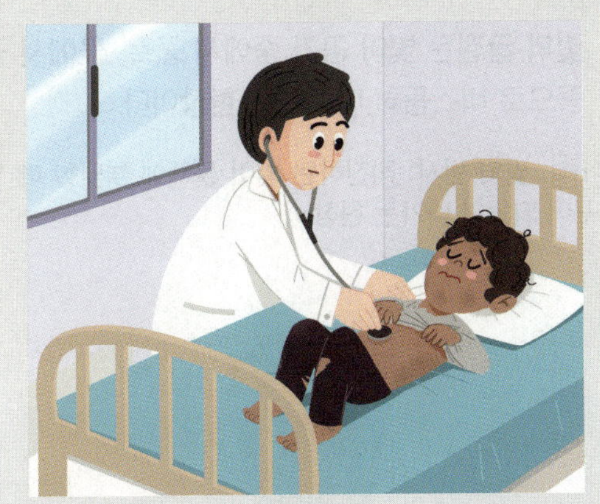

　　무장 단체가 고대 문화의 ㉠보고인 ○○○ 유적지를 파괴하였다. 2천 년 역사의 비밀을 간직한 ○○○ 유적지는 세계 유산으로 ㉡등재되어 있다. 그렇기에 국제 연합(UN)의 ㉢산하 기관인 유네스코는 이러한 유적 파괴를 전쟁 범죄로 본다고 밝혔다.

　　이들은 문화재뿐만 아니라 △△의 도시 곳곳을 파괴하여 많은 사람들이 피해를 입었다. △△ 사람들은 전쟁의 공포 속에서 부상의 상처와 기아로 고통받고 있다. 이에 세계 시민 정신을 품은 *비영리 단체들은 이들을 위해 ㉣구호 활동을 지속하고 있다.

　　　　　　　　　　　　　　　　　　　　　　　　　　　– 이서준 기자

• 무장 전쟁 등을 하는 데 필요한 장비를 갖춤.
• 비영리 단체 개인의 이익을 추구하지 않고, 공익을 목적으로 하는 단체.

1 ㉠~㉢ 중에서 다음 뜻에 알맞은 낱말의 기호를 찾아 각각 쓰세요.

(1) 일정한 사항을 장부에 올리거나 책이나 잡지 등에 실음.

✏️ ＿＿＿＿＿＿＿＿＿

(2) 어떤 조직이나 세력의 관리 아래.

✏️ ＿＿＿＿＿＿＿＿＿

2 ㉣과 뜻이 비슷하지 <u>않은</u> 것은 무엇인가요?　　　　（　　　　）

① 구제　　　　　② 구휼　　　　　③ 구경　　　　　④ 원조

3일차 과학 어휘 #빛 #에너지

확대하다

넓혀서 크게 하다.

廓 넓을 **확**　大 큰 **대**

예문 볼록 렌즈로 만든 돋보기는 물체를 **확대해서** 보는 데 사용한다.

활용 화면 속 사진을 **확대해서** 살펴보았다.

빛의 굴절

서로 다른 물질의 경계에서 빛이 꺾여 나아가는 현상.

屈 굽을 **굴**　折 꺾을 **절**

예문 **빛의 굴절**은 빛이 공기 중에서 물로, 물에서 공기 중으로 비스듬히 나아가는 현상이다.

관련 어휘 **빛의 반사:** 직진하던 빛이 물체에 부딪칠 때 방향을 바꾸어 되돌아 나가는 현상.

▲ 빛의 굴절에 의한 현상

전지의 직렬연결

전기 회로에서 전지 두 개 이상을 서로 다른 극끼리 연결하는 방법.

直 곧을 **직**　列 벌릴 **렬**
連 잇닿을 **연**　結 맺을 **결**

예문 **전지의 직렬연결**일 때 전구의 밝기가 전지의 병렬연결일 때보다 밝다.

관련 어휘 **전지의 병렬연결:** 전기 회로에서 전지 두 개 이상을 서로 같은 극끼리 연결하는 방법. 전지의 밝기는 직렬연결보다 덜 밝지만, 전지를 오래 쓸 수 있다.

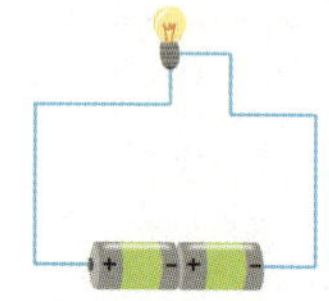

▲ 전지의 직렬연결

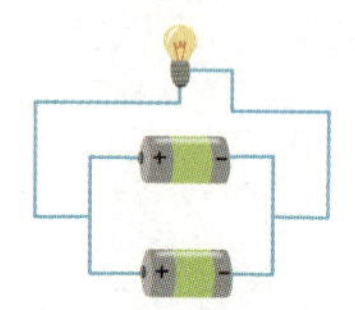

▲ 전지의 병렬연결

전구의 직렬연결

전기 회로에서 전구 두 개 이상을 한 줄로 연결하는 방법.

直 곧을 **직**　列 벌릴 **렬**
連 잇닿을 **연**　結 맺을 **결**

예문 **전구의 직렬연결**에서는 한 전구의 불이 꺼지면 나머지 전구의 불도 꺼진다.

관련 어휘 **전구의 병렬연결:** 전기 회로에서 전구 두 개 이상을 여러 개의 줄에 나누어 한 개씩 연결하는 방법. 한 전구의 불이 꺼져도 나머지 전구의 불이 꺼지지 않는다.

▲ 전구의 직렬연결

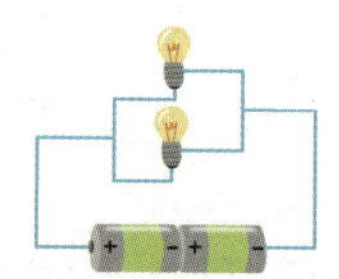

▲ 전구의 병렬연결

전류

전기 회로에 흐르는 전기.

電 번개 **전**　流 흐를 **류**

[예문] 전기 회로에 **전류**가 흐르면 전구에 불이 켜진다.

[활용] 콘센트에 뾰족한 것을 넣고 찌르면 강한 **전류**가 흘러 다칠 수 있어!

[관련 어휘] **전기 회로**: 전구, 전지, 전선 등과 같은 전기 부품을 서로 연결해 전기가 흐르도록 한 것.

[?도움말] 전기 회로에서 전기가 통하는 것을 '전류가 흐른다'고 표현해요. 전류는 전지의 (+)극에서 (−)극으로 흘러요.

도체

전류가 잘 흐르는 물질.

導 이끌 **도**　體 물질 **체**

[예문] **도체**에는 철, 구리, 알루미늄, 흑연 등이 있다.

[활용] 전기 제품은 **도체**와 부도체로 이루어져 있다.

[반대말] 부도체

[?도움말] 부도체에는 종이, 유리, 비닐, 나무, 플라스틱 등이 있어요.

4주

효율적

들인 노력에 비하여 얻는 결과가 큰 것.

效 본받을 **효**　率 비율 **율**
的 과녁 **적**

[예문] 자원의 양은 한정되어 있으므로 에너지를 **효율적**으로 이용해야 한다.

[활용] 주말에 시간을 **효율적**으로 쓰려고 여러 가지 일을 계획했어.

[비슷한말] 경제적, 능률적, 효과적

손실

잃어버리거나 줄어들어 손해를 봄.

損 덜 **손**　失 잃을 **실**

[예문] 발광 다이오드[LED]등은 다른 전등에 비해 **손실**되는 에너지의 양이 적다.

[활용] 채소를 오래 데치면 영양 **손실**이 커지므로 살짝 데쳐야 해.

[비슷한말] 손해

어휘 플러스＋
중학교 어휘

예 빛의 삼원색인 빨간색, 초록색, 파란색의 빛을 모두 합성하면 하얀색이 된다.

　빛의 삼원색은 빨강, 초록, 파랑이에요. 이 세 가지 빛을 겹쳐 비출 때 가장 많은 가짓 수의 색깔을 만들 수 있어요. '빨강 + 초록 = 노랑', '초록 + 파랑 = 청록', '빨강 + 파랑 = 자홍' 등의 색깔을 만들 수 있지요.

　두 가지 이상의 빛이 합쳐져 다른 색으로 보이는 현상을 **(빛의) 합성**이라고 해요. 빛의 합성을 이용한 예로는 TV, 컴퓨터의 모니터 화면, 레이저 쇼, 무대 조명, 전광판 등이 있어요.

🖐 문장을 읽고, 빈칸에 들어갈 낱말을 보기 에서 찾아 쓰세요.

> **보기**
>
> 확대해서　　　빛의 굴절　　　전지의 직렬연결　　　전구의 직렬연결
> 전류　　　도체　　　효율적　　　손실

1 _________________은/는 서로 다른 물질의 경계에서 빛이 꺾여 나아가는 현상이다.

2 _________________은/는 전기 회로에서 전구 두 개 이상을 한 줄로 연결하는 방법이다.

3 _________________은/는 전기 회로에서 전지 두 개 이상을 서로 다른 극끼리 연결하는 방법이다.

4 콘센트에 뾰족한 것을 넣고 찌르면 강한 _________________이/가 흘러 다칠 수 있어!

5 볼록 렌즈로 만든 돋보기는 물체를 _________________ 보는 데 사용한다.

6 주말에 시간을 _________________(으)로 쓰려고 여러 가지 일을 계획했어.

7 채소를 오래 데치면 영양 _________________이/가 커지므로 살짝 데쳐야 해.

8 _________________에는 철, 구리, 알루미늄, 흑연 등이 있다.

어휘 적용

1   낱말 이해
낱말의 뜻을 읽고, 알맞은 낱말을 찾아 줄로 이으세요.

(1) 전류가 잘 흐르는 물질. •

(2) 전기 회로에 흐르는 전기. •

(3) 서로 다른 물질의 경계에서 빛이 꺾여 나아가는 현상. •

• 전류

• 빛의 굴절

• 도체

4주

2 낱말 이해
밑줄 친 낱말의 뜻을 가장 알맞게 설명한 것에 ◯표 하세요.

전쟁은 인명과 재산에 막대한 <u>손실</u>을 입힌다.

(1) 잃어버리거나 줄어들어 손해를 봄. (   )

(2) 물질적으로나 정신적으로 보탬이 되는 것. (   )

3 낱말 적용
㉠과 ㉡에 들어갈 알맞은 낱말로 짝 지어진 것은 무엇인가요? (   )

진우: 이 텔레비전은 에너지 효율 등급이 5등급이라 별로야.

예서: 에너지 효율 등급이 높으면 어떤 장점이 있니?

진우: 전기세가 적게 나오니까 (㉠   )이지. 1등급은 5등급에 비해 약 30~40%의 에너지를 *절감할 수 있어.

예서: 아, 그러니까 에너지 효율 등급이 높은 제품은 등급이 낮은 제품보다 밖으로 새어 나가 (㉡   )되는 에너지가 적다는 뜻이로구나.

• 절감하다 아껴 줄이다.

	㉠	㉡		㉠	㉡
①	체계적	확대	②	효율적	손실
③	효율적	연결	④	체계적	굴절

낱말 이해

4 낱말의 뜻이 바르면 '예'를, 그렇지 않으면 '아니요'를 따라가 마지막에 나오는 번호를 쓰세요.

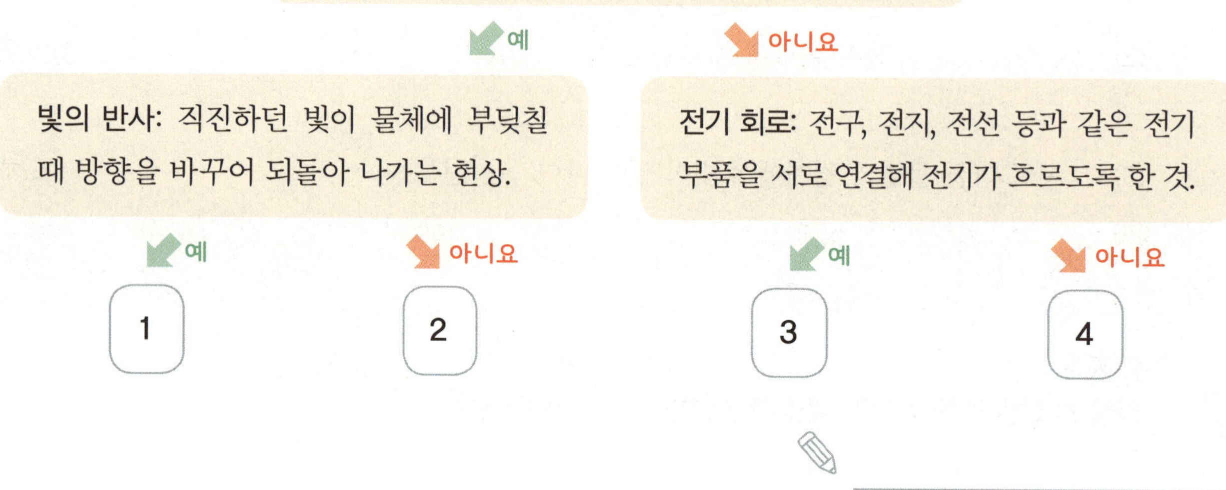

낱말 쓰임

5 밑줄 친 낱말의 쓰임이 바르지 <u>않은</u> 것은 무엇인가요? (   )

① <u>전류</u>는 전지의 (+)극에서 (-)극으로 흐른다.

② 종이와 플라스틱은 전기가 흐르지 않는 <u>도체</u>이다.

③ 전구의 빛을 더욱 밝히기 위해서 <u>전지의 직렬연결</u>을 이용한다.

④ 컴퓨터 화면의 지도를 <u>확대</u>하여 목적지의 위치를 확인했다.

낱말 적용

6 초성을 보고, 문장의 빈칸에 공통으로 들어갈 낱말을 쓰세요.

> • 식물들이 바람을 이용해 씨앗을 퍼뜨리는 방법은 (　ㅎㅇㅈ　)인 전략이다.
> • 공부를 (　ㅎㅇㅈ　)으로 하기 위해 예습과 복습을 철저히 하기로 했다.

📖 다음 편지를 읽고, 물음에 답하세요.

나의 후손들에게

모두 안녕한가? 다들 어떤 모습일지 궁금하군. 다들 사과만 보면 나를 떠올린다고 하던데, 난 빛에 대해 관심이 많았다네. 특히 빛이 프리즘을 통과할 때 ㉠빛의 굴절이 일어나 여러 색으로 나뉘는 것을 보고 얼마나 깜짝 놀랐는지 몰라. 이 연구 덕분에 나는 망원경을 개발할 수 있는 계기를 마련했지.

나는 ㉡전류에 대해서도 궁금한 게 많아. 전기를 ㉢효율적으로 사용할 수 있는 방법도 알아보고 싶고, 전기 에너지의 ㉣손실을 줄일 수 있는 다양한 방법도 연구해 보고 싶다네.

참, 전지를 연결하는 방법으로 ㉤전지의 직렬연결과 전지의 병렬연결이 있다는데, 그것이 무엇인지 나에게 설명해 줄 수 있겠나? 답장을 기다리도록 하지. 이만 줄이네.

20○○년 ○월 ○일

뉴턴 씀.

---

1 ㉠의 뜻이 완성되도록 알맞은 말에 ○표 하세요.

> 서로 다른 물질의 경계에서 빛이 (곧게 / 꺾여) 나아가는 현상.

2 ㉡~㉤의 뜻으로 알맞지 <u>않은</u> 것은 무엇인가요?　　　　　　　　　(　　　　)

① ㉡: 전기 회로에 흐르는 전기.

② ㉢: 들인 노력에 비하여 얻는 결과가 큰 것.

③ ㉣: 잃어버리거나 줄어들어 손해를 봄.

④ ㉤: 전기 회로에서 전지 두 개 이상을 서로 같은 극끼리 연결하는 방법.

 4 일차 　수학 어휘

#원 #원기둥 #원뿔 #구

원주

원의 둘레.

圓 둥글 원　周 둘레 주

예문 원의 지름이 길어지면 **원주**도 길어진다.

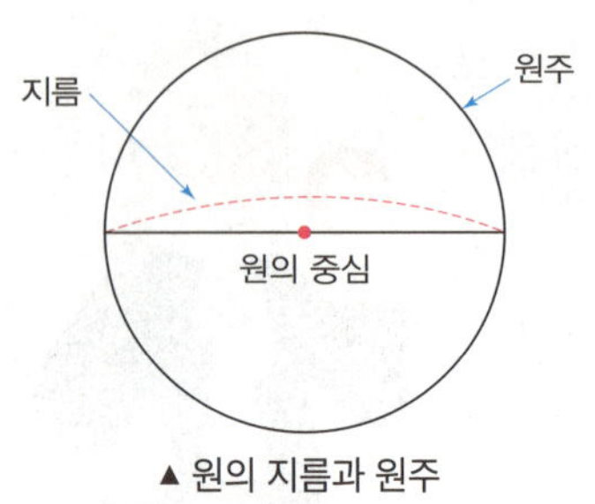

원주율

원의 지름에 대한 원주의 비율.

圓 둥글 원　周 둘레 주　率 비율 율

예문 원의 크기에 상관없이 **원주율**은 항상 같다.

활용 **원주율**을 소수로 어림하여 나타내면 약 3.14예요.

? 도움말 원주율의 값이 항상 일정하기 때문에 원의 지름 또는 반지름의 길이만 알면 아무리 큰 원이라도 원의 둘레를 구할 수 있어요.

> (원주율) = (원주) ÷ (원의 지름)

원기둥

밑면이 원 모양인 기둥 모양인 입체도형.

圓 둥글 원

예문 직사각형의 한 변을 기준으로 직사각형을 회전시키면 **원기둥** 모양이 된다.

활용 음료수 캔은 **원기둥** 모양이다.

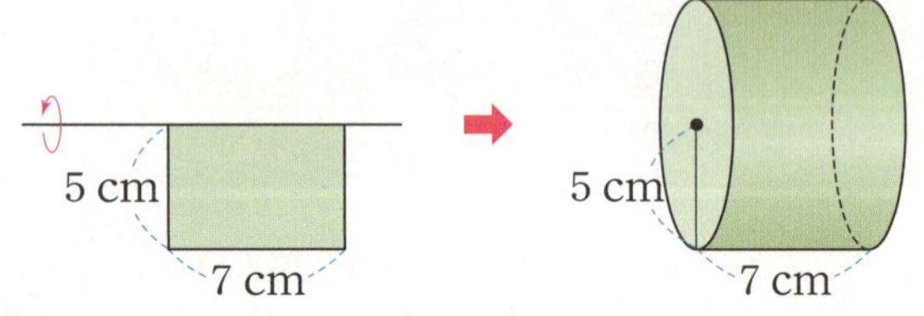

원기둥의 밑면

원기둥에서 서로 평행하고 합동인 두 면.

圓 둥글 원
面 얼굴 면

예문 원기둥의 높이는 **원기둥의 밑면**에 수직인 선분의 길이를 재면 알 수 있다.

관련 어휘 **원기둥의 옆면**: 원기둥의 두 밑면과 만나는 면.

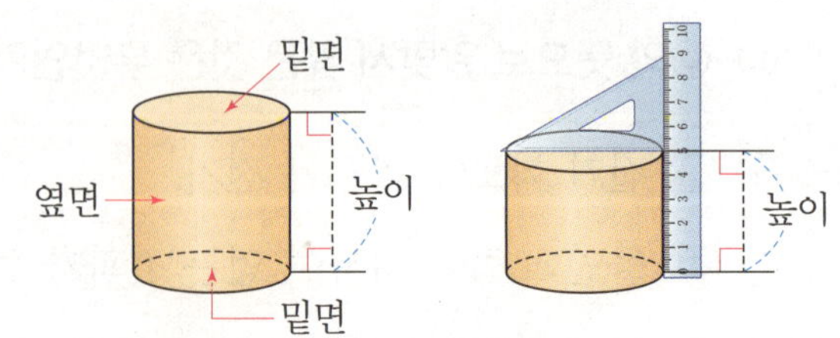

원뿔

원 모양의 밑면을 가진 뿔 모양의 입체도형.

圓 둥글 원

예문 **원뿔**에서 뾰족한 부분의 점을 원뿔의 꼭짓점이라고 한다.

활용 고깔모자는 **원뿔** 모양이야.

? 도움말 원뿔에서 평평한 면을 밑면, 옆으로 둘러싼 굽은 면을 옆면이라고 해요. 원기둥은 밑면이 2개이지만, 원뿔은 밑면이 1개예요.

모선

원뿔의 꼭짓점과 밑면인 원의 둘레의 한 점을 이은 선분.

母 어머니 모   線 선 선

예문 원뿔의 **모선**은 원뿔의 높이보다 길다.

관련 어휘 **원뿔의 높이**: 원뿔의 꼭짓점에서 밑면에 수직인 선분의 길이.

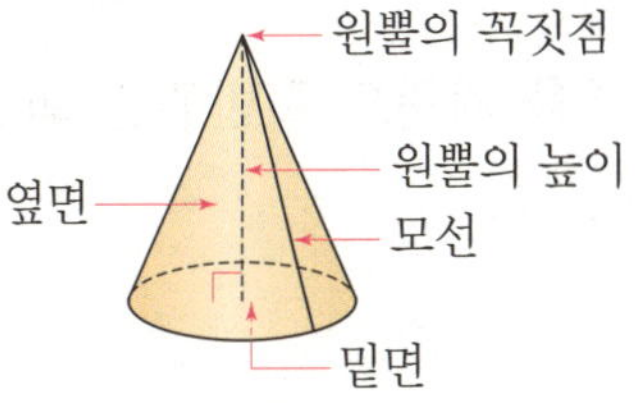

구

공처럼 둥글게 생긴 입체도형.

球 공 구

예문 지름을 기준으로 반원을 회전시키면 **구** 모양이 된다.

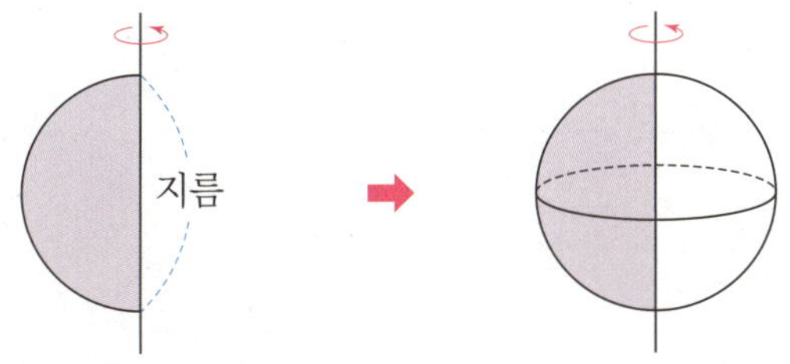

구의 중심

구의 가장 안쪽에 있는 점.

球 공 구
中 가운데 중   心 마음 심

예문 **구의 중심**에서 구의 겉면의 한 점을 이은 선분을 구의 반지름이라고 한다.

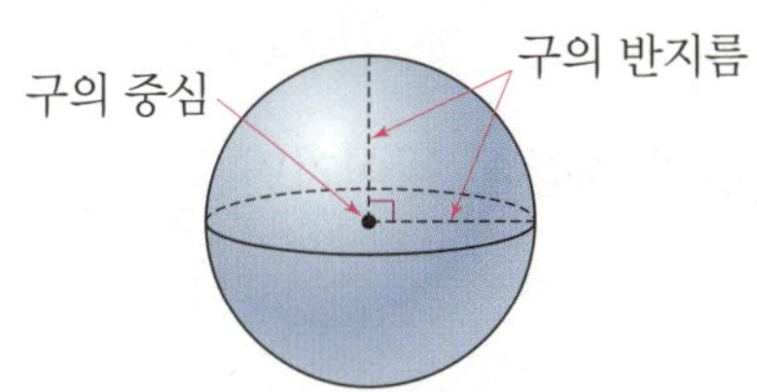

어휘 플러스⁺ 중학교 어휘

예 **평면도형**의 한 직선을 축으로 하여 회전시키면 **원뿔대**와 같은 **회전체**가 생긴다.

평면도형의 한 직선을 축으로 하여 회전시킬 때 생기는 입체도형을 **회전체**라고 해요. 직사각형, 직각삼각형, 사다리꼴, 반원을 회전시키면 각각 원기둥, 원뿔, 원뿔대, 구가 되어요. **원뿔대**는 원뿔을 그 밑면에 평행하는 평면으로 잘랐을 때 꼭짓점이 있는 부분을 없애고 남은 부분으로 이루어지는 입체도형이에요. 원뿔대의 밑면은 크기는 다르지만 서로 닮은 2개의 밑면으로 이루어져 있어요.

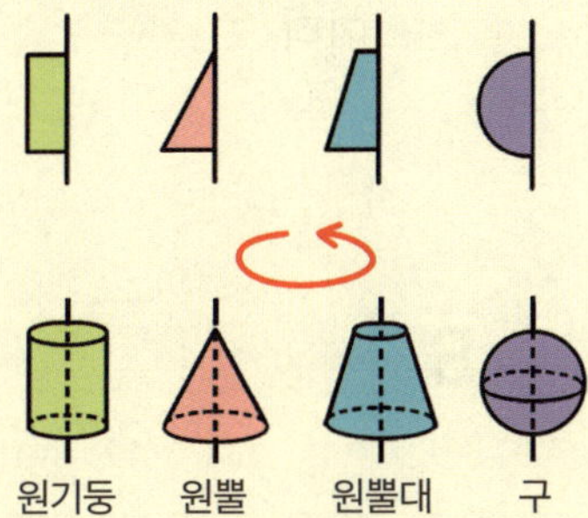

어휘 이해

문장을 읽고, 빈칸에 들어갈 낱말을 보기 에서 찾아 쓰세요.

보기

원주	원주율	원기둥	원기둥의 밑면
원뿔	모선	구	구의 중심

1 지름을 기준으로 반원을 회전시키면 ________________ 모양이 된다.

2 ________________ 은/는 원기둥에서 서로 평행하고 합동인 두 면이다.

3 ________________ 은/는 원 모양의 밑면을 가진 뿔 모양의 입체도형이다.

4 ________________ 은/는 밑면이 원 모양인 기둥 모양의 입체도형이다.

5 원의 지름이 길어지면 ________________ 도 길어진다.

6 ________________ 에서 구의 겉면의 한 점을 이은 선분을 구의 반지름이라고 한다.

7 ________________ 은/는 원뿔의 꼭짓점과 밑면인 원의 둘레의 한 점을 이은 선분이다.

8 ________________ 을/를 소수로 어림하여 나타내면 약 3.14예요.

1 낱말 이해
보기 에서 설명하는 낱말을 쓰세요.

> **보기**
> - 이 도형은 입체도형이다.
> - 이 도형의 밑면은 원으로 이루어져 있다.
> - 이 도형은 아주 뾰족한 부분을 가지고 있다.
> - 이 도형은 고깔모자와 비슷한 모양을 하고 있다.

 ________________________

4
주

2 낱말 쓰임
밑줄 친 낱말의 쓰임이 바르지 <u>않은</u> 것은 무엇인가요?　　　　　　(　　　　)

① 구의 지름은 <u>구의 중심</u>을 지난다.
② <u>원기둥의 밑면</u>은 서로 평행하고 합동이다.
③ <u>원주</u>는 원의 둘레를 원의 지름으로 나누어 구한다.
④ 원뿔의 <u>모선</u>은 원뿔의 높이와 길이가 같지 않다.

3 낱말 적용
문장의 빈칸에 들어갈 알맞은 낱말을 찾아 줄로 이으세요.

(1) 구의 반지름은 구의 겉면에서 (　　　　)까지의 거리이다.　　・　　　　・ 원주율

(2) (　　　　)은/는 원의 크기와 상관없이 항상 크기가 같다.　　・　　　　・ 구의 중심

(3) (　　　　)에서 평평한 면을 밑면, 옆으로 둘러싼 굽은 면을 옆면이라고 한다.　　・　　　　・ 원뿔

4 〔낱말 적용〕 다음 대화의 빈칸에 들어갈 알맞은 말로 짝 지어진 것은 무엇인가요?　　　　　　　　　（　　　　　）

> 홈스: 왓슨, 원기둥과 원뿔의 공통점과 차이점에 대해서 아는가?
> 왓슨: 두 입체도형 모두 (　　㉠　　)의 모양이 원이라는 것이 공통점이지.
> 홈스: 잘 알고 있군. 자, 그러면 두 도형의 차이점도 말해 보게.
> 왓슨: 원기둥은 밑면의 개수가 (　　㉡　　)이고, 원뿔은 밑면의 개수가 (　　㉢　　)라네.

	㉠	㉡	㉢			㉠	㉡	㉢
①	옆면	2개	1개		②	밑면	1개	2개
③	밑면	2개	1개		④	옆면	1개	2개

5 〔낱말 이해〕 다음 글자 카드에서 설명하는 낱말을 각각 쓰세요.

(1)
- 이 도형은 옆면과 원 모양의 두 밑면으로 이루어진 입체도형이다.
- 이 도형의 두 밑면은 서로 평행하고 합동이다.

(2)
- 둥글게 생긴 입체도형이다.
- 이 도형의 중심에서 겉면의 한 점을 이은 선분을 이 도형의 반지름이라고 한다.

6 〔낱말 이해〕 뜻에 알맞은 낱말을 글자판에서 찾아 묶으세요. 낱말은 가로, 세로, 대각선으로 묶을 수 있어요.

❶ 원의 둘레.
❷ 원 모양의 밑면을 가진 뿔 모양의 입체도형.
❸ 밑면이 원 모양인 기둥 모양의 입체도형.
❹ 원뿔의 꼭짓점과 밑면인 원의 둘레의 한 점을 이은 선분.

반	지	름	원
회	원	구	뿔
전	주	기	선
모	선	면	둥

📖 다음 안내문을 읽고, 물음에 답하세요.

'신기한 건축물' 설계도 *공모전

1. 공모 기간: 20○○년 8월 1일 ~ 8월 15일

2. 심사 기준

- ㉠<u>원기둥</u>, 원뿔, 구의 형태를 자유롭게 활용할 것.
- 건축물의 주변에는 자연 친화적 공간을 제시할 것.
- ㉡<u>원주율</u>의 아름다움이 드러나는 공간을 제시할 것.

*공모전 여러 사람에게 작품이나 아이디어를 받아 그중 일부를 시상하는 대회.

1 ㉠에 대한 설명으로 바른 것에 ○표 하세요.

(1) 옆면이 원 모양인 기둥 모양의 입체도형이다. ( )

(2) 밑면이 원 모양인 기둥 모양의 입체도형이다. ( )

2 ㉡의 뜻으로 알맞은 것은 무엇인가요? ( )

① 원의 둘레.

② 구의 가장 안쪽에 있는 점.

③ 원의 지름에 대한 원주의 비율.

④ 원기둥에서 서로 평행하고 합동인 두 면.

초래하다

어떤 일이나 현상의 결과로서 다른 현상을 생겨나게 하다.

招 부를 초   來 올 래

예문 생태계를 파괴하면 결국 사람의 생활 환경을 악화시키는 결과를 **초래한다**.

활용 불장난은 큰 화재를 **초래할** 수 있다.

비슷한말 가져오다, 부르다, 일으키다

이면

1. 겉으로 나타나거나 눈에 보이지 않는 부분.
2. 물체의 뒤쪽 면.

裏 속 이   面 얼굴 면

예문 빈곤과 기아의 **이면**[1]에는 전쟁, 물 부족, 경제적 위기 등 다양한 원인이 있다.

활용 건물의 **이면**[2]을 아름다운 모자이크로 장식해 놓았다.

반대말 표면

바람직하다

바랄 만한 가치가 있다.

예문 힌두교에서는 옷감을 자르거나 바느질하는 것을 **바람직하지** 않게 여긴다.

활용 건강을 위해서는 매일 규칙적으로 운동하는 것이 **바람직하다**.

비슷한말 바람직스럽다, 마땅하다, 정당하다

근거

어떤 일이나 의논, 의견에 그 밑바탕이 됨. 또는 그런 까닭.

根 뿌리 근   據 의거할 거

예문 **근거**에 알맞은 자료를 활용하고, 표현이 적절한지 생각하며 논설문을 써야 한다.

활용 회의에 참석한 사람들은 나름의 논리적인 **근거**를 내세우면서 자신의 의견을 제시하였다.

비슷한말 이유, 까닭

결론

結 맺을 **결**　論 논할 **론**

1. 말이나 글의 끝을 맺는 부분.
2. 최종적으로 판단을 내림. 또는 그 판단.

[예문] 논설문의 **결론**[1]에서는 말하고자 하는 내용을 요약하고 주장을 다시 한 번 강조한다.

[활용] 화재의 원인은 새어 나온 가스 때문인 것으로 **결론**[2]이 났다.

[비슷한말] 결말, 마무리

인과

因 인할 **인**　果 열매 **과**

원인과 결과를 아울러 이르는 말.

[예문] 이야기를 간추리려고 **인과** 관계를 정리해 보았다.

[활용] 스마트폰 사용 시간이 늘어나는 것과 시력이 떨어지는 것 사이에 **인과** 관계가 있는지 알아보았다.

[관련 어휘] 인과응보: 원인과 결과는 서로 맞물려 있으므로 과거의 일에 따라 그에 따른 결과를 반드시 얻는다는 말.

참조

參 참여할 **참**　照 비출 **조**

참고로 비교하고 대조함.

[예문] 자료를 **참조**하여 논설문을 쓸 때에는 출처를 확인해 보아야 한다.

[활용] 지금 나눠 드린 자료를 **참조**하여 발표를 들어 주시기 바랍니다.

누적

累 여러 **누**　積 쌓을 **적**

포개어 여러 번 쌓음. 또는 포개져 여러 번 쌓임.

[예문] 한 번의 실수로, 지난날 **누적**된 좋은 평가들이 하루아침에 사라져 버렸다.

[활용] 그동안 매일같이 공부한 노력이 **누적**되어 좋은 결과로 나타났어.

어휘 플러스＋
헷갈리는 어휘

예 보고서를 쓸 때 백과사전을 **참고**했다. / 제시된 그림을 **참조**해 기사를 읽었다.

　'참고'와 '참조'의 차이는 무엇일까요? **참고**는 '살펴서 도움이 될 만한 재료로 삼음.'이라는 뜻이에요. 예를 들어 '시험 공부 계획을 세울 때, 선생님의 의견을 참고했다.'처럼 쓰입니다. 그런데 '나비의 한살이에 대한 자료를 참조하며 설명문을 읽어 나갔다.'처럼, **참조**는 '참고로 비교하고 대조함.'이라는 뜻으로, '참고'와 달리 '비교, 대조'의 뜻을 포함해요.

문장을 읽고, 빈칸에 들어갈 낱말을 보기 에서 찾아 쓰세요.

보기

초래할	이면	바람직하다	근거
결론	인과	참조	누적

1 건물의 ＿＿＿＿＿＿＿을/를 아름다운 모자이크로 장식해 놓았다.

2 불장난은 큰 화재를 ＿＿＿＿＿＿＿ 수 있다.

3 지금 나눠 드린 자료를 ＿＿＿＿＿＿＿하여 발표를 들어 주시기 바랍니다.

4 스마트폰 사용 시간이 늘어나는 것과 시력이 떨어지는 것 사이에 ＿＿＿＿＿＿＿관계가 있는지 알아보았다.

5 건강을 위해서는 매일 규칙적으로 운동하는 것이 ＿＿＿＿＿＿＿.

6 회의에 참석한 사람들은 나름의 논리적인 ＿＿＿＿＿＿＿을/를 내세우면서 자신의 의견을 제시하였다.

7 화재의 원인은 새어 나온 가스 때문인 것으로 ＿＿＿＿＿＿＿이/가 났다.

8 그동안 매일같이 공부한 노력이 ＿＿＿＿＿＿＿되어 좋은 결과로 나타났어.

1 낱말 이해

다음 뜻에 알맞은 낱말을 찾아 ○표 하세요.

(1) 겉으로 나타나거나 눈에 보이지 않는 부분. 또는 물체의 뒤쪽 면. → | 이면 | 표면 |

(2) 어떤 일이나 현상의 결과로서 다른 현상을 생겨나게 하다. → | 초과하다 | 초래하다 |

2 낱말 적용

초성을 보고, 빈칸에 공통으로 들어갈 말을 쓰세요.

- 백성을 돕기 위해서 양반들의 재산을 빼앗은 홍길동의 행동은 과연 (ㅂㄹㅈ)할까?
- 지하철이나 버스에서 큰 소리로 통화하거나 음식을 먹는 것은 (ㅂㄹㅈ)하지 않다.

3 낱말 적용

초성을 보고, 문장의 빈칸에 들어갈 낱말의 뜻을 찾아 줄로 이으세요.

(1) (ㄴㅈ)된 피로로 인해 나는 결국 몸살이 나고 말았다. • • 참고로 비교하고 대조함.

(2) 지구 온난화 현상과 꿀벌 수가 줄어드는 현상 사이에는 (ㅇㄱ) 관계가 있다. • • 포개어 여러 번 쌓음. 또는 포개져 여러 번 쌓임.

(3) 두 사람의 편지를 (ㅊㅈ)한 결과, 그들은 오랫동안 우정을 이어 왔음을 알 수 있었다. • • 원인과 결과를 아울러 이르는 말.

4 **낱말 적용**

다음 대화의 빈칸에 들어갈 알맞은 낱말을 보기 에서 찾아 각각 쓰세요.

보기

결론　　　근거　　　누적　　　인과

> 지수: 독도가 우리 영토로 표시된 일본의 고지도가 20점 넘게 발견되었대.
>
> 정민: 정말? 독도가 예전부터 우리 영토였다는 (　　㉠　　)이/가 또 생겼구나.
>
> 지수: 응, 독도가 우리 영토임을 증명하는 자료가 계속 (　　㉡　　)되고 있어.

㉠ _____________　　　㉡ _____________

5 **낱말 쓰임**

밑줄 친 낱말을 잘못 활용한 친구에 ×표 하세요.

수정 (　　　　)　　　희준 (　　　　)　　　지안 (　　　　)

6 **낱말 관계**

밑줄 친 낱말과 뜻이 비슷하지 않은 것은 무엇인가요?　　　　(　　　　)

> 동생의 반복된 거짓말은 결국 동생에 대한 온 가족의 불신을 초래하였다.

① 불렀다　　　② 가져왔다　　　③ 일으켰다　　　④ 일어섰다

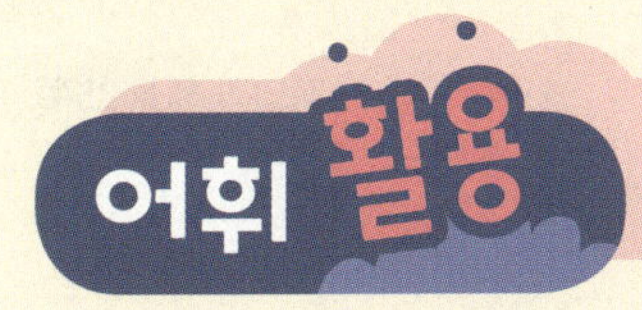

어휘 활용

다음 신문 기사를 읽고, 물음에 답하세요.

○○일보　　2000년 ○월 ○일

우리나라 ○○ 감염 환자 26만 명에 이르러

2000년 4월 1일 기준, 새로운 전염병인 ○○에 감염된 환자가 (　　㉠　　)되어 26만 명에 이른다. 몇 년간 전 국민이 손을 잘 씻고 마스크를 쓰는 등 전염병을 예방하기 위해 노력했다. 그렇지만 전염병의 원인이 되는 바이러스가 계속 변이되고 높은 전염성을 보이며 심각한 상황을 초래하였다. 그간 이 병의 원인에 대해 다양한 의견들이 제시되었지만 뚜렷한 (　　㉡　　) 관계를 밝히지 못해 어떠한 ㉢결론도 내지 못했다. 다만 여러 연구 자료들을 참조했을 때, 예방 접종이 가장 바람직한 예방법이라고 전문가들은 말하고 있다.

- 김○○ 기자

1 ㉠과 ㉡에 들어갈 낱말을 보기 에서 찾아 각각 쓰세요.

보기

누적　　　퇴적　　　인과　　　근거

㉠ ____________　　㉡ ____________

2 ㉢의 뜻으로 알맞은 것은 무엇인가요?　　　　　　(　　　　)

① 참고로 비교하고 대조함.

② 겉으로 나타나거나 눈에 보이지 않는 부분.

③ 최종적으로 판단을 내림. 또는 그 판단.

④ 어떤 일이나 의논, 의견에 밑바탕이 됨. 또는 그런 까닭.

4주차 종합 평가

1 다음 문장의 빈칸에 공통으로 들어갈 낱말을 쓰세요.

> • 경제가 빠르게 발달했지만 그 (　　　　　)에는 환경 오염 등 여러 가지 문제가 있다.
> • 그 주장의 (　　　　　)에는 자신의 이익을 꾀하려는 목적이 감춰져 있다.
> • 학교 건물의 (　　　　　)을 아름다운 벽화로 꾸며 보았다.

2 낱말의 뜻을 읽고, 알맞은 낱말을 찾아 줄로 이으세요.

(1) 전기 회로에서 전지 두 개 이상을 서로 다른 극끼리 연결하는 방법. • • 전지의 직렬연결

(2) 전기 회로에서 전구 두 개 이상을 한 줄로 연결하는 방법. • • 전구의 병렬연결

(3) 전기 회로에서 전구 두 개 이상을 여러 개의 줄에 나누어 한 개씩 연결하는 방법. • • 전구의 직렬연결

3 다음 낱말의 뜻이 완성되도록 알맞은 말에 ○표 하세요.

(1) 바람직하다: 바랄 만한 (가치 / 성취)가 있다.

(2) 인과: (원인 / 시작)과 (결과 / 마무리)를 아울러 이르는 말.

4 다음 뜻에 알맞은 낱말을 보기 에서 찾아 사다리를 타고 내려간 곳에 쓰세요.

보기

공유   구호   소통   손실

| 재난으로 어려움에 처한 사람을 보호함. | 뜻이 서로 통하여 오해가 없음. 또는 막히지 않고 잘 통함. | 두 사람 이상이 하나의 사물을 함께 가지거나 사용함. |

5 밑줄 친 낱말을 잘못 활용한 친구에 ✕표 하세요.

성준
오염 물질이 점점 많아져 호수의 <u>자정</u> 능력이 한계에 다다랐어.

(   )

시현
<u>근거</u> 없는 소문을 듣고 그대로 믿는 것은 어리석은 일이야.

(   )

유나
독자들은 작가가 내놓은 신작 소설에 긍정적으로 <u>초래했어.</u>

(   )

6 ㉠~㉣의 뜻으로 알맞지 <u>않은</u> 것은 무엇인가요? (   )

마추픽추는 열대 기후 지역의 해발 고도 2430m에 위치한 잉카 문명의 유적지이다. 마추픽추는 유네스코의 세계 유산으로 ㉠등재될 만큼 역사적 가치가 높은 곳이다. 마추픽추는 ㉡원뿔 모양으로 높이 솟은 산봉우리와 우루밤바강에 둘러싸인 고원 위에 ㉢광활하게 펼쳐져 있다. 잉카인들은 산비탈을 계단처럼 깎아 ㉣효율적으로 땅을 일구고 농사를 지어 오랜 세월 동안 먹고 살았을 것으로 추측된다.

① ㉠: 일정한 사항을 장부에 올리거나 책이나 잡지 등에 실음.

② ㉡: 원 모양의 밑면을 가진 뿔 모양의 입체도형.

③ ㉢: 막힌 데가 없이 트이고 넓게.

④ ㉣: 낱낱의 부분이 짜임새 있게 조직되어 통일된 전체를 이루는 것.

초등문해력
어휘
활용의 힘

초등 문해력 어휘 활용의 힘

정답과 해설

4권

초등 5~6학년

초등문해력 어휘 활용의 힘

정답과 해설

4권

초등 5~6학년

1일차 국어 어휘

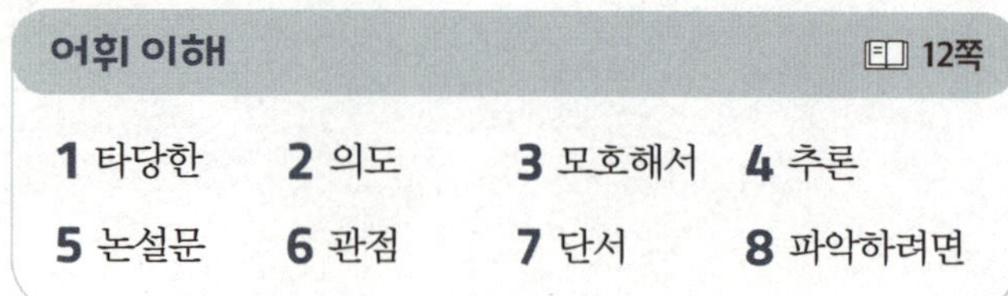

어휘 이해   📖 12쪽

1 타당한	**2** 의도	**3** 모호해서	**4** 추론
5 논설문	**6** 관점	**7** 단서	**8** 파악하려면

어휘 적용   📖 13~14쪽

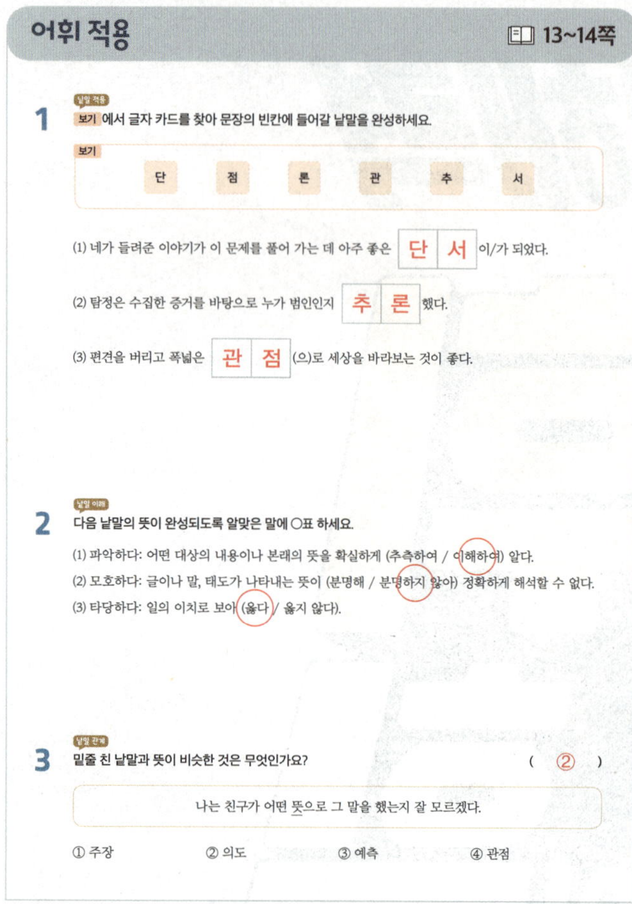

1 보기 에서 글자 카드를 찾아 문장의 빈칸에 들어갈 낱말을 완성하세요.

보기
| 단 | 점 | 론 | 관 | 추 | 서 |

(1) 네가 들려준 이야기가 이 문제를 풀어 가는 데 아주 좋은 **단 서** 이/가 되었다.

(2) 탐정은 수집한 증거를 바탕으로 누가 범인인지 **추 론** 했다.

(3) 편견을 버리고 폭넓은 **관 점** (으)로 세상을 바라보는 것이 좋다.

2 다음 낱말의 뜻이 완성되도록 알맞은 말에 ○표 하세요.
(1) 파악하다: 어떤 대상의 내용이나 본래의 뜻을 확실하게 (추측하여 / 이해하여) 알다.
(2) 모호하다: 글이나 말, 태도가 나타내는 뜻이 (분명해 / 분명하지 않아) 정확하게 해석할 수 없다.
(3) 타당하다: 일의 이치로 보아 (옳다 / 옳지 않다).

3 밑줄 친 낱말과 뜻이 비슷한 것은 무엇인가요? (②)

나는 친구가 어떤 뜻으로 그 말을 했는지 잘 모르겠다.

① 주장   ② 의도   ③ 예측   ④ 관점

도움말

1 (1) 빈칸에 들어갈 낱말은 '단서'입니다. '단서'는 '어떤 일이나 사건이 일어난 까닭을 풀 수 있는 실마리'입니다. (2) 빈칸에 들어갈 낱말은 '추론'입니다. '추론'은 '이미 아는 정보를 근거로 삼아 다른 판단을 이끌어 냄'을 뜻합니다. (3) 빈칸에 들어갈 낱말은 '관점'입니다. '관점'은 '사물이나 현상을 바라볼 때, 그 사람이 생각하는 태도나 방향'을 뜻합니다.

2 (1) '파악하다'의 뜻은 '어떤 대상의 내용이나 본래의 뜻을 확실하게 이해하여 알다'입니다. (2) '모호하다'의 뜻은 '글이나 말, 태도가 나타내는 뜻이 분명하지 않아 정확하게 해석할 수 없다'입니다. (3) '타당하다'의 뜻은 '일의 이치로 보아 옳다'입니다.

3 밑줄 친 낱말과 뜻이 비슷한 것은 '의도'입니다. '의도'는 '무엇을 하려고 하는 생각이나 계획. 또는 무엇을 하려고 꾀함.'을 뜻합니다. '예측'은 '내가 알고 있는 어떤 정보를 바탕으로 무엇인가를 미리 짐작하는 것'을 뜻합니다. '관점'은 '사물이나 현상을 바라볼 때, 그 사람이 생각하는 태도나 방향'을 뜻합니다.

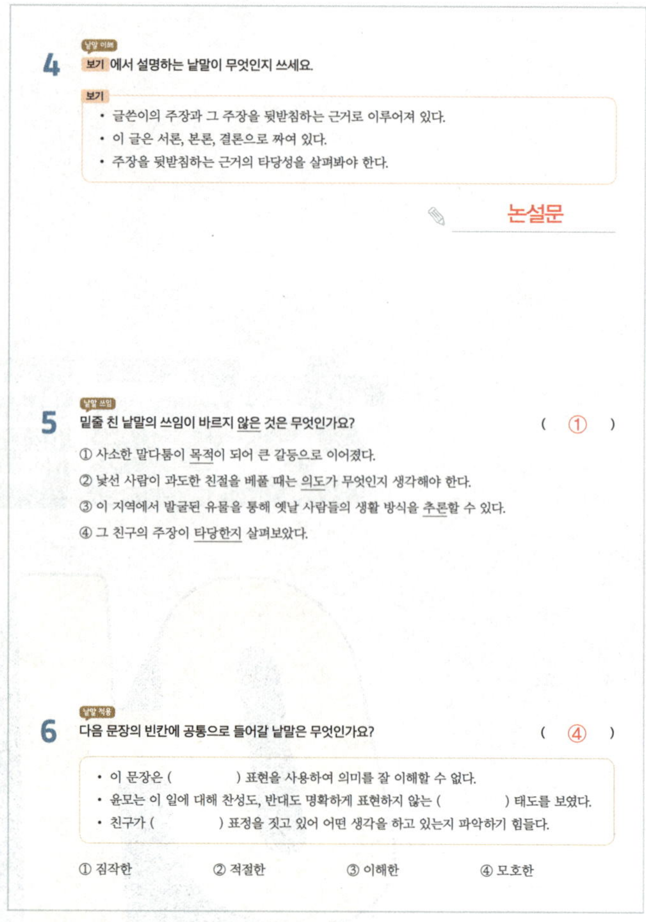

4 보기 에서 설명하는 낱말이 무엇인지 쓰세요.

보기
• 글쓴이의 주장과 그 주장을 뒷받침하는 근거로 이루어져 있다.
• 이 글은 서론, 본론, 결론으로 짜여 있다.
• 주장을 뒷받침하는 근거의 타당성을 살펴봐야 한다.

✎ 　논설문

5 밑줄 친 낱말의 쓰임이 바르지 않은 것은 무엇인가요? (①)

① 사소한 말다툼이 목적이 되어 큰 갈등으로 이어졌다.
② 낯선 사람이 과도한 친절을 베풀 때는 의도가 무엇인지 생각해야 한다.
③ 이 지역에서 발굴된 유물을 통해 옛날 사람들의 생활 방식을 추론할 수 있다.
④ 그 친구의 주장이 타당한지 살펴보았다.

6 다음 문장의 빈칸에 공통으로 들어갈 낱말은 무엇인가요? (④)

• 이 문장은 (　　　　) 표현을 사용하여 의미를 잘 이해할 수 없다.
• 윤모는 이 일에 대해 찬성도, 반대도 명확하게 표현하지 않는 (　　　　) 태도를 보였다.
• 친구가 (　　　　) 표정을 짓고 있어 어떤 생각을 하고 있는지 파악하기 힘들다.

① 짐작한   ② 적절한   ③ 이해한   ④ 모호한

도움말

4 보기 에서 설명하는 낱말은 '논설문'입니다. '논설문'은 '어떤 주제에 관하여 글쓴이가 내세우는 주장과 그 주장을 뒷받침하는 근거로 이루어진 글'을 뜻합니다.

5 밑줄 친 낱말의 쓰임이 바르지 않은 것은 ①입니다. '목적'은 '무엇을 하려고 하는 생각이나 계획. 또는 무엇을 하려고 꾀함.'을 뜻하는 '의도'와 비슷한말입니다. 밑줄 친 부분은 '계기', '발단' 등의 단어가 어울립니다.

6 빈칸에 공통으로 들어갈 낱말은 '모호한'입니다. '모호한'의 기본형 '모호하다'는 '글이나 말, 태도가 나타내는 뜻이 분명하지 않아 정확하게 해석할 수 없다'를 뜻합니다.

📢 다음 안내문을 읽고, 물음에 답하세요.

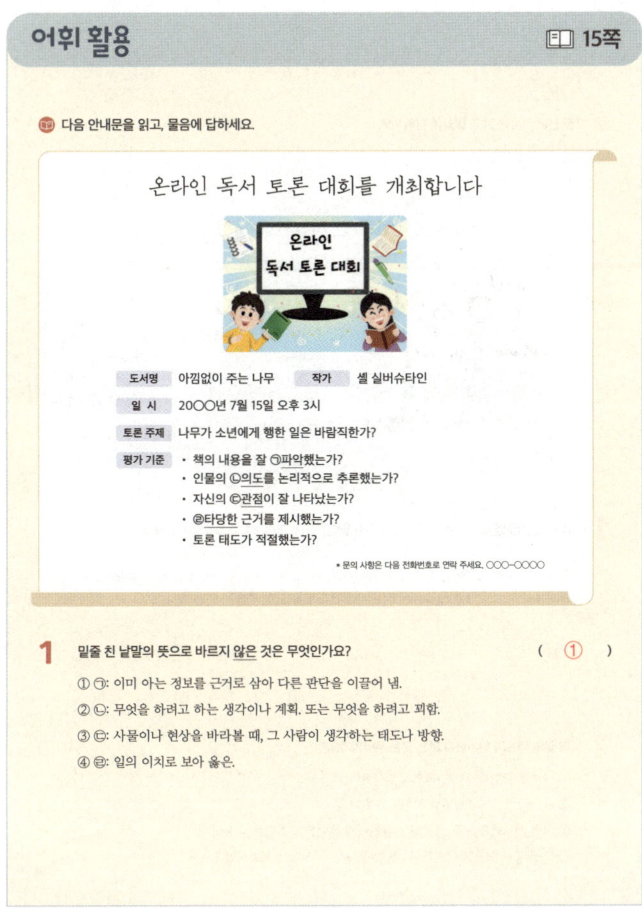

1 밑줄 친 낱말의 뜻으로 바르지 <u>않은</u> 것은 무엇인가요?   (①)

① ㉠: 이미 아는 정보를 근거로 삼아 다른 판단을 이끌어 냄.

② ㉡: 무엇을 하려고 하는 생각이나 계획. 또는 무엇을 하려고 꾀함.

③ ㉢: 사물이나 현상을 바라볼 때, 그 사람이 생각하는 태도나 방향.

④ ㉣: 일의 이치로 보아 옳은.

🔴 **매체 자료에 대해 알아볼까요?**

이 글은 안내문입니다. 안내문은 어떤 내용을 소개하여 알려 주는 글입니다. 안내문을 읽을 때에는 무엇을 알리는 안내문인지 확인하고, 일시, 참여 방법 등의 세부 내용을 꼼꼼하게 살펴봅니다.

도움말

1 밑줄 친 낱말의 뜻으로 바르지 않은 것은 ㉠입니다. '파악'은 '어떤 대상의 내용이나 본래의 뜻을 확실하게 이해하여 앎'을 뜻합니다. '이미 아는 정보를 근거로 삼아 다른 판단을 이끌어 냄'은 '추론'의 뜻입니다.

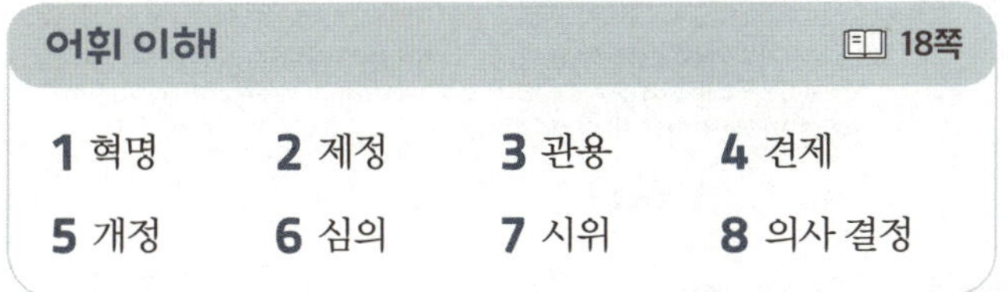

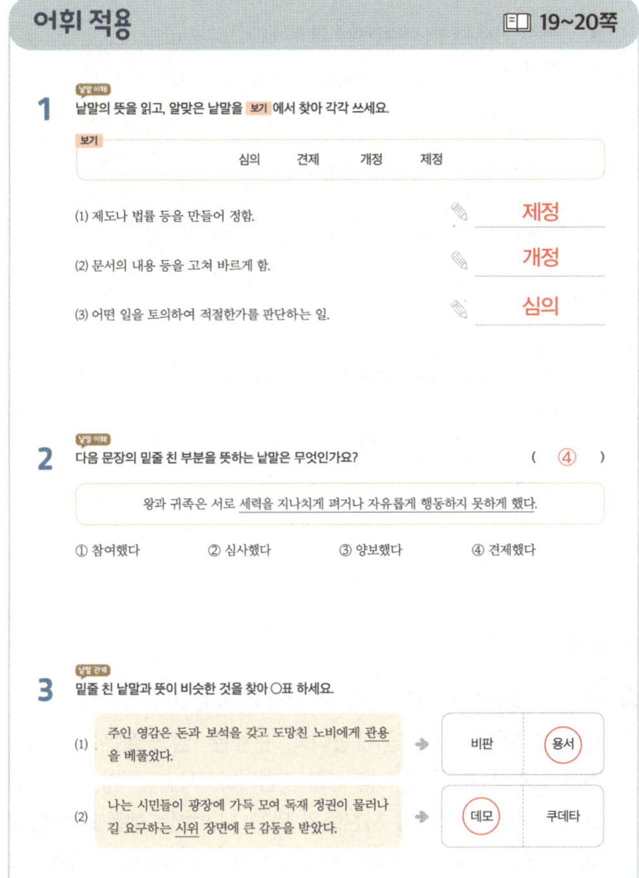

1 낱말 이해   낱말의 뜻을 읽고, 알맞은 낱말을 보기 에서 찾아 각각 쓰세요.

보기
심의   견제   개정   제정

(1) 제도나 법률 등을 만들어 정함.   ✏ **제정**

(2) 문서의 내용 등을 고쳐 바르게 함.   ✏ **개정**

(3) 어떤 일을 토의하여 적절한가를 판단하는 일.   ✏ **심의**

2 낱말 이해   다음 문장의 밑줄 친 부분을 뜻하는 낱말은 무엇인가요?   (④)

왕과 귀족은 서로 세력을 지나치게 펴거나 자유롭게 행동하지 못하게 했다.

① 참여했다   ② 심사했다   ③ 양보했다   ④ 견제했다

3 낱말 관계   밑줄 친 낱말과 뜻이 비슷한 것을 찾아 ○표 하세요.

(1) 주인 영감은 돈과 보석을 갖고 도망친 노비에게 관용을 베풀었다. → 비판   (용서)

(2) 나는 시민들이 광장에 가득 모여 독재 정권이 물러나길 요구하는 시위 장면에 큰 감동을 받았다. → (데모)   쿠데타

도움말

1 (1) '제도나 법률 등을 만들어 정함'을 뜻하는 낱말은 '제정'입니다. (2) '문서의 내용 등을 고쳐 바르게 함'을 뜻하는 낱말은 '개정'입니다. (3) '어떤 일을 토의하여 적절한가를 판단하는 일'은 '심의'입니다.

2 다음 문장의 밑줄 친 부분을 뜻하는 낱말은 '견제했다'입니다. '견제했다'의 기본형 '견제하다'는 '상대가 세력을 지나치게 펴거나 자유롭게 행동하지 못하게 억누르다'를 뜻합니다.

3 (1) '관용'과 뜻이 비슷한 낱말은 '용서'입니다. (1)의 문장에 '관용' 대신 '용서'를 넣어 '주인 영감은 돈과 보석을 갖고 도망친 노비를 용서하였다.'라는 문장을 만들 수 있습니다. (2) '시위'와 뜻이 비슷한 낱말은 '데모'입니다. '쿠데타'는 '군사적 힘으로 정치 권력을 얻는 일'을 뜻합니다.

4 다음 글의 빈칸에 들어갈 알맞은 낱말은 무엇인가요? (②)

> 지역의 환경 문제와 관련된 법이 ( )된 지 10년이 넘었지만, 우리 지역에는 이와 관련된 기관이 없습니다. 단순히 법을 만드는 것에 그치지 않고, 그 법이 잘 시행되고 있는지에 대해 정부가 관심을 가져야 한다고 생각합니다.

① 관용　　② 제정　　③ 시위　　④ 견제

5 보기 에서 알맞은 말을 찾아 다음 낱말의 뜻풀이를 완성하세요.

보기

추측하거나　　이해하거나　　무겁게　　새롭게

(1) 관용

남의 잘못을 (**이해하거나**) 용서함. 또는 그런 용서.

(2) 혁명

국가의 기초나 제도 등이 완전히 (**새롭게**) 바뀌는 일.

6 다음 글의 빈칸에 들어갈 알맞은 낱말을 글자판에서 찾아 묶으세요.

보기

> 우리 마을의 쓰레기 문제를 해결하기 위해서 주민 회의가 열렸고, 여러 의견이 제시되었다. 많은 사람이 낸 의견뿐 아니라, 적은 수의 사람이 낸 의견도 존중하는 ( ) 과정을 통해 우리 동네가 나아갈 방향을 정할 수 있었다.

의	시	해	도
원	사	님	말
결	혼	결	쭐
당	리	식	정

어휘 활용

📖 다음 신문 기사를 읽고, 물음에 답하세요.

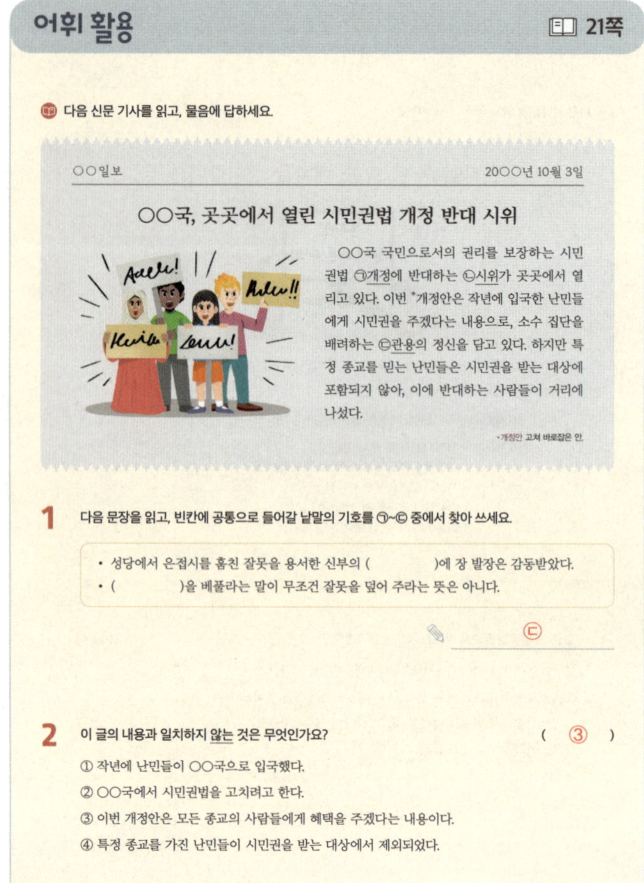

○○일보　　20○○년 10월 3일

○○국, 곳곳에서 열린 시민권법 개정 반대 시위

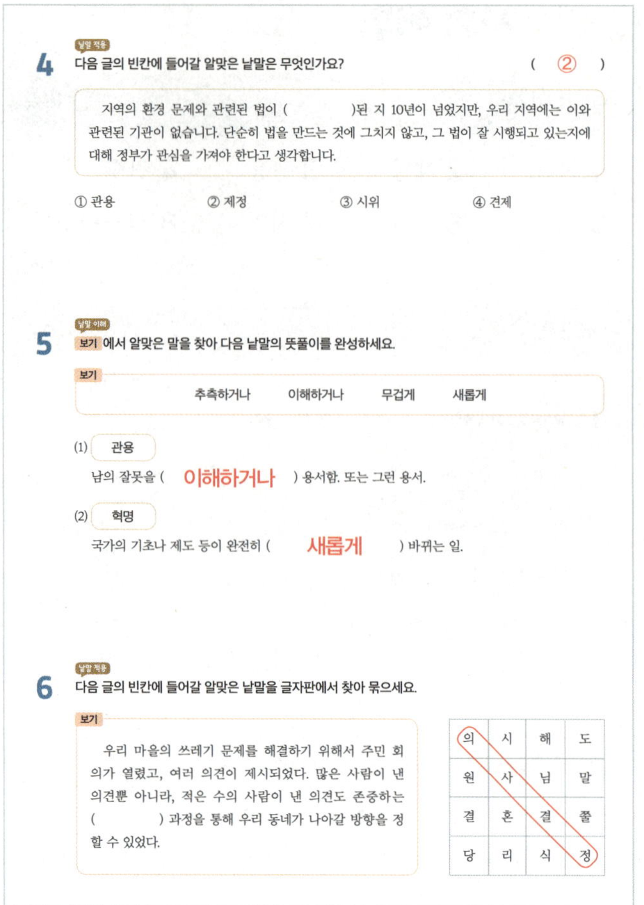

○○국 국민으로서의 권리를 보장하는 시민권법 ㉠개정에 반대하는 ㉡시위가 곳곳에서 열리고 있다. 이번 *개정안은 작년에 입국한 난민들에게 시민권을 주겠다는 내용으로, 소수 집단을 배려하는 ㉢관용의 정신을 담고 있다. 하지만 특정 종교를 믿는 난민들은 시민권을 받는 대상에 포함되지 않아, 이에 반대하는 사람들이 거리에 나섰다.

*개정안 고쳐 바로잡은 안.

1 다음 문장을 읽고, 빈칸에 공통으로 들어갈 낱말의 기호를 ㉠~㉢ 중에서 찾아 쓰세요.

> • 성당에서 은접시를 훔친 잘못을 용서한 신부의 ( )에 장 발장은 감동받았다.
> • ( )을 베풀라는 말이 무조건 잘못을 덮어 주라는 뜻은 아니다.

✏ ㉢

2 이 글의 내용과 일치하지 <u>않는</u> 것은 무엇인가요? (③)

① 작년에 난민들이 ○○국으로 입국했다.
② ○○국에서 시민권법을 고치려고 한다.
③ 이번 개정안은 모든 종교의 사람들에게 혜택을 주겠다는 내용이다.
④ 특정 종교를 가진 난민들이 시민권을 받는 대상에서 제외되었다.

매체 자료에 대해 알아볼까요?

신문은 사회에서 발생한 사건에 대한 진실이나 해설을 널리 알리기 위한 매체입니다. 신문 기사는 어떤 사건이나 사실을 알리는 신문 속 짧은 글입니다. 신문 기사를 읽을 때에는 기사에 드러난 육하원칙 '누가, 언제, 어디서, 무엇을, 어떻게, 왜'의 내용을 살펴봅니다.

도움말

4 빈칸에 들어갈 알맞은 낱말은 '제정'입니다. '제정'은 '제도나 법률 등을 만들어 정함'을 뜻합니다. '관용'은 '남의 잘못을 이해하거나 용서함. 또는 그런 용서.'를 뜻합니다. '시위'는 '많은 사람이 모이거나 행진을 하며 자신들의 뜻을 표현하는 행동'을 뜻합니다. '견제'는 '상대가 세력을 지나치게 펴거나 자유롭게 행동하지 못하게 억누름'을 뜻합니다.

5 (1) 빈칸에 들어갈 말은 '이해하거나'입니다. '관용'은 '남의 잘못을 이해하거나 용서함. 또는 그런 용서.'를 뜻합니다. (2) 빈칸에 들어갈 말은 '새롭게'입니다. '혁명'은 '국가의 기초나 제도 등이 완전히 새롭게 바뀌는 일'을 뜻합니다. '혁명'은 '이전의 것을 깨뜨리고 새로운 것을 급격하게 세우는 일'이라는 뜻도 지닙니다.

6 빈칸에 들어갈 알맞은 낱말은 '의사 결정'입니다. '의사 결정'은 '어떤 문제를 해결하기 위해 여러 방법 중 하나를 선택하는 일'입니다.

도움말

1 빈칸에 공통으로 들어갈 낱말의 기호는 ㉢입니다. '관용'은 '남의 잘못을 이해하거나 용서함. 또는 그런 용서.'를 뜻합니다.

2 이 글의 내용과 일치하지 않는 것은 ③입니다. 이 글에서는 '특정 종교를 믿는 난민들은 시민권을 받는 대상에 포함되지 않아, 이에 반대하는 사람들이 거리에 나섰다.'고 하였습니다. 따라서 이번 개정안은 모든 종교의 사람들에게 혜택을 주겠다는 내용이 아니라 특정 종교의 사람들을 제외한 난민들에게 혜택을 주겠다는 내용입니다.

3일차 과학 어휘

어휘 이해 📖 24쪽

1 지구의 자전　**2** 측정　**3** 궤도면　**4** 지구의 공전

5 지표면　**6** 태양 고도　**7** 남중　**8** 일몰

어휘 적용 📖 25~26쪽

1 (낱말 이해) 다음 낱말의 뜻이 완성되도록 알맞은 말에 ○표 하세요.

(1) 지구의 자전: 지구가 자전축을 중심으로 (1년 / 하루)에 한 바퀴씩 서쪽에서 동쪽으로 회전하는 것.
(2) 지구의 공전: 지구가 태양을 중심으로 (1년 / 하루)에 한 바퀴씩 서쪽에서 동쪽으로 회전하는 것.

2 (낱말 적용) 초성을 보고, 대화의 빈칸에 들어갈 알맞은 낱말을 쓰세요.

정만: 한옥 지붕의 처마가 끝으로 갈수록 살짝 들린 모습이 참 멋져.
상민: 처마는 집 안으로 들어오는 햇빛의 양을 조절하는 역할을 한대. (ㅌ ㅇ ㄱ ㄷ)가 높은 여름에는 처마가 햇빛을 차단하지만, (ㅌ ㅇ ㄱ ㄷ)가 낮은 겨울에는 살짝 들린 처마 아래로 햇빛이 들어와.

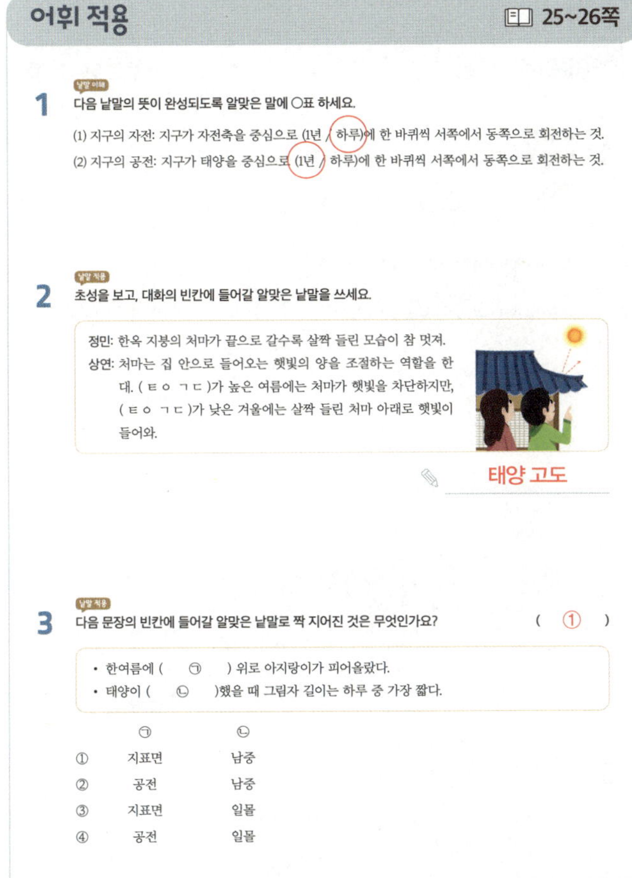

✏️ **태양 고도**

3 (낱말 적용) 다음 문장의 빈칸에 들어갈 알맞은 낱말로 짝 지어진 것은 무엇인가요? (①)

• 한여름에 (㉠) 위로 아지랑이가 피어올랐다.
• 태양이 (㉡)했을 때 그림자 길이는 하루 중 가장 짧다.

	㉠	㉡
①	지표면	남중
②	공전	남중
③	지표면	일몰
④	공전	일몰

도움말

1 (1) '지구의 자전'은 '지구가 자전축을 중심으로 하루에 한 바퀴씩 서쪽에서 동쪽으로 회전하는 것'을 뜻합니다. (2) '지구의 공전'은 '지구가 태양을 중심으로 1년에 한 바퀴씩 서쪽에서 동쪽으로 회전하는 것'을 뜻합니다.

2 대화의 빈칸에 들어갈 알맞은 낱말은 '태양 고도'입니다. '태양 고도'는 '태양이 지표면과 이루는 각'을 뜻합니다. 태양의 남중 고도가 높은 여름에는 낮의 길이가 길고 기온이 높으며, 태양의 남중 고도가 낮은 겨울에는 낮의 길이가 짧고 기온이 낮습니다.

3 ㉠에 들어갈 낱말은 '지표면'입니다. '지표면'은 '지구의 표면. 또는 땅의 겉면.'을 뜻합니다. ㉡에 들어갈 낱말은 '남중'입니다. '남중'은 '하루 중 태양이 정확히 남쪽에 위치하는 일'을 뜻합니다.

---

4 (낱말 적용) 초성을 보고, 빈칸에 들어갈 알맞은 낱말을 쓰세요.

옛날에는 나라마다 단위가 달랐어요. 그래서 땅이나 물건을 사고팔 때 큰 어려움을 겪었지요. 이 문제를 해결하기 위해 사람들은 길이, 부피, 무게 등의 단위를 (ㅊ ㅈ)하는 법인 '도량형'을 통일하기로 하였지요.

✏️ **측정**

5 (낱말 적용) 다음 중 밑줄 친 낱말을 잘못 활용한 친구에 ×표 하세요.

성아	은정	혜영
탐사선은 화성의 <u>지표면</u>을 살펴보면서 많은 정보를 수집하고 있어.	<u>일몰</u> 시간이 지나니까 날이 점점 밝아지고 따뜻해지는구나.	안경을 맞추기 위해 안과에 가서 시력 <u>측정</u>을 받았어.
( )	(×)	( )

6 (낱말 적용) 빈칸에 들어갈 알맞은 낱말을 보기 에서 찾아 각각 쓰세요.

보기

자전　공전　일몰　궤도면　지표면

• 지구의 자전축은 공전 (㉠)에 대해 기울어져 있다.
• 지구는 태양을 중심으로 1년에 한 바퀴씩 서쪽에서 동쪽으로 (㉡)한다.

✏️ ㉠ **궤도면**　㉡ **공전**

도움말

4 빈칸에 들어갈 알맞은 낱말은 '측정'입니다. '측정'은 '일정한 양을 기준으로 하여 같은 종류의 다른 양의 크기를 잼'을 뜻합니다.

5 밑줄 친 낱말을 잘못 활용한 친구는 '은정'입니다. '일몰'은 '해가 짐'을 뜻합니다. '일몰' 대신에 '일출'이라는 낱말을 사용하여 '일출 시간이 지나니까 날이 점점 밝아지고 따뜻해지는구나.'라는 문장으로 바꾸어야 자연스럽습니다.

6 ㉠에 들어갈 알맞은 낱말은 '궤도면'입니다. '궤도면'은 '천체가 다른 천체 주위를 돌 때 그리는 길이 포함된 평면'을 뜻합니다. ㉡에 들어갈 알맞은 낱말은 '공전'입니다. '지구의 공전'은 '지구가 태양을 중심으로 1년에 한 바퀴씩 서쪽에서 동쪽으로 회전하는 것'입니다.

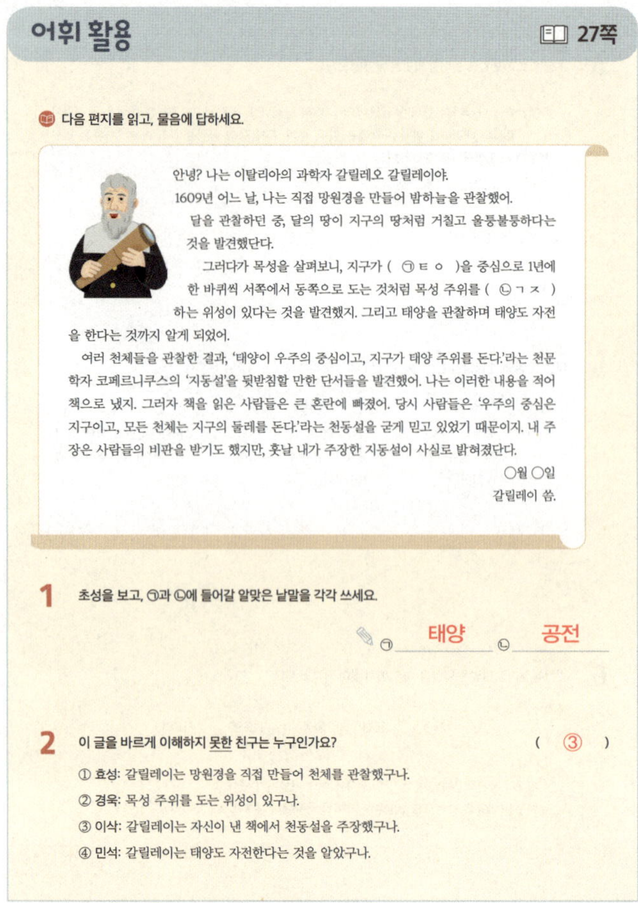

📌 다음 편지를 읽고, 물음에 답하세요.

1 초성을 보고, ㉠과 ㉡에 들어갈 알맞은 낱말을 각각 쓰세요.

✏️ ㉠ **태양**   ㉡ **공전**

2 이 글을 바르게 이해하지 <u>못한</u> 친구는 누구인가요?   (**③**)

① 효성: 갈릴레이는 망원경을 직접 만들어 천체를 관찰했구나.
② 경욱: 목성 주위를 도는 위성이 있구나.
③ 이삭: 갈릴레이는 자신이 낸 책에서 천동설을 주장했구나.
④ 민석: 갈릴레이는 태양도 자전한다는 것을 알았구나.

🔴 **매체 자료에 대해 알아볼까요?**

편지는 자신의 안부나 소식 등을 적어 상대방에게 보내는 글입니다. 편지는 대부분 '인사 – 상대의 안부를 묻는 말 – 편지를 쓰는 사연 – 인사'로 이루어집니다. 본문에 제시한 글은 편지의 형식을 빌어 갈릴레이의 업적을 소개하는 글입니다.

도움말

1 ㉠에 들어갈 알맞은 낱말은 '태양'입니다. ㉡에 들어갈 낱말은 '공전'입니다. '지구가 태양을 중심으로 1년에 한 바퀴씩 서쪽에서 동쪽으로 도는(회전하는) 것'을 '지구의 공전'이라고 합니다. '공전'은 '한 천체가 다른 천체의 둘레를 주기적으로 도는 일'을 뜻합니다.

2 이 글을 바르게 이해하지 못한 친구는 '이삭'입니다. 이 글에서 갈릴레이는 '태양이 우주의 중심이고, 지구가 태양 주위를 돈다.(지동설)'는 내용이 담긴 책을 냈다고 하였습니다.

4일차 수학 어휘

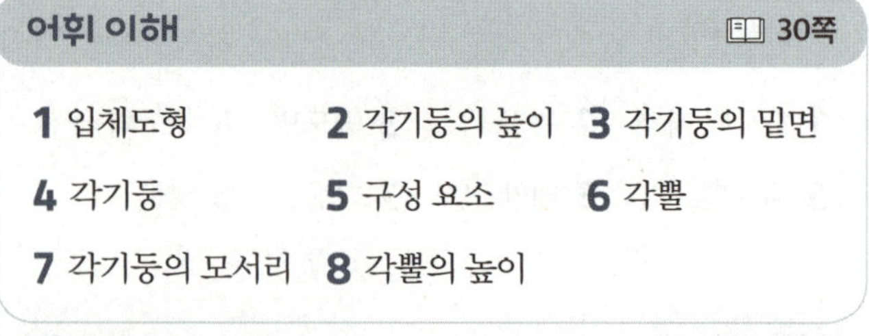

1 입체도형   **2** 각기둥의 높이   **3** 각기둥의 밑면
4 각기둥   **5** 구성 요소   **6** 각뿔
7 각기둥의 모서리   **8** 각뿔의 높이

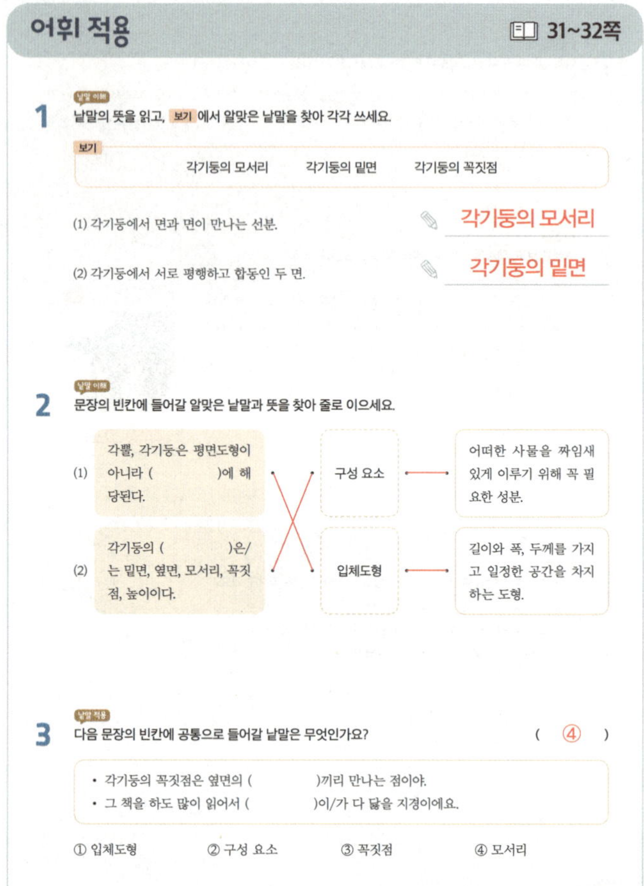

1 낱말의 뜻을 읽고, 보기 에서 알맞은 낱말을 찾아 각각 쓰세요.

보기: 각기둥의 모서리   각기둥의 밑면   각기둥의 꼭짓점

(1) 각기둥에서 면과 면이 만나는 선분.   ✏️ **각기둥의 모서리**

(2) 각기둥에서 서로 평행하고 합동인 두 면.   ✏️ **각기둥의 밑면**

2 문장의 빈칸에 들어갈 알맞은 낱말과 뜻을 찾아 줄로 이으세요.

(1) 각뿔, 각기둥은 평면도형이 아니라 ( )에 해당된다. → 구성 요소 — 어떠한 사물을 짜임새 있게 이루기 위해 꼭 필요한 성분.

(2) 각기둥의 ( )은/는 밑면, 옆면, 모서리, 꼭짓점, 높이이다. → 입체도형 — 길이와 폭, 두께를 가지고 일정한 공간을 차지하는 도형.

3 다음 문장의 빈칸에 공통으로 들어갈 낱말은 무엇인가요?   (**④**)

• 각기둥의 꼭짓점은 옆면의 ( )끼리 만나는 점이야.
• 그 책을 하도 많이 읽어서 ( )이/가 다 닳을 지경이에요.

① 입체도형   ② 구성 요소   ③ 꼭짓점   ④ 모서리

도움말

1 (1) '각기둥에서 면과 면이 만나는 선분'은 '각기둥의 모서리'입니다. (2) '각기둥에서 서로 평행하고 합동인 두 면'은 '각기둥의 밑면'입니다.

2 (1) 빈칸에 들어갈 알맞은 낱말은 '입체도형'입니다. '입체도형'은 '길이와 폭, 두께를 가지고 일정한 공간을 차지하는 도형'을 뜻합니다. (2) 빈칸에 들어갈 알맞은 낱말은 '구성 요소'입니다. '구성 요소'는 '어떠한 사물을 짜임새 있게 이루기 위해 꼭 필요한 성분'을 뜻합니다.

3 빈칸에 공통으로 들어갈 낱말은 '모서리'입니다. '모서리'는 '면과 면이 만나는 선분'을 뜻합니다.

낱말 쓰임

4 밑줄 친 낱말의 쓰임이 바르지 않은 것은 무엇인가요? (③)

① 직육면체는 각기둥에 포함되는 입체도형이다.

② 삼각뿔은 밑면과 옆면이 모두 삼각형이다.

③ 각뿔의 높이는 옆면끼리 만나서 생긴 모서리의 길이와 같다.

④ 피라미드는 밑면이 사각형인 각뿔 모양이다.

낱말 이해

5 다음 글자 카드에서 설명하는 낱말을 각각 쓰세요.

(1) 나는 다각형 형태인 밑면을 가지고 있어. 그리고 옆면의 모양이 모두 같은 삼각형들로 둘러싸여 있지. 나의 이름은 무엇일까?

각뿔

(2) 나는 위아래 면이 서로 평행이고 합동인 입체도형이야. 위아래 면은 다각형, 옆면은 직사각형 모양이지. 나의 높이는 두 밑면 사이의 거리야. 나의 이름은 무엇일까?

각기둥

낱말 적용

6 다음 대화의 빈칸에 들어갈 알맞은 낱말로 짝 지어진 것은 무엇인가요? (③)

원희: 각기둥과 각뿔은 (㉠)의 모양에 따라 이름이 정해지는 거 알고 있니?
하준: 그럼, (㉠)이 삼각형이면 삼각기둥, 삼각뿔이라고 하고 (㉠)이 사각형이면 사각기둥, 사각뿔이라고 하잖아.
원희: 잘 알고 있구나. 그러면 각기둥과 각뿔의 차이점에 대해서도 알고 있니?
하준: 각기둥의 (㉡)은 직사각형이고, 각뿔의 (㉡)은 이등변삼각형이야.

	㉠	㉡		㉠	㉡
①	옆면	꼭짓점	②	옆면	밑면
③	밑면	옆면	④	밑면	꼭짓점

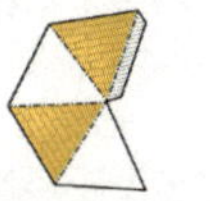

어휘 활용

33쪽

다음 설명서를 읽고, 물음에 답하세요.

피라미드 만들기

• 준비물: 피라미드 도안, 종이 인형, 가위, 풀, 자, 삼각자, 사인펜 등

❶

도형의 빈 부분을 자유롭게 꾸민 다음, 점선을 따라 바깥으로 접고, 빗금 친 부분에 풀칠하여 도형의 모서리가 서로 맞닿도록 붙여요.

❷

점선을 따라 바깥으로 접은 다음, 빗금친 부분에 풀칠하고 ❶을 세워 붙여요.

❸

만들어진 각뿔에서 ㉠각뿔의 높이가 25cm인지 자와 삼각자의 직각을 이용해 확인해요.

❹

고대 이집트인을 나타내는 종이 인형을 ㉡피라미드 주변에 세워 보세요.

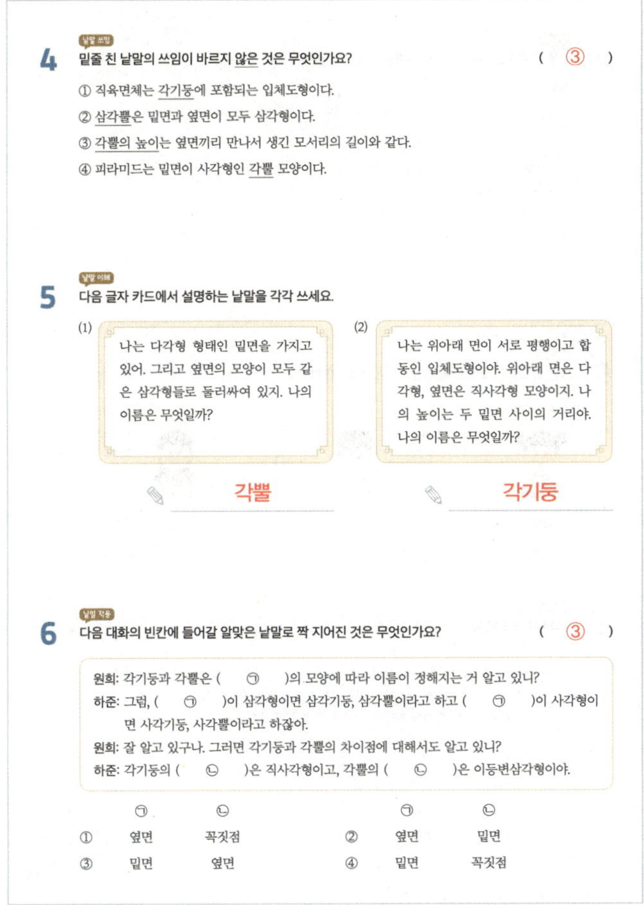

1 ㉠의 뜻으로 가장 알맞은 것에 ○표 하세요.

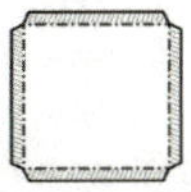

각뿔을 놓았을 때 바닥 부분의 면.	각뿔의 꼭짓점에서 밑면에 수직인 선분의 길이.	각뿔의 밑면과 만나는 면.
( )	(○)	( )

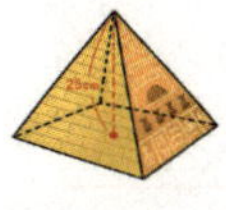

2 ㉡의 모양에 어울리는 낱말에 ○표 하세요.

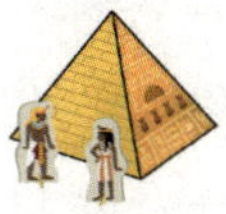

삼각뿔 / 사각뿔(○) / 오각뿔 / 육각뿔

도움말

4 밑줄 친 낱말의 쓰임이 바르지 않은 것은 ③입니다. '각뿔의 높이'는 '각뿔의 꼭짓점에서 밑면에 수직인 선분의 길이'입니다. '각기둥의 높이'가 옆면끼리 만나서 생긴 모서리의 길이와 같습니다. 한편, '직육면체'는 '각 면이 모두 직사각형이고, 마주 보는 세 쌍의 면이 각각 평행한 입체도형'입니다. 따라서 직육면체는 각기둥에 포함됩니다.

5 (1) 글자 카드에서 설명하는 낱말은 '각뿔'입니다. '각뿔'은 다각형 형태의 밑면을 가지고 있고, 옆면의 모양과 크기가 같은 삼각형들로 둘러싸여 있습니다. (2) 글자 카드에서 설명하는 낱말은 '각기둥'입니다. '각기둥'은 '위아래 면이 서로 평행이고 합동인 입체도형'입니다. 각기둥의 위아래 면은 다각형, 옆면은 직사각형 모양입니다. 각기둥의 높이는 두 밑면 사이의 거리입니다.

6 ㉠에 들어갈 알맞은 낱말은 '밑면'입니다. 각기둥과 각뿔은 밑면의 모양에 따라 이름이 정해집니다. ㉡에 들어갈 알맞은 낱말은 '옆면'입니다. 각기둥의 옆면은 직사각형이고, 각뿔의 옆면은 이등변삼각형입니다.

매체 자료에 대해 알아볼까요?

이 글은 피라미드를 만드는 순서를 설명하는 설명서입니다. 이러한 글을 읽을 때에는 내용을 건너뛰지 않고, 설명하는 순서에 따라 읽어야 합니다.

도움말

1 ㉠의 뜻으로 가장 알맞은 것은 '각뿔의 꼭짓점에서 밑면에 수직인 선분의 길이'입니다. '각뿔을 놓았을 때 바닥 부분의 면'은 '각뿔의 밑면'입니다. '각뿔의 밑면과 만나는 면'은 '각뿔의 옆면'입니다.

2 ㉡의 모양에 어울리는 낱말은 '사각뿔'입니다. '사각뿔'은 '밑면의 모양이 사각형인 각뿔'을 뜻합니다. 각뿔은 밑면의 모양에 따라 이름이 정해집니다.

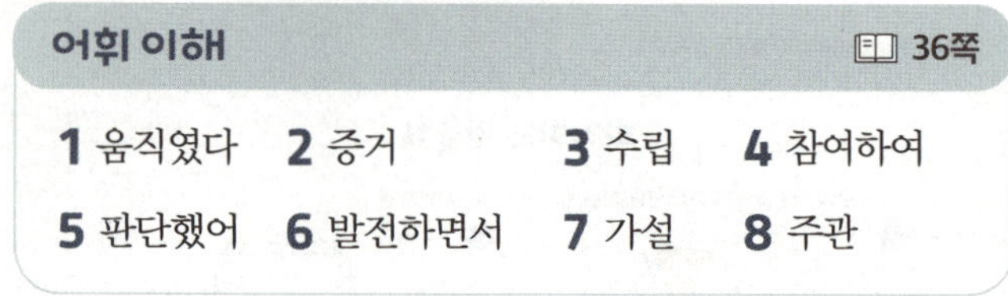

5일차 학습 도움 어휘

어휘 이해 📖 36쪽

1 움직였다　**2** 증거　**3** 수립　**4** 참여하여

5 판단했어　**6** 발전하면서　**7** 가설　**8** 주관

어휘 적용 📖 37~38쪽

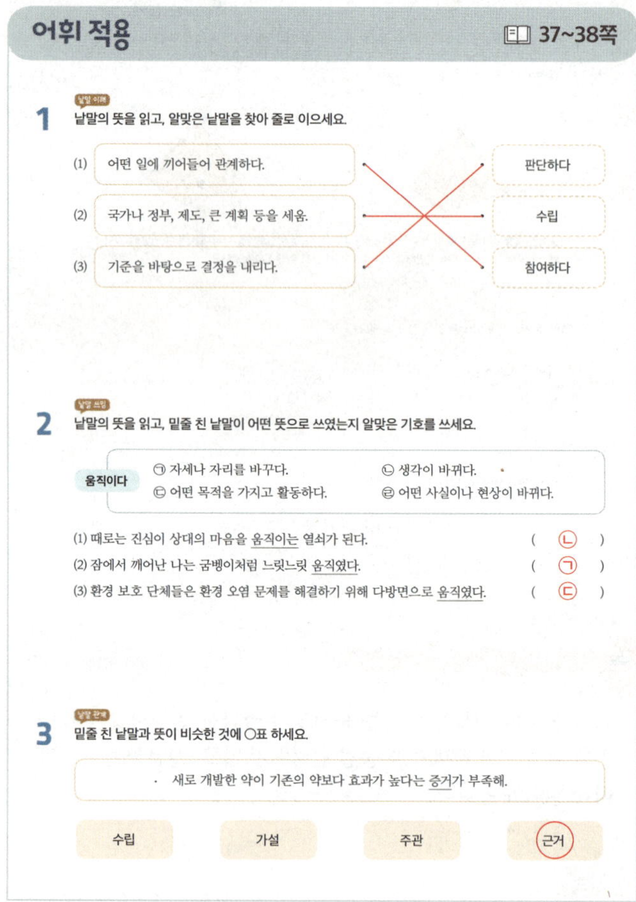

1 낱말의 뜻을 읽고, 알맞은 낱말을 찾아 줄로 이으세요.

(1) 어떤 일에 끼어들어 관계하다. — 판단하다
(2) 국가나 정부, 제도, 큰 계획 등을 세움. — 수립
(3) 기준을 바탕으로 결정을 내리다. — 참여하다

2 낱말의 뜻을 읽고, 밑줄 친 낱말이 어떤 뜻으로 쓰였는지 알맞은 기호를 쓰세요.

움직이다
　㉠ 자세나 자리를 바꾸다.　　　㉡ 생각이 바뀌다.
　㉢ 어떤 목적을 가지고 활동하다.　㉣ 어떤 사실이나 현상이 바뀌다.

(1) 때로는 진심이 상대의 마음을 움직이는 열쇠가 된다. (㉡)
(2) 잠에서 깨어나 나는 굼벵이처럼 느릿느릿 움직였다. (㉠)
(3) 환경 보호 단체들은 환경 오염 문제를 해결하기 위해 다방면으로 움직였다. (㉢)

3 밑줄 친 낱말과 뜻이 비슷한 것에 ○표 하세요.

　・ 새로 개발한 약이 기존의 약보다 효과가 높다는 증거가 부족해.

수립　　가설　　주관　　(근거)

도움말

1 (1) '어떤 일에 끼어들어 관계하다'라는 뜻의 낱말은 '참여하다'입니다. (2) '국가나 정부, 제도, 큰 계획 등을 세움'이라는 뜻의 낱말은 '수립'입니다. (3) '기준을 바탕으로 결정을 내리다'라는 뜻의 낱말은 '판단하다'입니다.

2 (1) '움직이는'은 '㉡ 생각이 바뀌다.'의 뜻으로 쓰였습니다. (2) '움직였다'는 '㉠ 자세나 자리를 바꾸다.'의 뜻으로 쓰였습니다. (3) '움직였다'는 '㉢ 어떤 목적을 가지고 활동하다.'의 뜻으로 쓰였습니다.

3 '증거'는 '어떤 사실을 증명할 수 있는 근거'를 뜻합니다. '증거'와 비슷한말은 '근거'입니다. '수립'은 '국가나 정부, 제도, 큰 계획 등을 세움'을 뜻합니다. '가설'은 '이론을 세우거나 조사나 실험을 하기 전에 임시로 정한 결과'를 뜻합니다. '주관'은 '어떤 것에 대한 자기만의 의견이나 생각. 또는 생각하는 태도나 방향.'을 뜻합니다.

4 다음 문장의 빈칸에 공통으로 들어갈 낱말을 보기 에서 찾아 쓰세요.

보기
　가설　수립　주관　증거

・ 4월 11일은 대한민국 임시 정부 (　　　) 기념일입니다.
・ 연습을 게을리하지 않던 그 선수는 결국 신기록을 (　　　)하였습니다.
・ 우리 고장의 관광지를 개발하려는 계획을 (　　　)하였습니다.

✏️ 수립

5 다음 중 밑줄 친 낱말을 잘못 활용한 친구에 ✕표 하세요.

6 다음 대화의 빈칸에 들어갈 알맞은 낱말로 짝 지어진 것은 무엇인가요? (　④　)

민지: 사람들이 정치에 관심을 가지고 (㉠) 수 있는 방법에는 무엇이 있을까?
남준: 선거가 그 방법들 중 하나야. 후보들의 공약을 잘 살펴보고 투표를 해야지.
민지: 많은 사람들이 관심을 가져야 사회가 더 좋은 방향으로 (㉡) 수 있겠구나.

	㉠	㉡
①	참여할	수립할
②	판단할	참여할
③	판단할	발전할
④	참여할	발전할

도움말

4 빈칸에 공통으로 들어갈 낱말은 '수립'입니다. '수립'은 '국가나 정부, 제도, 큰 계획 등을 세움'을 뜻합니다.

5 밑줄 친 낱말을 잘못 활용한 친구는 '로운'입니다. '주관'은 '어떤 것에 대한 자기만의 의견이나 생각. 또는 생각하는 태도나 방향.'을 뜻합니다.

6 ㉠에 들어갈 알맞은 낱말은 '참여할'입니다. '참여할'의 기본형 '참여하다'는 '어떤 일에 끼어들어 관계하다'를 뜻합니다. ㉡에 들어갈 알맞은 낱말은 '발전할'입니다. '발전할'의 기본형 '발전하다'는 '더 낫고 좋은 상태나 더 높은 단계로 나아가다'의 뜻으로 ㉡에서 사용될 수 있습니다.

😀 다음 안내문을 읽고, 물음에 답하세요.

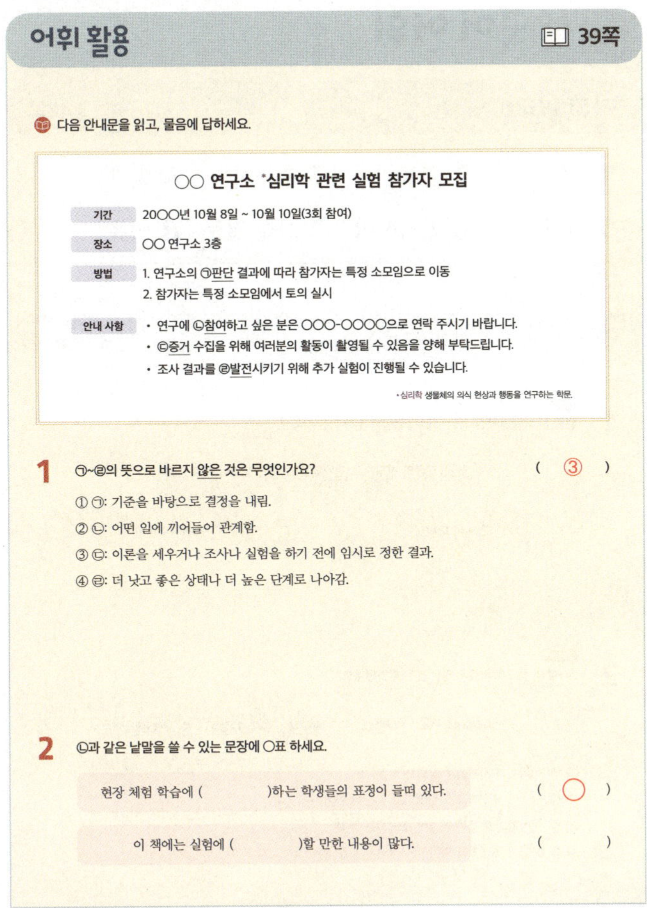

1 ㉠~㉣의 뜻으로 바르지 <u>않은</u> 것은 무엇인가요?　　　　　　(③)

① ㉠: 기준을 바탕으로 결정을 내림.
② ㉡: 어떤 일에 끼어들어 관계함.
③ ㉢: 이론을 세우거나 조사나 실험을 하기 전에 임시로 정한 결과.
④ ㉣: 더 낫고 좋은 상태나 더 높은 단계로 나아감.

2 ㉡과 같은 낱말을 쓸 수 있는 문장에 ○표 하세요.

현장 체험 학습에 (　　　)하는 학생들의 표정이 들떠 있다.	(○)
이 책에는 실험에 (　　　)할 만한 내용이 많다.	( )

😈 **매체 자료에 대해 알아볼까요?**

이 글은 안내문입니다. 안내문은 어떤 내용을 소개하여 알려 주는 글입니다. 안내문을 읽을 때에는 무엇을 알리는 안내문인지 확인하고, 기간, 장소, 방법, 안내 사항 등을 꼼꼼하게 살펴봅니다.

도움말

1 ㉠~㉣의 뜻으로 바르지 않은 것은 ③입니다. '이론을 세우거나 조사나 실험을 하기 전에 임시로 정한 결과'는 '가설'의 뜻입니다. '증거'는 '어떤 사실을 증명할 수 있는 근거'를 뜻합니다.

2 ㉡과 같은 낱말을 쓸 수 있는 문장은 첫 번째 문장입니다. 첫 번째 문장의 빈칸에 '참여'를 넣어, '현장 체험 학습에 참여하는 학생들의 표정이 들떠 있다.'라는 문장으로 완성할 수 있습니다. 두 번째 문장은 '참고'를 넣어, '이 책에는 실험에 참고할 만한 내용이 많다.'라는 문장으로 완성할 수 있습니다.

---

1 다음 뜻에 알맞은 낱말을 보기 에서 찾아 사다리를 타고 내려간 곳에 쓰세요.

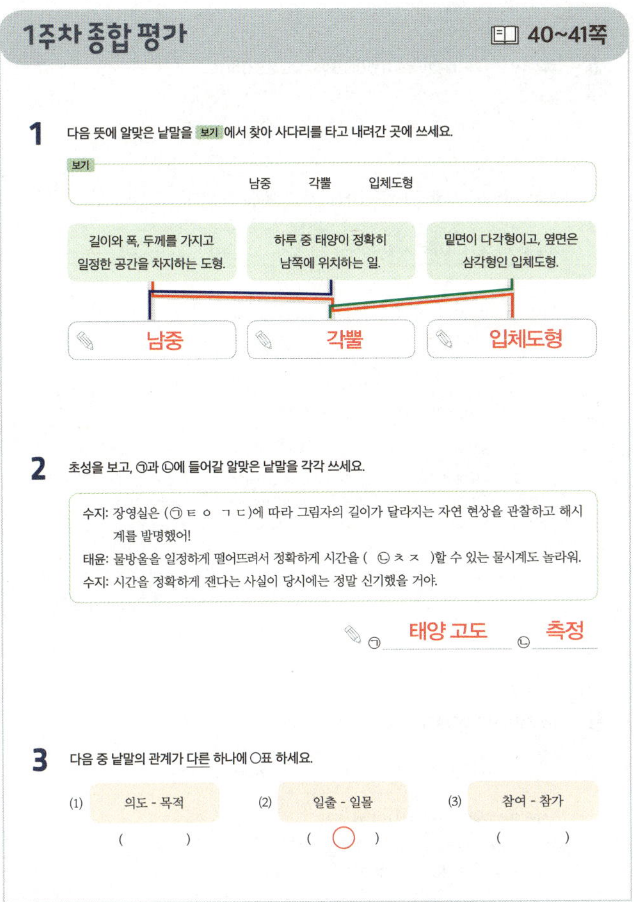

2 초성을 보고, ㉠과 ㉡에 들어갈 알맞은 낱말을 각각 쓰세요.

수지: 장영실은 (㉠ ㅌ ㅇ ㄱ ㄷ)에 따라 그림자의 길이가 달라지는 자연 현상을 관찰하고 해시계를 발명했어!
태윤: 물방울을 일정하게 떨어뜨려서 정확히 시간을 (㉡ ㅊ ㅈ)할 수 있는 물시계도 놀라워.
수지: 시간을 정확하게 잰다는 사실이 당시에는 정말 신기했을 거야.

✏ ㉠ __태양 고도__　　㉡ __측정__

3 다음 중 낱말의 관계가 <u>다른</u> 하나에 ○표 하세요.

(1) 의도 - 목적　　(2) 일출 - 일몰　　(3) 참여 - 참가
　( )　　　　(○)　　　　( )

도움말

1 '길이와 폭, 두께를 가지고 일정한 공간을 차지하는 도형'은 '입체도형'입니다. '하루 중 태양이 정확히 남쪽에 위치하는 일'은 '남중'입니다. '밑면이 다각형이고, 옆면은 삼각형인 입체도형'은 '각뿔'입니다.

2 ㉠에 들어갈 알맞은 낱말은 '태양 고도'입니다. '태양 고도'는 '태양이 지표면과 이루는 각'을 뜻합니다. ㉡에 들어갈 알맞은 낱말은 '측정'입니다. '측정'은 '일정한 양을 기준으로 하여 같은 종류의 다른 양의 크기를 잼'을 뜻합니다.

3 낱말의 관계가 다른 것은 (2)입니다. '일출 – 일몰'은 반대말끼리 묶인 반의 관계입니다. '의도 – 목적', '참여 – 참가'는 비슷한말끼리 묶인 유의 관계입니다.

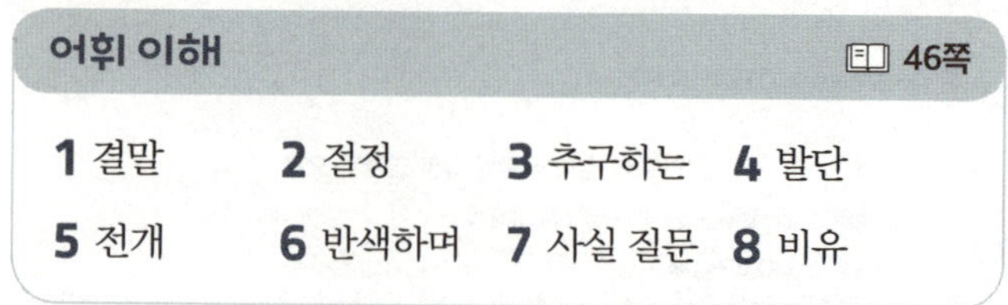

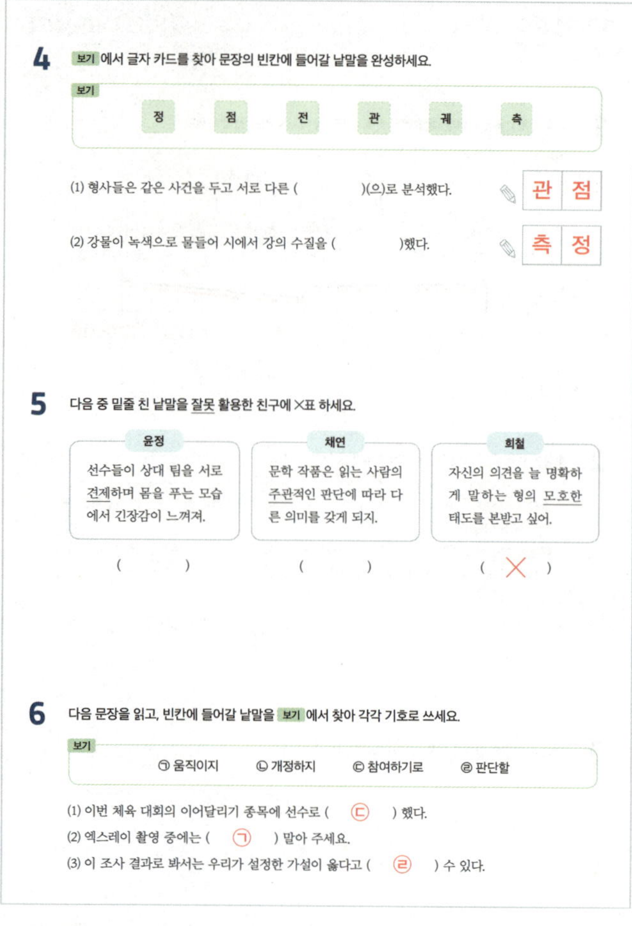

4 보기 에서 글자 카드를 찾아 문장의 빈칸에 들어갈 낱말을 완성하세요.

보기

| 정 | 점 | 전 | 관 | 계 | 측 |

(1) 형사들은 같은 사건을 두고 서로 다른 (　　　　)(으)로 분석했다.　　✎ **관 점**

(2) 강물이 녹색으로 물들어 시에서 강의 수질을 (　　　　)했다.　　✎ **측 정**

5 다음 중 밑줄 친 낱말을 잘못 활용한 친구에 ×표 하세요.

윤정	채연	희철
선수들이 상대 팀을 서로 견제하며 몸을 푸는 모습에서 긴장감이 느껴져.	문학 작품은 읽는 사람의 주관적인 판단에 따라 다른 의미를 갖게 되지.	자신의 의견을 늘 명확하게 말하는 형의 모호한 태도를 본받고 싶어.
(　　)	(　　)	(　×　)

6 다음 문장을 읽고, 빈칸에 들어갈 낱말을 보기 에서 찾아 각각 기호로 쓰세요.

보기

| ㉠ 움직이지 | ㉡ 개정하지 | ㉢ 참여하기로 | ㉣ 판단할 |

(1) 이번 체육 대회의 이어달리기 종목에 선수로 (　㉢　) 했다.
(2) 엑스레이 촬영 중에는 (　㉠　) 말아 주세요.
(3) 이 조사 결과로 봐서는 우리가 설정한 가설이 옳다고 (　㉣　) 수 있다.

도움말

4 (1) 빈칸에 들어갈 낱말은 '관점'입니다. '관점'은 '사물이나 현상을 바라볼 때, 그 사람이 생각하는 태도나 방향'을 뜻합니다. (2) 빈칸에 들어갈 낱말은 '측정'입니다. '측정'은 '일정한 양을 기준으로 하여 같은 종류의 다른 양의 크기를 잼'을 뜻합니다.

5 밑줄 친 낱말을 잘못 활용한 친구는 '희철'입니다. '모호한'의 기본형 '모호하다'는 '글이나 말, 태도가 나타내는 뜻이 분명하지 않아 정확하게 해석할 수 없다'를 뜻합니다.

6 (1) 빈칸에 들어갈 낱말의 기호는 ㉢입니다. '참여하기로'의 기본형은 '참여하다'이며, (1)에서 '어떤 일에 끼어들어 관계하다'의 뜻으로 사용되었습니다. (2) 빈칸에 들어갈 낱말의 기호는 ㉠입니다. '움직이지'의 기본형은 '움직이다'이며 (2)에서 '자세나 자리를 바꾸다'의 뜻으로 사용되었습니다. (3) 빈칸에 들어갈 낱말의 기호는 ㉣입니다. '판단할'의 기본형은 '판단하다'이며 (3)에서 '기준을 바탕으로 결정을 내리다'의 뜻으로 사용되었습니다.

1일차 국어 어휘

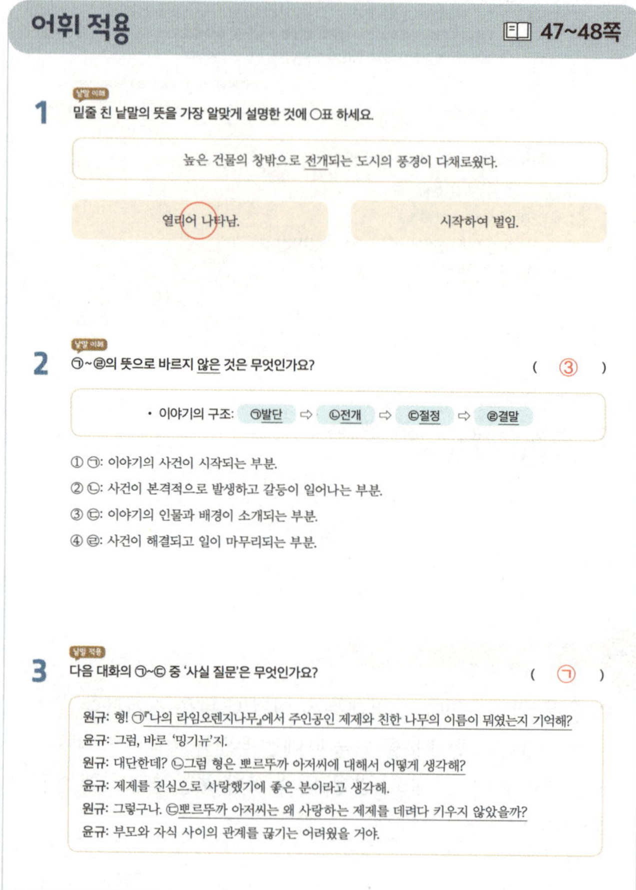

어휘 이해　　　📖 46쪽

1 결말　　**2** 절정　　**3** 추구하는　　**4** 발단
5 전개　　**6** 반색하며　　**7** 사실 질문　　**8** 비유

어휘 적용　　　📖 47~48쪽

1 밑줄 친 낱말의 뜻을 가장 알맞게 설명한 것에 ○표 하세요.

> 높은 건물의 창밖으로 전개되는 도시의 풍경이 다채로웠다.

열리어 나타남.　　　시작하여 벌임.

2 ㉠~㉣의 뜻으로 바르지 않은 것은 무엇인가요?　　(　③　)

> • 이야기의 구조: ㉠발단 ⇨ ㉡전개 ⇨ ㉢절정 ⇨ ㉣결말

① ㉠: 이야기의 사건이 시작되는 부분.
② ㉡: 사건이 본격적으로 발생하고 갈등이 일어나는 부분.
③ ㉢: 이야기의 인물과 배경이 소개되는 부분.
④ ㉣: 사건이 해결되고 일이 마무리되는 부분.

3 다음 대화의 ㉠~㉢ 중 '사실 질문'은 무엇인가요?　　(　㉠　)

> 원규: 형! ㉠『나의 라임오렌지나무』에서 주인공인 제제와 친한 나무의 이름이 뭐였는지 기억해?
> 윤규: 그럼, 바로 '밍기뉴'지.
> 원규: 대단한데? ㉡그럼 형은 뽀르뚜가 아저씨에 대해서 어떻게 생각해?
> 윤규: 제제를 진심으로 사랑했기에 좋은 분이라고 생각해.
> 원규: 그렇구나. ㉢뽀르뚜가 아저씨는 왜 사랑하는 제제를 데려다 키우지 않았을까?
> 윤규: 부모와 자식 사이의 관계를 끊기는 어려웠을 거야.

도움말

1 '높은 건물의 창밖으로 전개되는 도시의 풍경이 다채로웠다.'에서 '전개'의 뜻은 '열리어 나타남'의 뜻으로 사용되었습니다.

2 '이야기의 인물과 배경이 소개되는 부분'은 '발단'에 해당합니다. 이야기의 구조에서 '절정'은 '사건 속의 갈등이 커지면서 긴장감이 가장 높아지는 부분'입니다.

3 '사실 질문'은 '사실을 묻는 질문'입니다. 주인공 제제와 친한 나무의 이름이 무엇인지 묻는 ㉠은 사실 질문입니다. ㉡은 뽀르뚜까 아저씨에 대한 생각을 묻는 평가 질문입니다. ㉢은 뽀르뚜까 아저씨의 행동에 대한 까닭을 묻는 추론 질문입니다.

4 초성을 보고, 대화의 빈칸에 공통으로 들어갈 낱말을 쓰세요.

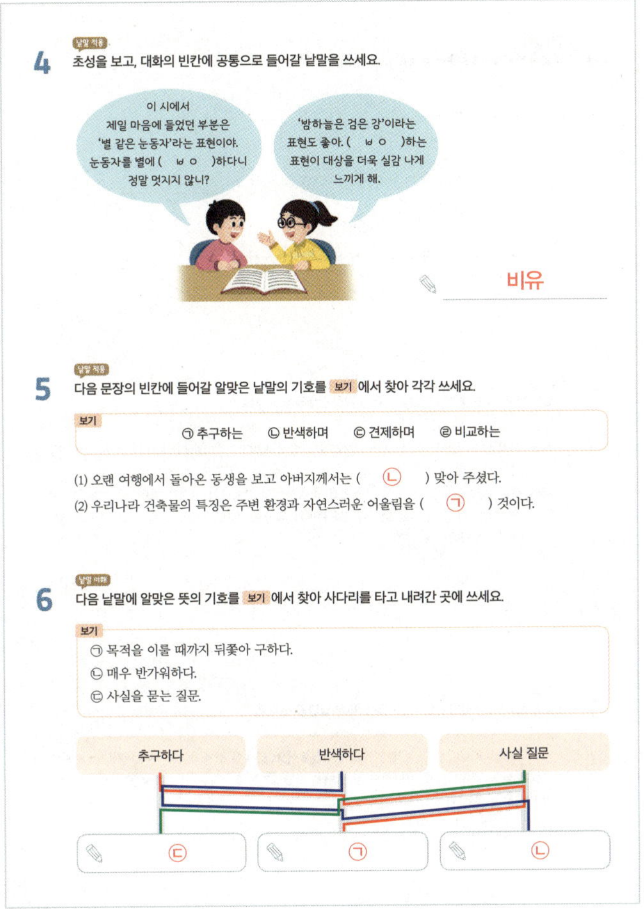

비유

5 다음 문장의 빈칸에 들어갈 알맞은 낱말의 기호를 보기 에서 찾아 각각 쓰세요.

보기
　　ⓐ 추구하는　　ⓑ 반색하며　　ⓒ 견제하며　　ⓓ 비교하는

(1) 오랜 여행에서 돌아온 동생을 보고 아버지께서는 (ⓑ) 맞아 주셨다.
(2) 우리나라 건축물의 특징은 주변 환경과 자연스러운 어울림을 (ⓐ) 것이다.

6 다음 낱말에 알맞은 뜻의 기호를 보기 에서 찾아 사다리를 타고 내려간 곳에 쓰세요.

보기
　ⓐ 목적을 이룰 때까지 뒤쫓아 구하다.
　ⓑ 매우 반가워하다.
　ⓒ 사실을 묻는 질문.

추구하다	반색하다	사실 질문
ⓒ	ⓐ	ⓑ

📖 다음 서평을 읽고, 물음에 답하세요.

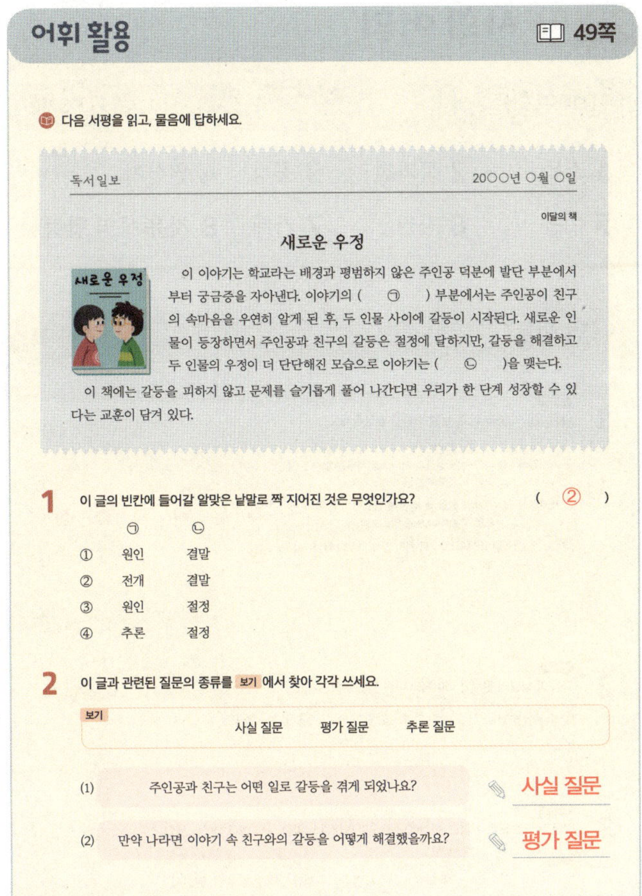

독서일보　　20○○년 ○월 ○일

이달의 책

새로운 우정

이 이야기는 학교라는 배경과 평범하지 않은 주인공 덕분에 발단 부분에서부터 궁금증을 자아낸다. 이야기의 (㉠) 부분에서는 주인공이 친구의 속마음을 우연히 알게 된 후, 두 인물 사이에 갈등이 시작된다. 새로운 인물이 등장하면서 주인공과 친구의 갈등은 절정에 달하지만, 갈등을 해결하고 두 인물의 우정이 더 단단해진 모습으로 이야기는 (㉡)을 맺는다.

이 책에는 갈등을 피하지 않고 문제를 슬기롭게 풀어 나간다면 우리가 한 단계 성장할 수 있다는 교훈이 담겨 있다.

1 이 글의 빈칸에 들어갈 알맞은 낱말로 짝 지어진 것은 무엇인가요?　　(②)

	㉠	㉡
①	원인	결말
②	전개	결말
③	원인	절정
④	추론	절정

2 이 글과 관련된 질문의 종류를 보기 에서 찾아 각각 쓰세요.

보기
　　사실 질문　　평가 질문　　추론 질문

(1) 주인공과 친구는 어떤 일로 갈등을 겪게 되었나요?　　✎ 사실 질문

(2) 만약 나라면 이야기 속 친구와의 갈등을 어떻게 해결했을까요?　　✎ 평가 질문

도움말

4 대화의 빈칸에 공통으로 들어갈 낱말은 '비유'입니다. '비유'는 '어떤 사물이나 현상을 비슷한 사물이나 현상에 빗대어서 설명하는 일'입니다. '별 같은 눈동자'는 직유법이 사용된 표현이고, '밤하늘은 검은 강'은 은유법이 사용된 표현입니다.

5 (1) 빈칸에 들어갈 알맞은 낱말은 '매우 반가워하며'를 뜻하는 'ⓑ 반색하며'입니다. (2) 빈칸에 들어갈 알맞은 낱말은 '목적을 이룰 때까지 뒤쫓아 구하는'을 뜻하는 'ⓐ 추구하는'입니다.

6 '추구하다'의 뜻은 'ⓐ 목적을 이룰 때까지 뒤쫓아 구하다'입니다. '반색하다'의 뜻은 'ⓑ 매우 반가워하다'입니다. '사실 질문'의 뜻은 'ⓒ 사실을 묻는 질문'입니다.

서평은 책을 소개할 목적으로 쓴 글입니다. 서평에서 글쓴이는 책의 내용과 특징을 설명하고, 책이 지닌 가치에 대한 자신의 의견을 제시합니다.

도움말

1 이야기에서 두 인물의 갈등이 시작되는 부분은 '전개'입니다. 그러므로 ㉠에 들어갈 낱말은 '전개'입니다. 그리고 ㉡에 들어갈 낱말은 '결말'입니다. '결말'은 이야기의 구조에서 '사건이 해결되는 부분이나 일이 마무리되는 끝'을 뜻합니다. '결말'은 '결말을 맞이하다', '결말을 맺다' 등의 표현으로 사용됩니다.

2 (1) 주인공과 친구가 갈등을 겪게 된 계기를 묻고 있으므로 '사실 질문'에 해당합니다. '사실 질문'은 '사실을 묻는 질문'입니다. (2) 만약 자신이 주인공이라면 어떻게 행동하였을지 묻고 있으므로 '평가 질문'에 해당합니다. '평가 질문'은 '사실에 대한 가치 판단을 묻는 질문'입니다.

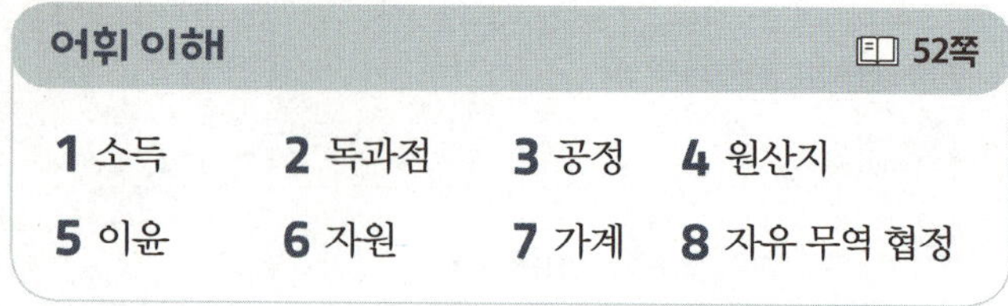

2일차 사회 어휘

어휘 이해 📖 52쪽

1 소득 **2** 독과점 **3** 공정 **4** 원산지
5 이윤 **6** 자원 **7** 가계 **8** 자유 무역 협정

어휘 적용 📖 53~54쪽

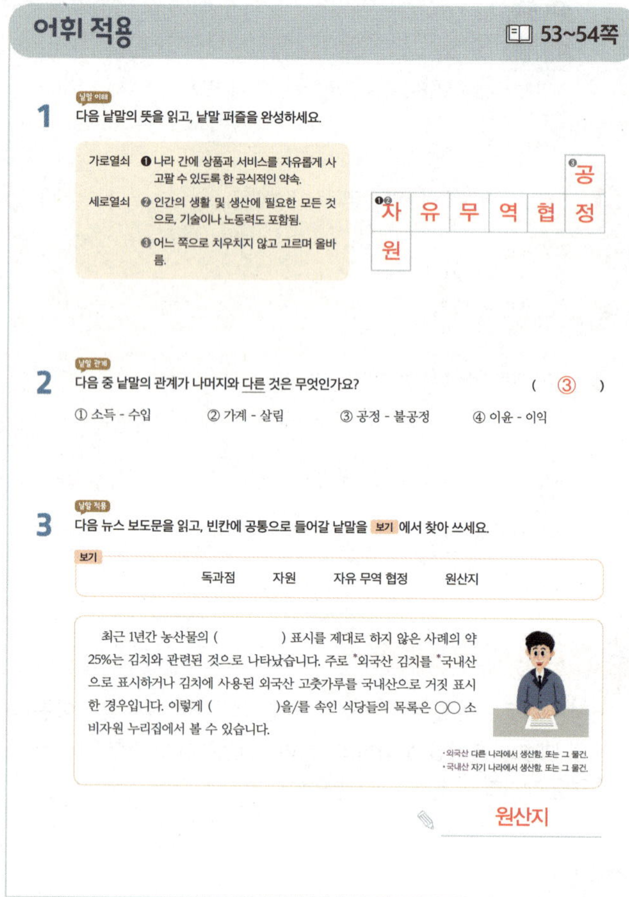

1 다음 낱말의 뜻을 읽고, 낱말 퍼즐을 완성하세요.

가로열쇠 ❶ 나라 간에 상품과 서비스를 자유롭게 사고팔 수 있도록 한 공식적인 약속.
세로열쇠 ❷ 인간의 생활 및 생산에 필요한 모든 것으로, 기술이나 노동력도 포함됨.
❸ 어느 쪽으로 치우치지 않고 고르며 올바름.

					공
자	**유**	**무**	**역**	**협**	**정**
원					

2 다음 중 낱말의 관계가 나머지와 <u>다른</u> 것은 무엇인가요? (③)

① 소득 - 수입 ② 가계 - 살림 ③ 공정 - 불공정 ④ 이윤 - 이익

3 다음 뉴스 보도문을 읽고, 빈칸에 공통으로 들어갈 낱말을 [보기] 에서 찾아 쓰세요.

보기
독과점   자원   자유 무역 협정   원산지

최근 1년간 농산물의 (   ) 표시를 제대로 하지 않은 사례의 약 25%는 김치와 관련된 것으로 나타났습니다. 주로 '외국산 김치'를 '국내산'으로 표시하거나 김치에 사용된 외국산 고춧가루를 국내산으로 거짓 표시한 경우입니다. 이렇게 (   )을/를 속인 식당들의 목록은 ○○ 소비자원 누리집에서 볼 수 있습니다.

· 외국산 다른 나라에서 생산함. 또는 그 물건.
· 국내산 자기 나라에서 생산함. 또는 그 물건.

✏️ **원산지**

도움말

1 ❶ '나라 간에 상품과 서비스를 자유롭게 사고팔 수 있도록 한 공식적인 약속'을 뜻하는 낱말은 '자유 무역 협정'입니다. ❷ '인간의 생활 및 생산에 필요한 모든 것으로, 기술이나 노동력도 포함됨'을 뜻하는 낱말은 '자원'입니다. ❸ '어느 쪽으로도 치우치지 않고 고르며 올바름'을 뜻하는 낱말은 '공정'입니다.

2 '공정 – 불공정'은 서로 반대말임을 나타내는 반의 관계입니다. '소득 – 수입', '가계 – 살림', '이윤 – 이익'은 서로 비슷한말임을 나타내는 유의 관계입니다.

3 빈칸에 공통으로 들어갈 낱말은 '원산지'입니다. '원산지'는 '어떤 물건의 재료를 생산하는 곳'을 뜻합니다.

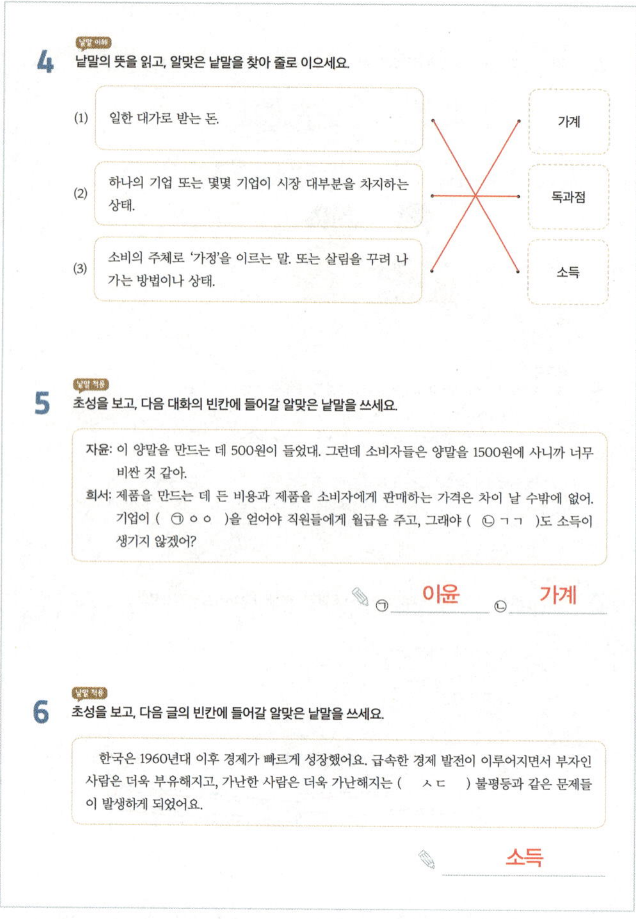

4 낱말의 뜻을 읽고, 알맞은 낱말을 찾아 줄로 이으세요.

(1) 일한 대가로 받는 돈.

(2) 하나의 기업 또는 몇몇 기업이 시장 대부분을 차지하는 상태.

(3) 소비의 주체로 '가정'을 이르는 말. 또는 살림을 꾸려 나가는 방법이나 상태.

· 가계
· 독과점
· 소득

5 초성을 보고, 다음 대화의 빈칸에 들어갈 알맞은 낱말을 쓰세요.

자윤: 이 양말을 만드는 데 500원이 들었대. 그런데 소비자들은 양말을 1500원에 사니까 너무 비싼 것 같아.
희서: 제품을 만드는 데 든 비용과 제품을 소비자에게 판매하는 가격은 차이 날 수밖에 없어. 기업이 (㉠ ㅇㅇ)을 얻어야 직원들에게 월급을 주고, 그래야 (㉡ ㄱㄱ)도 소득이 생기지 않겠어?

✏️ ㉠ **이윤**   ㉡ **가계**

6 초성을 보고, 다음 글의 빈칸에 들어갈 알맞은 낱말을 쓰세요.

한국은 1960년대 이후 경제가 빠르게 성장했어요. 급속한 경제 발전이 이루어지면서 부자인 사람은 더욱 부유해지고, 가난한 사람은 더욱 가난해지는 (ㅅㄷ) 불평등과 같은 문제들이 발생하게 되었어요.

✏️ **소득**

도움말

4 (1) '일한 대가로 받는 돈'은 '소득'입니다. (2) '하나의 기업 또는 몇몇 기업이 시장 대부분을 차지하는 상태'는 '독과점'입니다. (3) '소비의 주체로 '가정'을 이르는 말. 또는 살림을 꾸려 나가는 방법이나 상태.'는 '가계'입니다.

5 ㉠에 들어갈 낱말은 '이윤'입니다. '이윤'은 '물건이나 서비스를 생산 및 판매하여 얻는 순수한 이익'을 뜻합니다. ㉡에 들어갈 낱말은 '가계'입니다. '가계'는 '소비의 주체로 '가정'을 이르는 말. 또는 살림을 꾸려 나가는 방법이나 상태.'를 뜻합니다.

6 빈칸에 들어갈 알맞은 낱말은 '소득'입니다. '소득'은 '일한 대가로 받는 돈'입니다.

🖉 다음 발표 준비 메모를 읽고, 물음에 답하세요.

나라 안의 *말총과 과일을 모두 사들여 사람들에게 비싼 값에 판매한 허생의 행동은 ⊙독점에 해당합니다. 말총은 갓을 쓰려면 꼭 있어야 하는 망건의 재료이고, 과일은 제삿상에 올라가는 품목이었습니다. 그렇기 때문에 사람들은 *울며 겨자 먹기로 허생에게 말총과 과일을 비싸게 살 수밖에 없었습니다. 이렇게 ⓒ자원의 가격을 마음대로 조정하는 것은 바람직하지 않습니다. 다수가 비싼 가격에 물건을 사야 하고, 소수가 ⓒ이윤을 독차지하여 공정하지 않기 때문입니다.

* 말총 말의 갈기나 꼬리의 털.
* 울며 겨자 먹기 맵다고 울면서도 겨자를 먹는다는 뜻으로, 싫은 일을 억지로 마지못해 함을 비유적으로 이르는 말.

1 ⊙~ⓒ의 뜻으로 바르지 않은 것에 ✕표 하세요.

(1) ⊙: 국외의 상품, 기술을 국내로 사들임.　　　　　　(✕)
(2) ⓒ: 인간의 생활 및 생산에 필요한 모든 것으로, 기술이나 노동력도 포함됨.　(　)
(3) ⓒ: 물건이나 서비스를 생산하여 판매하여 얻는 순수한 이익.　(　)

🔴 **매체 자료에 대해 알아볼까요?**

발표는 어떤 사실이나 정보를 여러 사람에게 널리 알리는 말하기입니다. 발표를 준비할 때에는 다양한 정보를 수집하여 그중에서 발표에 사용할 것을 정하고, 어떤 내용으로 말할지 메모합니다.

도움말

1 (1) '⊙독점'은 '한 기업이 시장을 차지하고 있는 상태'를 뜻합니다. '국외의 상품, 기술을 국내로 사들임'을 뜻하는 낱말은 '수입'입니다. (2) 'ⓒ자원'은 '인간의 생활 및 생산에 필요한 모든 것으로, 기술이나 노동력도 포함됨'을 뜻합니다. (3) 'ⓒ이윤'은 '물건이나 서비스를 생산 및 판매하여 얻는 순수한 이익'을 뜻합니다.

3일차 과학 어휘

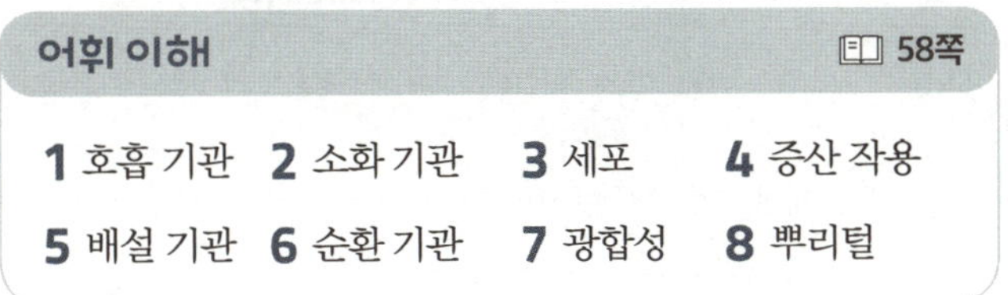

1 호흡 기관　**2** 소화 기관　**3** 세포　**4** 증산 작용

5 배설 기관　**6** 순환 기관　**7** 광합성　**8** 뿌리털

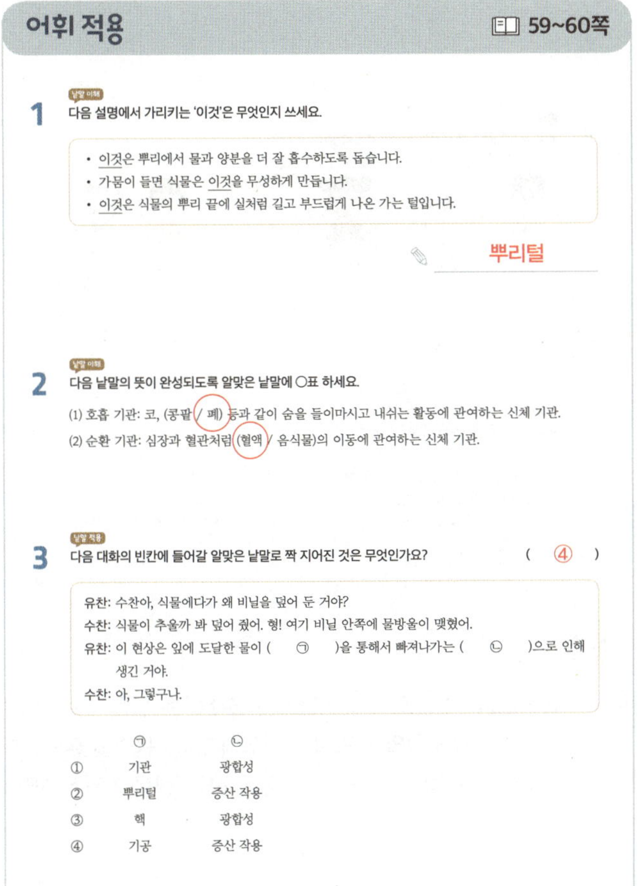

1 ⟨낱말 이해⟩ 다음 설명에서 가리키는 '이것'은 무엇인지 쓰세요.

- 이것은 뿌리에서 물과 양분을 더 잘 흡수하도록 돕습니다.
- 가뭄이 들면 식물은 이것을 무성하게 만듭니다.
- 이것은 식물의 뿌리 끝에 실처럼 길고 부드럽게 나온 가는 털입니다.

🖉 　　뿌리털

2 ⟨낱말 이해⟩ 다음 낱말의 뜻이 완성되도록 알맞은 낱말에 ○표 하세요.

(1) 호흡 기관: 코, (콩팥 / 폐) 등과 같이 숨을 들이마시고 내쉬는 활동에 관여하는 신체 기관.
(2) 순환 기관: 심장과 혈관처럼 (혈액 / 음식물)의 이동에 관여하는 신체 기관.

3 ⟨낱말 적용⟩ 다음 대화의 빈칸에 들어갈 알맞은 낱말로 짝 지어진 것은 무엇인가요?　　(④)

유찬: 수찬아, 식물에다가 왜 비닐을 덮어 둔 거야?
수찬: 식물이 추울까 봐 덮어 줬어. 형! 여기 비닐 안쪽에 물방울이 맺혔어.
유찬: 이 현상은 잎에 도달한 물이 (⊙　)을 통해서 빠져나가는 (ⓒ　)으로 인해 생긴 거야.
수찬: 아, 그렇구나.

	⊙	ⓒ
①	기관	광합성
②	뿌리털	증산 작용
③	핵	광합성
④	기공	증산 작용

도움말

1 '이것'이 뜻하는 낱말은 '뿌리털'입니다. '뿌리털'은 '식물의 뿌리 끝에 실처럼 길고 부드럽게 나온 가는 털'입니다.

2 (1) '호흡 기관'은 '숨을 들이마시고 내쉬는 활동과 관련된 신체 기관'으로, 코, 기관, 기관지, 폐 등이 있습니다. '콩팥'은 '배설 기관'에 해당합니다. (2) '순환 기관'은 '혈액의 이동에 관여하는 신체 기관'으로, 심장, 혈관 등이 있습니다.

3 식물에 덮어 둔 비닐 안쪽에 물방울이 맺히는 현상은 증산 작용으로 인해 생깁니다. '증산 작용'은 '잎에 도달한 물이 기공을 통해 식물 밖으로 빠져나가는 것'을 뜻합니다. 따라서 ⊙에 들어갈 낱말은 '기공'이고, ⓒ에 들어갈 낱말은 '증산 작용'입니다.

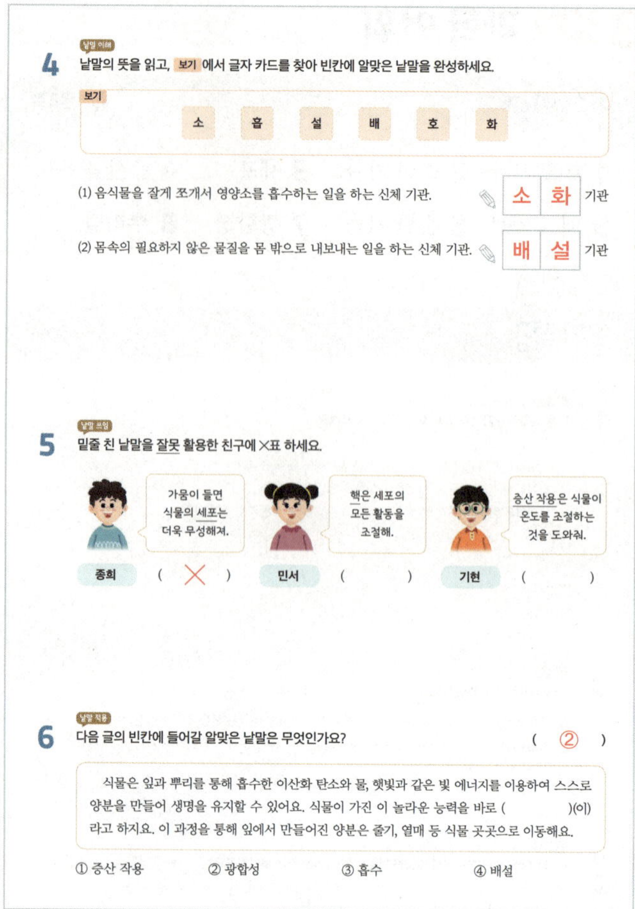

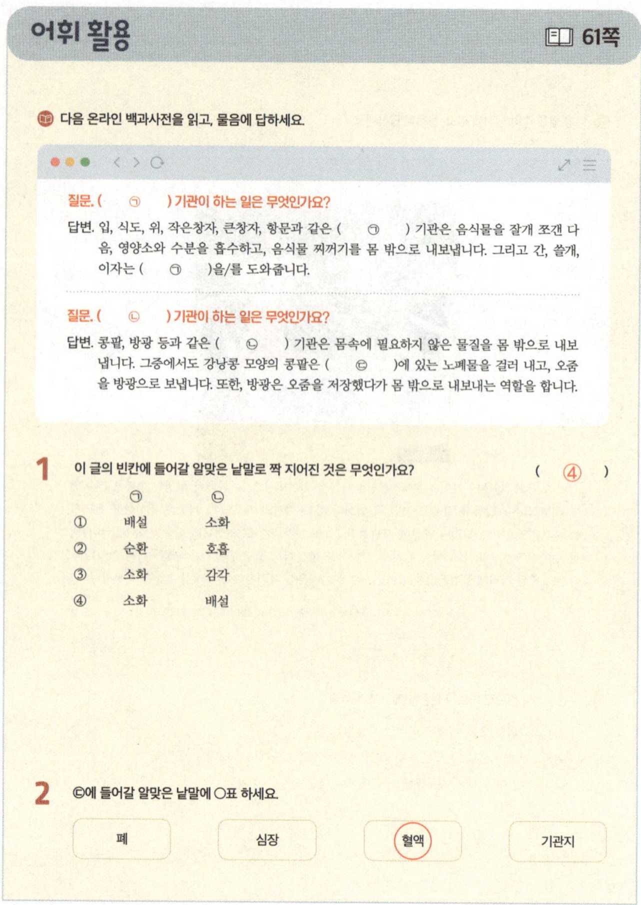

도움말

4 (1) '음식물을 잘게 쪼개서 영양소를 흡수하는 일을 하는 신체 기관'의 뜻을 지닌 낱말은 '소화 기관'입니다. (2) '몸속의 필요하지 않은 물질을 몸 밖으로 내보내는 일을 하는 신체 기관'은 '배설 기관'입니다.

5 밑줄 친 낱말을 잘못 활용한 친구는 '종희'입니다. '세포'는 '동물과 식물의 몸을 이루는 기본 단위'를 뜻하는 낱말입니다. 가뭄이 들면 식물의 '뿌리털'이 더욱 무성해집니다. '뿌리털'은 '식물의 뿌리 끝에 실처럼 길고 부드럽게 나온 가는 털'입니다.

6 빈칸에 들어갈 알맞은 낱말은 '광합성'입니다. '광합성'은 '식물이 빛과 이산화 탄소, 물을 이용하여 스스로 양분을 만드는 것'을 뜻합니다.

이 글은 온라인 백과사전의 일부분입니다. 온라인 백과사전은 인터넷을 이용하는 사람들이 함께 만들어 가는 사전입니다. 온라인 백과사전의 내용은 누구나 새로 쓰거나 수정할 수 있습니다.

도움말

1 ㉠에 들어갈 알맞은 낱말은 '소화'입니다. '소화 기관'은 '음식물을 잘게 쪼개서 영양소를 흡수하는 일을 하는 신체 기관'입니다. ㉡에 들어갈 알맞은 낱말은 '배설'입니다. '배설 기관'은 '몸속의 필요하지 않은 물질을 몸 밖으로 내보내는 일을 하는 신체 기관'입니다.

2 ㉢에 들어갈 알맞은 낱말은 '혈액'입니다. '배설 기관'은 '몸속의 필요하지 않은 물질을 몸 밖으로 내보내는 일을 하는 신체 기관'입니다. 배설 기관 중, 콩팥은 혈액에 있는 노폐물을 걸러 냅니다.

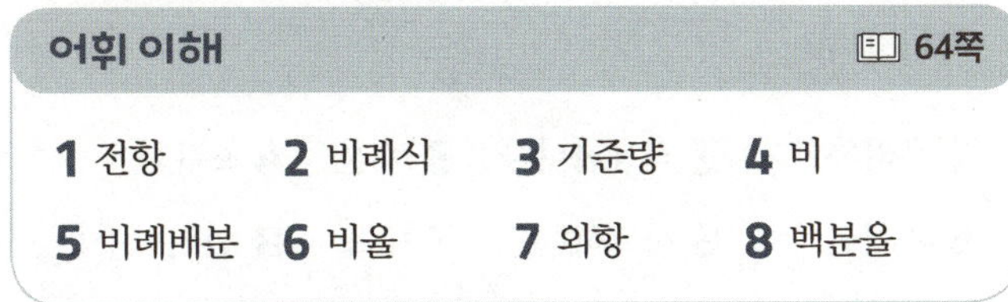

4일차 수학 어휘

어휘 이해　　　　　📖 64쪽

1 전항　　**2** 비례식　　**3** 기준량　　**4** 비

5 비례배분　　**6** 비율　　**7** 외항　　**8** 백분율

어휘 적용　　　　　📖 65~66쪽

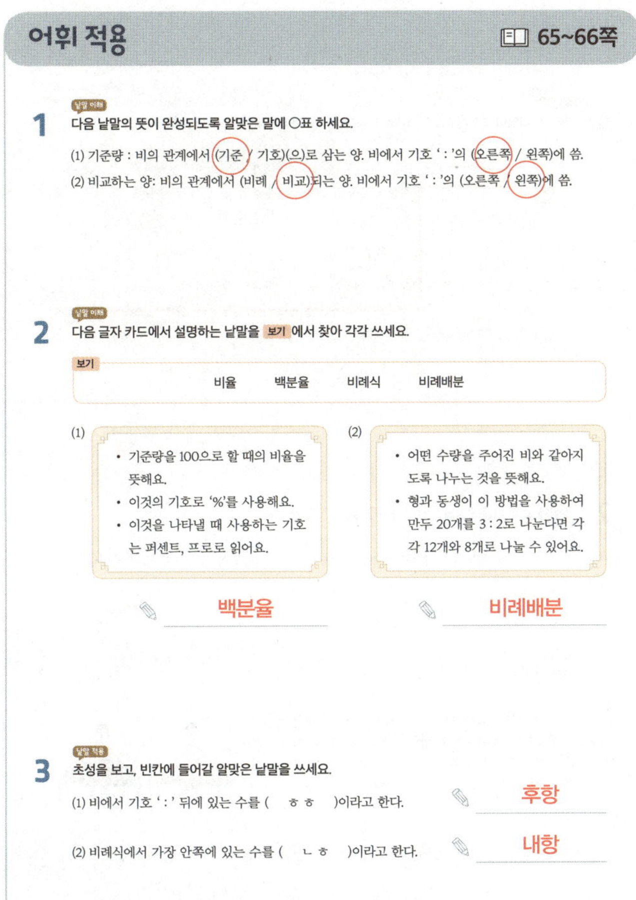

1 다음 낱말의 뜻이 완성되도록 알맞은 말에 ◯표 하세요.

(1) 기준량: 비의 관계에서 (기준 / 기호)(으)로 삼는 양. 비에서 기호 ' : '의 (오른쪽 / 왼쪽)에 씀.

(2) 비교하는 양: 비의 관계에서 (비례 / 비교)되는 양. 비에서 기호 ' : '의 (오른쪽 / 왼쪽)에 씀.

2 다음 글자 카드에서 설명하는 낱말을 보기 에서 찾아 각각 쓰세요.

보기

　비율　　백분율　　비례식　　비례배분

(1)
- 기준량을 100으로 할 때의 비율을 뜻해요.
- 이것의 기호로 '%'를 사용해요.
- 이것을 나타낼 때 사용하는 기호는 퍼센트, 프로로 읽어요.

✎ **백분율**

(2)
- 어떤 수량을 주어진 비와 같아지도록 나누는 것을 뜻해요.
- 형과 동생이 이 방법을 사용하여 만두 20개를 3 : 2로 나눈다면 각각 12개와 8개로 나눌 수 있어요.

✎ **비례배분**

3 초성을 보고, 빈칸에 들어갈 알맞은 낱말을 쓰세요.

(1) 비에서 기호 ' : ' 뒤에 있는 수를 (ㅎㅎ)이라고 한다.　✎ **후항**

(2) 비례식에서 가장 안쪽에 있는 수를 (ㄴㅎ)이라고 한다.　✎ **내항**

도움말

1 (1) '기준량'은 비의 관계에서 '기준'으로 삼는 양을 뜻합니다. '기준량'은 비에서 기호 ' : '의 '오른쪽'에 씁니다. (2) '비교하는 양'은 비의 관계에서 '비교'되는 양을 뜻합니다. '비교하는 양'은 기호 ' : '의 '왼쪽'에 씁니다.

2 (1) 글자 카드에서 설명하는 낱말은 '백분율'입니다. '백분율'은 '기준량을 100으로 할 때의 비율'을 뜻합니다. '백분율'을 나타낼 때는 기호 '%'를 사용합니다. 기호 '%'는 퍼센트, 프로로 읽습니다. (2) 글자 카드에서 설명하는 낱말은 '비례배분'입니다. '비례배분'은 '어떤 수량을 주어진 비와 같아지도록 나누는 것'을 뜻합니다.

3 (1) 빈칸에 들어갈 알맞은 낱말은 '후항'입니다. '후항'은 비에서 기호 ' : ' 뒤에 있는 수입니다. (2) 빈칸에 들어갈 알맞은 낱말은 '내항'입니다. '내항'은 비례식에서 가장 안쪽에 있는 수입니다.

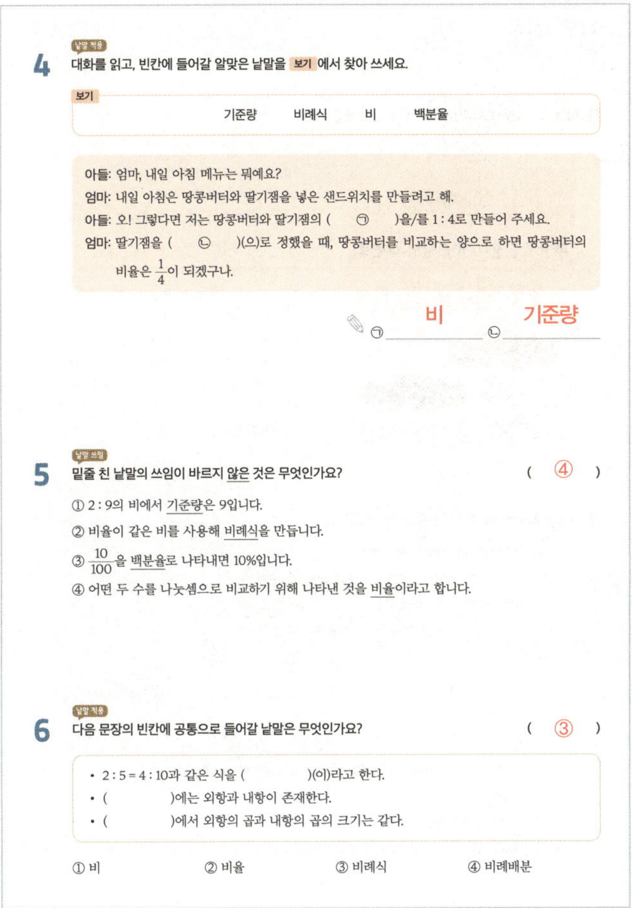

4 대화를 읽고, 빈칸에 들어갈 알맞은 낱말을 보기 에서 찾아 쓰세요.

보기

　기준량　　비례식　　비　　백분율

아들: 엄마, 내일 아침 메뉴는 뭐예요?
엄마: 내일 아침은 땅콩버터와 딸기잼을 넣은 샌드위치를 만들려고 해.
아들: 오! 그렇다면 저는 땅콩버터와 딸기잼의 (㉠)을/를 1 : 4로 만들어 주세요.
엄마: 딸기잼을 (㉡)(으)로 정했을 때, 땅콩버터를 비교하는 양으로 하면 땅콩버터의 비율은 $\frac{1}{4}$이 되겠구나.

✎ ㉠ _____ **비**　　㉡ _____ **기준량**

5 밑줄 친 낱말의 쓰임이 바르지 않은 것은 무엇인가요?　　(**④**)

① 2 : 9의 비에서 기준량은 9입니다.

② 비율이 같은 비를 사용해 비례식을 만듭니다.

③ $\frac{10}{100}$ 을 백분율로 나타내면 10%입니다.

④ 어떤 두 수를 나눗셈으로 비교하기 위해 나타낸 것을 비율이라고 합니다.

6 다음 문장의 빈칸에 공통으로 들어갈 낱말은 무엇인가요?　　(**③**)

- 2 : 5 = 4 : 10과 같은 식을 ( )(이)라고 한다.
- ( )에는 외항과 내항이 존재한다.
- ( )에서 외항의 곱과 내항의 곱의 크기는 같다.

① 비　　　② 비율　　　③ 비례식　　　④ 비례배분

도움말

4 ㉠에 들어갈 알맞은 낱말은 '비'입니다. '비'는 '어떤 두 개의 수 또는 양을 나눗셈으로 비교하기 위해 a : b의 형태로 표시한 것'을 뜻합니다. ㉡에 들어갈 알맞은 낱말은 '기준량'입니다. '기준량'은 '비의 관계에서 기준으로 삼는 양'을 뜻합니다.

5 밑줄 친 낱말의 쓰임이 바르지 않은 것은 ④입니다. '비율'은 '기준량에 대한 비교하는 양의 크기'를 뜻합니다. ④의 밑줄 친 부분에는 '비'가 어울립니다. '비'는 '어떤 두 개의 수 또는 양을 나눗셈으로 비교하기 위해 a : b의 형태로 표시한 것'을 뜻합니다. '기준량'은 '비의 관계에서 기준으로 삼는 양'을 뜻합니다. '비례식'은 '두 개의 비가 같음을 기호 ' = '를 사용해 나타낸 식'을 뜻합니다. '백분율'은 '기준량을 100으로 할 때의 비율'을 뜻합니다.

6 빈칸에 공통으로 들어갈 낱말은 '비례식'입니다. '비례식'은 '두 개의 비가 같음을 기호 ' = '를 사용해 나타낸 식'을 뜻합니다.

👀 다음 광고지를 보고 나눈 대화를 읽고, 물음에 답하세요.

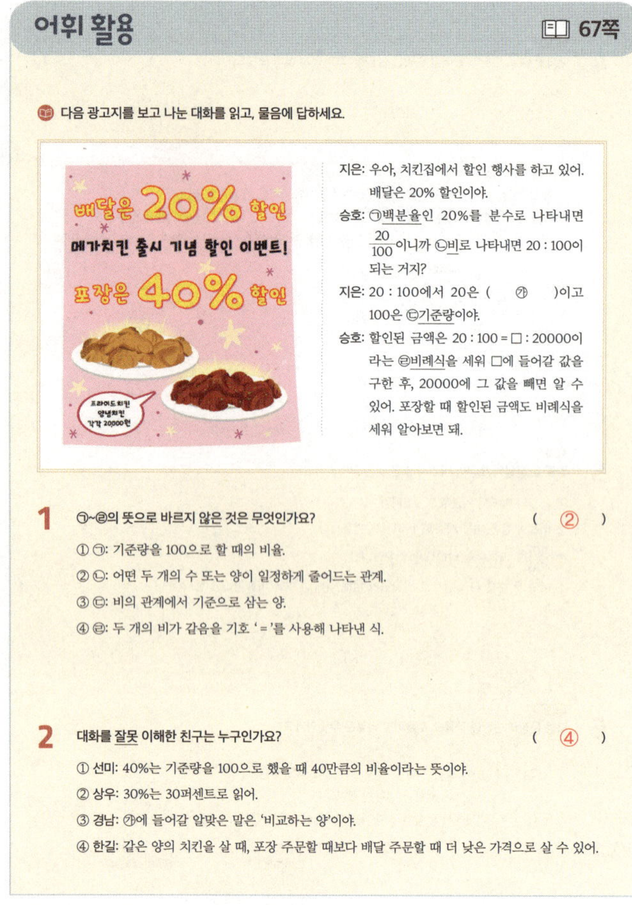

지은: 우아, 치킨집에서 할인 행사를 하고 있어. 배달은 20% 할인이야.

승호: ㉠백분율인 20%를 분수로 나타내면 $\frac{20}{100}$ 이니까 ㉡비로 나타내면 20 : 100이 되는 거지?

지은: 20 : 100에서 20은 (㉮)이고 100은 ㉢기준량이야.

승호: 할인된 금액은 20 : 100 = □ : 20000이라는 ㉣비례식을 세워 □에 들어갈 값을 구한 후, 20000에 그 값을 빼면 알 수 있어. 포장할 때 할인된 금액도 비례식을 세워 알아보면 돼.

1 ㉠~㉣의 뜻으로 바르지 않은 것은 무엇인가요?　(②)

① ㉠: 기준량을 100으로 할 때의 비율.
② ㉡: 어떤 두 개의 수 또는 양이 일정하게 줄어드는 관계.
③ ㉢: 비의 관계에서 기준으로 삼는 양.
④ ㉣: 두 개의 비가 같음을 기호 '='를 사용해 나타낸 식.

2 대화를 잘못 이해한 친구는 누구인가요?　(④)

① 선미: 40%는 기준량을 100으로 했을 때 40만큼의 비율이라는 뜻이야.
② 상우: 30%는 30퍼센트로 읽어.
③ 경남: ㉮에 들어갈 알맞은 말은 '비교하는 양'이야.
④ 한길: 같은 양의 치킨을 살 때, 포장 주문할 때보다 배달 주문할 때 더 낮은 가격으로 살 수 있어.

🔴 **매체 자료에 대해 알아볼까요?**

광고는 '사람들에게 널리 알리는 것. 또는 그런 글이나 그림.'을 뜻합니다. 광고는 목적에 따라 상업 광고와 공익 광고로 나뉩니다. 상업 광고는 물건이나 서비스를 팔기 위한 목적의 광고이고, 공익 광고는 나라와 여러 사람에게 도움이 되는 것을 목적으로 하는 광고입니다. 이 광고는 할인 행사를 널리 알려 치킨을 많이 판매하기 위한 목적으로 만든 상업 광고입니다.

도움말

1 '㉡비'는 '어떤 두 개의 수 또는 양을 나눗셈으로 비교하기 위해 a : b의 형태로 표시한 것'을 뜻합니다. '어떤 두 개의 수 또는 양이 일정하게 줄어드는 관계'는 '반비례'입니다.

2 대화를 잘못 이해한 친구는 '한길'입니다. 같은 양의 치킨을 살 때, 포장하여 사는 값은 40% 할인된 값이므로, 배달하여 사는 값인 20% 할인된 값보다 더 적게 듭니다. 치킨 1마리를 살 때, 포장하여 사는 값은 12000원이고, 배달하여 사는 값은 16000원입니다.

5일차 학습 도움 어휘

1 우려하셨다　**2** 작용합니다　**3** 촉진　**4** 보유한

5 기여한　**6** 사고하는　**7** 구조　**8** 인위적

1 〔낱말 쓰임〕 밑줄 친 낱말이 바르게 쓰였는지 '예', '아니요'를 따라가 마지막에 나오는 번호를 쓰세요.

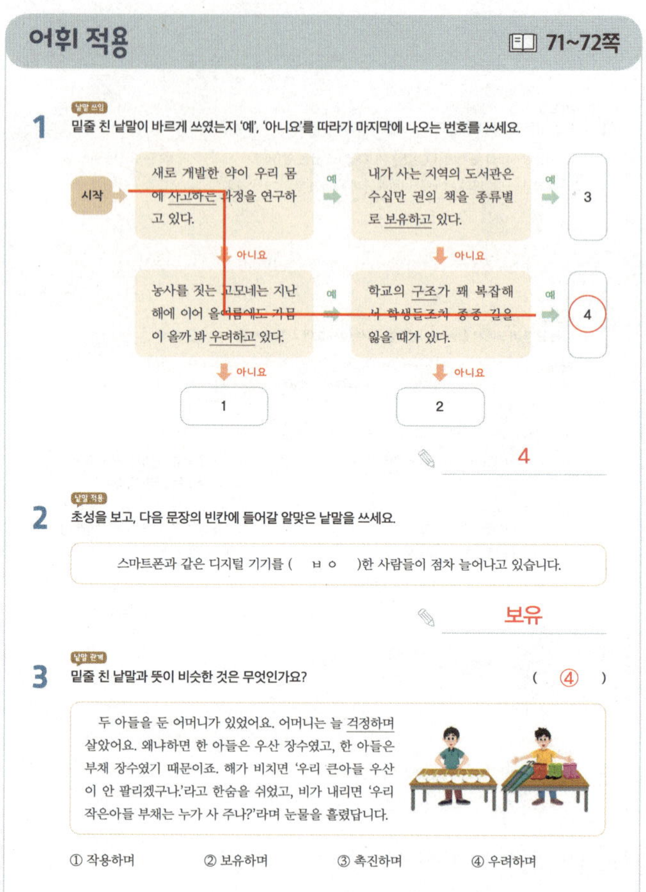

4

2 〔낱말 적용〕 초성을 보고, 다음 문장의 빈칸에 들어갈 알맞은 낱말을 쓰세요.

스마트폰과 같은 디지털 기기를 (ㅂㅇ)한 사람들이 점차 늘어나고 있습니다.

보유

3 〔낱말 관계〕 밑줄 친 낱말과 뜻이 비슷한 것은 무엇인가요?　(④)

두 아들을 둔 어머니가 있었어요. 어머니는 늘 걱정하며 살았어요. 왜냐하면 한 아들은 우산 장수였고, 한 아들은 부채 장수였기 때문이죠. 해가 비치면 '우리 큰아들 우산이 안 팔리겠구나.'라고 한숨을 쉬었고, 비가 내리면 '우리 작은아들 부채는 누가 사 주나?'라며 눈물을 흘렸답니다.

① 작용하며　　② 보유하며　　③ 촉진하며　　④ 우려하며

도움말

1 '새로 개발한 약이 우리 몸에 <u>사고하는</u> 과정을 연구하고 있다.'라는 문장에서는 '사고하는'이 아니라 '작용하는'이 사용되어야 합니다. '사고하다'는 '여러모로 따져 가며 생각하다'를 뜻합니다. '작용하다'는 '어떠한 현상을 일으키거나 영향을 미치다'를 뜻합니다.

2 빈칸에 들어갈 알맞은 낱말은 '보유'입니다. '보유하다'는 '가지고 있거나 간직하고 있다'를 뜻합니다.

3 '걱정하며'와 뜻이 비슷한 것은 '우려하며'입니다. '작용하며'의 기본형 '작용하다'는 '어떠한 현상을 일으키거나 영향을 미치다'를 뜻합니다. '보유하며'의 기본형 '보유하다'는 '가지고 있거나 간직하고 있다'를 뜻합니다. '촉진하며'의 기본형 '촉진하다'는 '다그쳐 빨리 나아가게 하다'를 뜻합니다.

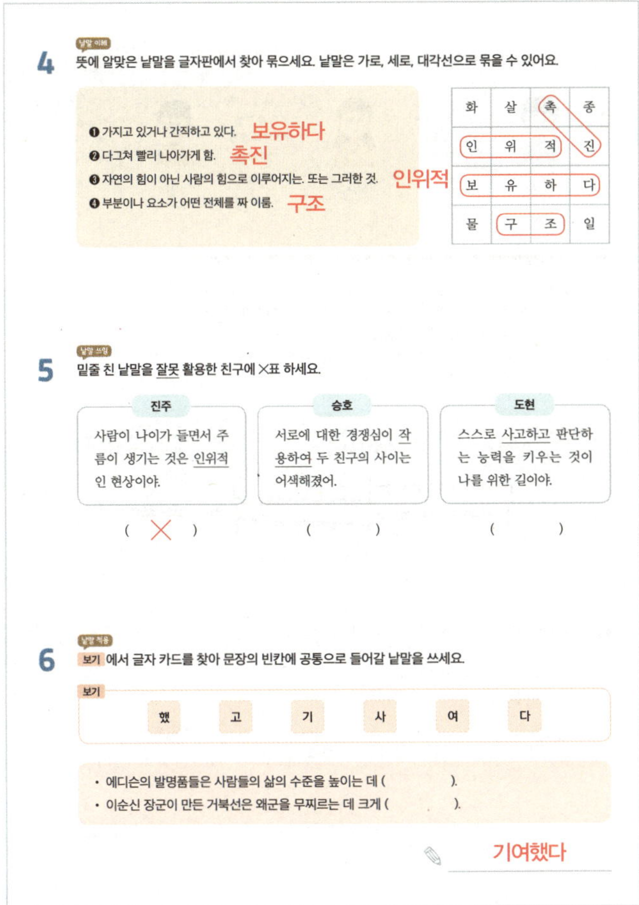

4 뜻에 알맞은 낱말을 글자판에서 찾아 묶으세요. 낱말은 가로, 세로, 대각선으로 묶을 수 있어요.

❶ 가지고 있거나 간직하고 있다. **보유하다**
❷ 다그쳐 빨리 나아가게 함. **촉진**
❸ 자연의 힘이 아닌 사람의 힘으로 이루어지는. 또는 그러한 것. **인위적**
❹ 부분이나 요소가 어떤 전체를 짜 이룸. **구조**

화	살	촉	종
인	위	적	진
보	유	하	다
물	구	조	일

5 밑줄 친 낱말을 잘못 활용한 친구에 ×표 하세요.

진주
사람이 나이가 들면서 주름이 생기는 것은 인위적인 현상이야.
(×)

승호
서로에 대한 경쟁심이 작용하여 두 친구의 사이는 어색해졌어.
( )

도현
스스로 사고하고 판단하는 능력을 키우는 것이 나를 위한 길이야.
( )

6 보기 에서 글자 카드를 찾아 문장의 빈칸에 공통으로 들어갈 낱말을 쓰세요.

보기
했	고	기	사	여	다

• 에디슨의 발명품들은 사람들의 삶의 수준을 높이는 데 ( ).
• 이순신 장군이 만든 거북선은 왜군을 무찌르는 데 크게 ( ).

기여했다

4 ❶ '가지고 있거나 간직하고 있다'를 뜻하는 낱말은 '보유하다'입니다. ❷ '다그쳐 빨리 나아가게 함'을 뜻하는 낱말은 '촉진'입니다. ❸ '자연의 힘이 아닌 사람의 힘으로 이루어지는. 또는 그러한 것.'을 뜻하는 낱말은 '인위적'입니다. ❹ '부분이나 요소가 어떤 전체를 짜 이룸'을 뜻하는 낱말은 '구조'입니다.

5 밑줄 친 낱말을 잘못 활용한 친구는 '진주'입니다. 밑줄 친 부분에 '자연적'이라는 낱말을 사용하여 '사람이 나이가 들면서 주름이 생기는 것은 자연적인 현상이야.'라는 문장으로 수정하면 자연스럽습니다.

6 문장의 빈칸에 공통으로 들어갈 낱말은 '기여했다'입니다. '기여했다'의 기본형 '기여하다'는 '도움이 되도록 힘을 쏟다'를 뜻합니다.

어휘 활용

📖 73쪽

💬 다음 신문 기사를 읽고, 물음에 답하세요.

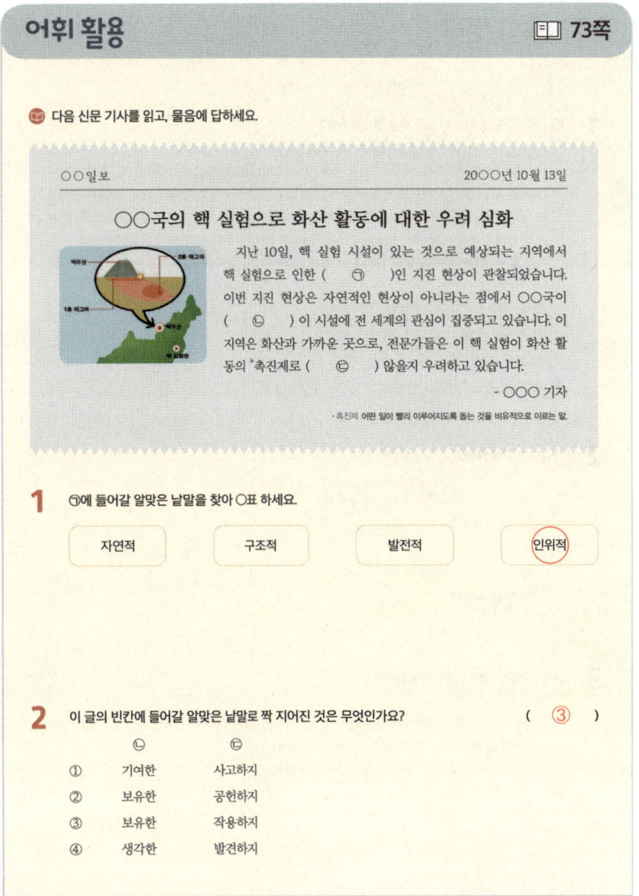

○○일보   20○○년 10월 13일

○○국의 핵 실험으로 화산 활동에 대한 우려 심화

지난 10일, 핵 실험 시설이 있는 것으로 예상되는 지역에서 핵 실험으로 인한 (㉠)인 지진 현상이 관찰되었습니다. 이번 지진 현상은 자연적인 현상이 아니라는 점에서 ○○국이 (㉡) 이 시설에 전 세계의 관심이 집중되고 있습니다. 이 지역은 화산과 가까운 곳으로, 전문가들은 이 핵 실험이 화산 활동의 *촉진제로 (㉢) 않을지 우려하고 있습니다.

- ○○○ 기자

• 촉진제: 어떤 일이 빨리 이루어지도록 돕는 것을 비유적으로 이르는 말

1 ㉠에 들어갈 알맞은 낱말을 찾아 ○표 하세요.

자연적	구조적	발전적	인위적

2 이 글의 빈칸에 들어갈 알맞은 낱말로 짝 지어진 것은 무엇인가요? (③)

	㉡	㉢
①	기여한	사고하지
②	보유한	공헌하지
③	보유한	작용하지
④	생각한	발견하지

🟠 **매체 자료에 대해 알아볼까요?**

신문은 사회에서 발생한 사건에 대한 진실이나 해설을 널리 알리기 위한 매체입니다. 신문 기사는 어떤 사건이나 사실을 알리는 신문 속 짧은 글입니다. 신문 기사를 읽을 때에는 기사에 드러난 육하원칙 '누가, 언제, 어디서, 무엇을, 어떻게, 왜'의 내용을 살펴봅니다.

1 ㉠에 들어갈 알맞은 낱말은 '인위적'입니다. '인위적'은 '자연의 힘이 아닌 사람의 힘으로 이루어지는. 또는 그러한 것'을 뜻합니다.

2 ㉡에 들어갈 알맞은 낱말은 '보유한'입니다. '보유한'의 기본형 '보유하다'는 '가지고 있거나 간직하고 있다'를 뜻합니다. ㉢에 들어갈 알맞은 낱말은 '작용하지'입니다. '작용하지'의 기본형 '작용하다'는 '어떠한 현상을 일으키거나 영향을 미치다'를 뜻합니다.

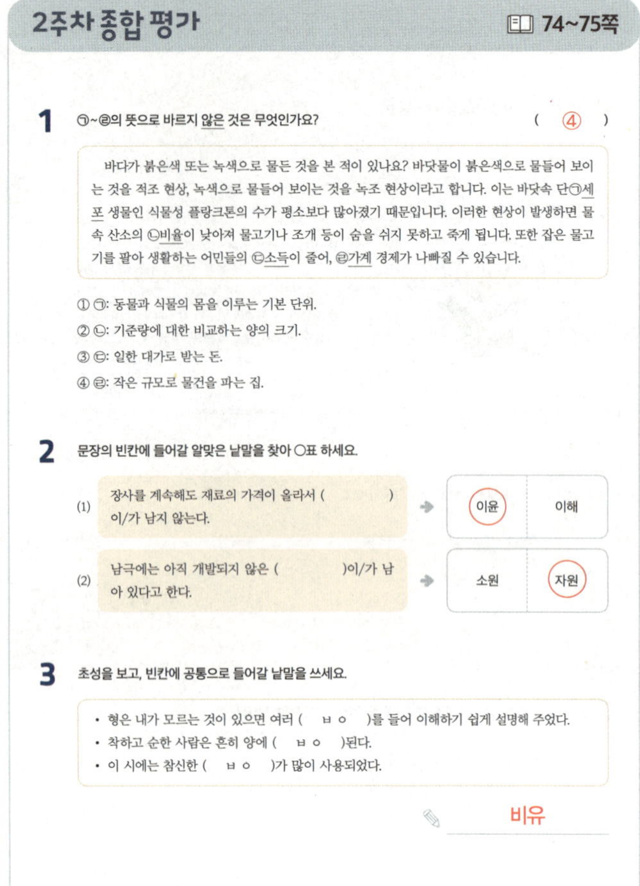

1 ㉠~㉣의 뜻으로 바르지 **않은** 것은 무엇인가요? 　　　　(④)

> 바다가 붉은색 또는 녹색으로 물든 것을 본 적이 있나요? 바닷물이 붉은색으로 물들어 보이는 것을 적조 현상, 녹색으로 물들어 보이는 것을 녹조 현상이라고 합니다. 이는 바닷속 단㉠세포 생물인 식물성 플랑크톤의 수가 평소보다 많아졌기 때문입니다. 이러한 현상이 발생하면 물속 산소의 ㉡비율이 낮아져 물고기나 조개 등이 숨을 쉬지 못하고 죽게 됩니다. 또한 잡은 물고기를 팔아 생활하는 어민들의 ㉢소득이 줄어, ㉣가계 경제가 나빠질 수 있습니다.

① ㉠: 동물과 식물의 몸을 이루는 기본 단위.
② ㉡: 기준량에 대한 비교하는 양의 크기.
③ ㉢: 일한 대가로 받는 돈.
④ ㉣: 작은 규모로 물건을 파는 집.

2 문장의 빈칸에 들어갈 알맞은 낱말을 찾아 ○표 하세요.

(1) 장사를 계속해도 재료의 가격이 올라서 (　　　)이/가 남지 않는다. ➡ (이윤) / 이해

(2) 남극에는 아직 개발되지 않은 (　　　)이/가 남아 있다고 한다. ➡ 소원 / (자원)

3 초성을 보고, 빈칸에 공통으로 들어갈 낱말을 쓰세요.

- 형은 내가 모르는 것이 있으면 여러 (ㅂㅇ)를 들어 이해하기 쉽게 설명해 주었다.
- 착하고 순한 사람은 흔히 양에 (ㅂㅇ)된다.
- 이 시에는 참신한 (ㅂㅇ)가 많이 사용되었다.

✏️ ___비유___

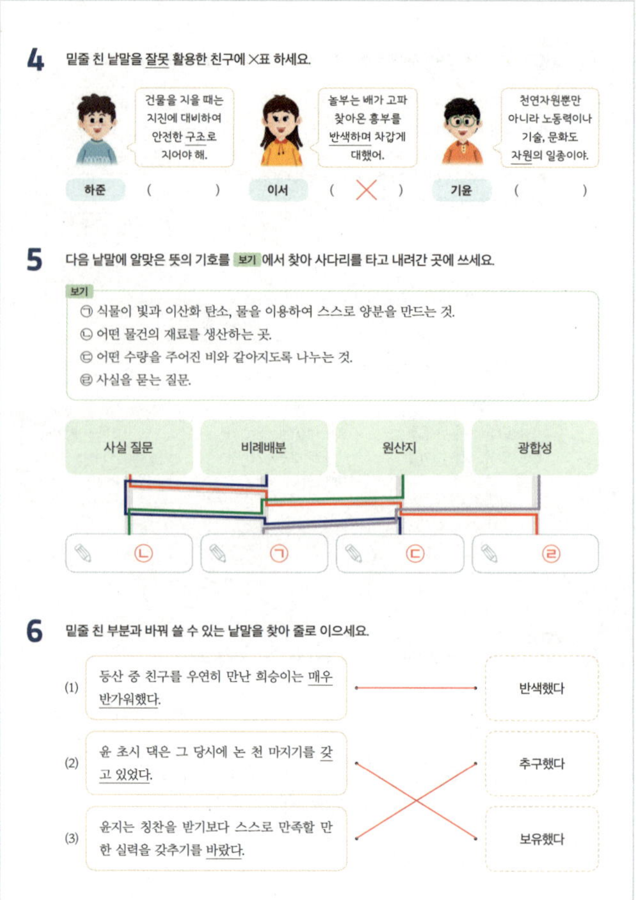

4 밑줄 친 낱말을 <u>잘못</u> 활용한 친구에 ×표 하세요.

5 다음 낱말에 알맞은 뜻의 기호를 보기 에서 찾아 사다리를 타고 내려간 곳에 쓰세요.

> **보기**
> ㉠ 식물이 빛과 이산화 탄소, 물을 이용하여 스스로 양분을 만드는 것.
> ㉡ 어떤 물건의 재료를 생산하는 곳.
> ㉢ 어떤 수량을 주어진 비와 같아지도록 나누는 것.
> ㉣ 사실을 묻는 질문.

사실 질문	비례배분	원산지	광합성
㉡	㉠	㉢	㉣

6 밑줄 친 부분과 바꿔 쓸 수 있는 낱말을 찾아 줄로 이으세요.

(1) 등산 중 친구를 우연히 만난 희승이는 매우 <u>반가워했다</u>. — 반색했다

(2) 윤 초시 댁은 그 당시에 논 천 마지기를 <u>갖고 있었다</u>. — 추구했다

(3) 윤지는 칭찬을 받기보다 스스로 만족할 만한 실력을 <u>갖추기를 바랐다</u>. — 보유했다

도움말

1 '㉣가계'는 '소비의 주체로 '가정'을 이르는 말. 또는 살림을 꾸려 나가는 방법이나 상태.'를 뜻합니다. '작은 규모로 물건을 파는 집'을 뜻하는 낱말은 '가게'입니다.

2 (1) 빈칸에 들어갈 알맞은 낱말은 '이윤'입니다. '이윤'은 '물건이나 서비스를 생산 및 판매하여 얻는 순수한 이익'입니다. (2) 빈칸에 들어갈 알맞은 낱말은 '자원'입니다. '자원'은 '인간의 생활 및 생산에 필요한 모든 것으로, 기술이나 노동력도 포함됨'을 뜻합니다.

3 빈칸에 공통으로 들어갈 낱말은 '비유'입니다. '비유'는 '어떤 사물이나 현상을 비슷한 사물이나 현상에 빗대어서 설명하는 일'입니다.

4 밑줄 친 낱말을 잘못 활용한 친구는 '이서'입니다. '반색하며'의 기본형 '반색하다'는 '매우 반가워하다'를 뜻합니다. 그러므로 '반색하며'와 '차갑게 대했어'는 서로 어울리지 않습니다.

5 '사실 질문'의 뜻은 '㉣ 사실을 묻는 질문'을 뜻합니다. '비례배분'은 '㉢ 어떤 수량을 주어진 비와 같아지도록 나누는 것'을 뜻합니다. '원산지'는 '㉡ 어떤 물건의 재료를 생산하는 곳'을 뜻합니다. '광합성'은 '㉠ 식물이 빛과 이산화 탄소, 물을 이용하여 스스로 양분을 만드는 것'을 뜻합니다.

6 (1) '매우 반가워했다'는 '반색했다'와 바꿔 쓸 수 있습니다. (2) '갖고 있었다'는 '보유했다'와 바꿔 쓸 수 있습니다. (3) '바랐다'는 '추구했다'와 바꿔 쓸 수 있습니다.

1일차 국어 어휘

어휘 이해 📖 80쪽

1 허위 **2** 여론 **3** 저작권 **4** 보도

5 연설 **6** 공식적 **7** 과장 **8** 관용 표현

어휘 적용 📖 81~82쪽

1 다음 밑줄 친 낱말의 뜻으로 알맞은 것은 무엇인가요? (②)

> 과자에서 쇳조각이 나온 일에 대해 기업이 공식적으로 사과길 요청합니다.

① 개인에 속하거나 관계되는 것.　　② 국가가 정했거나 사회가 인정한 것.
③ 일의 범위나 규모가 매우 큰 것.　　④ 일의 차례를 따라 나아가는 과정.

2 다음 설명에서 가리키는 '이것'은 무엇인지 쓰세요.

> • 이것은 둘 이상의 낱말이 합쳐진 형태입니다.
> • 이것은 원래의 뜻과는 다른, 새로운 뜻으로 쓰이는 표현입니다.
> • 관용어와 속담 등이 이것에 포함됩니다.

✎ **관용 표현**

3 다음 대화의 빈칸에 들어갈 알맞은 낱말은 무엇인가요? (③)

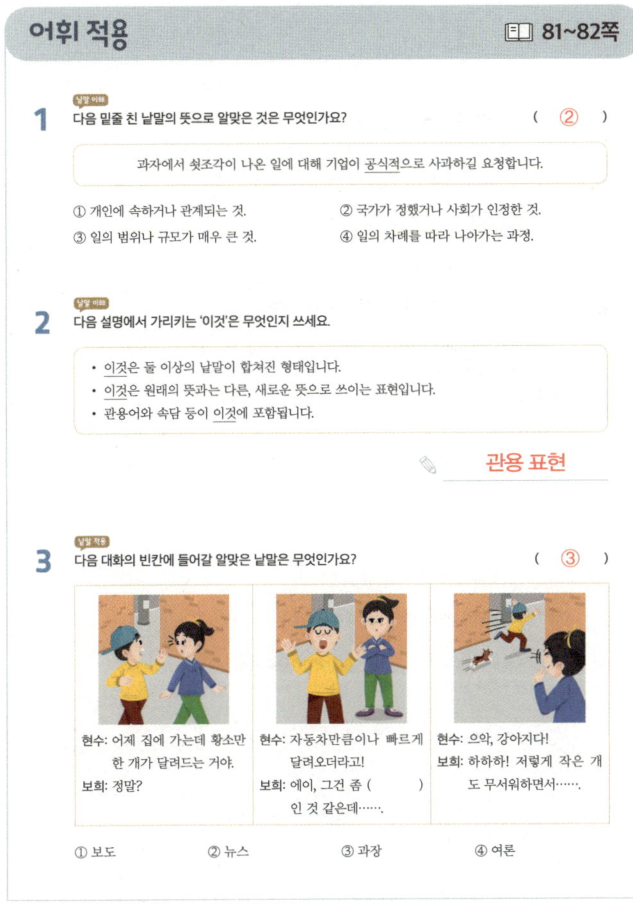

① 보도　　② 뉴스　　③ 과장　　④ 여론

도움말

1 '공식적'의 뜻은 '국가가 정했거나 사회가 인정한. 또는 인정한 것.'입니다. '개인에 속하거나 관계되는 것'은 '개인적'의 뜻입니다. '일의 범위나 규모가 매우 큰 것'은 '광범위'의 뜻입니다. '일의 차례를 따라 나아가는 과정'은 '단계'의 뜻입니다.

2 '이것'은 '관용 표현'입니다. '관용 표현'은 '둘 이상의 낱말이 합쳐져 각 낱말의 원래 뜻과는 다른, 새로운 뜻으로 쓰이는 표현'을 뜻합니다.

3 빈칸에 들어갈 알맞은 낱말은 '과장'입니다. '과장'은 '사실보다 지나치게 부풀려 나타냄'을 뜻합니다. '보도'는 '신문이나 뉴스 등 대중 매체로 사람들에게 새로운 소식을 알리는 것. 또는 그 소식.'을 뜻합니다. '여론'은 '사회의 많은 사람들이 지닌 공통의 의견'을 뜻합니다.

4 밑줄 친 낱말의 쓰임이 바르지 않은 것은 무엇인가요? (④)

① '발이 넓다.'는 아는 사람이 많아 활동 범위가 넓다는 관용 표현이다.
② 광고를 볼 때는 과장된 부분이 있는지 잘 살펴봐야 한다.
③ 자료의 내용이 허위가 아닌지 확인할 필요가 있다.
④ 연설은 친한 사람들 몇 명과 나누는 말이라서 굳이 존댓말로 말하지 않아도 된다.

5 다음 문장의 빈칸에 공통으로 들어갈 낱말은 무엇인가요? (④)

> • 소설의 (　　　　)을/를 두고 다툼이 벌어졌다.
> • 어떤 사람이 내가 그린 그림을 이용해 옷을 만들어서 내 (　　　　)이/가 *침해당했다.
> 　*침해: 침범하여 해를 끼침.

① 순서　　② 투표권　　③ 내용　　④ 저작권

6 다음 대화의 빈칸에 들어갈 알맞은 낱말을 **보기** 에서 찾아 각각 쓰세요.

> **보기**　　연설　여론　허위　보도

> 보도국장: 장원일 기자, 다음 주 주요 뉴스는 무엇인가?
> 기자: 네, 이번에 당선된 대통령의 취임 (㉠)을/를 뉴스로 내보낼 예정입니다.
> 보도국장: 대통령에 대한 국민들의 (㉡)은/는 어떠한지도 함께 알려 주면 좋겠군.
> 기자: 설문 조사를 실시하면 어떨까요?
> 보도국장: 좋아. 뉴스 화면에 설문 조사 결과를 함께 넣으면 훨씬 믿음직한 뉴스가 될 것 같군.

✎ ㉠ **연설**　㉡ **여론**

도움말

4 '연설'은 '여러 사람 앞에서 자기의 의견을 말하는 것'을 뜻합니다. ④의 밑줄 친 부분에는 비공식적 말하기에 해당하는 '대화'가 어울립니다. ①의 '관용 표현'은 '둘 이상의 낱말이 합쳐져 각 낱말의 원래 뜻과는 다른, 새로운 뜻으로 쓰이는 표현'을 뜻합니다. ②의 '과장'은 '사실보다 지나치게 부풀려 나타냄'을 뜻합니다. ③의 '허위'는 '진실이 아닌 것을 진실이라고 꾸민 것'을 뜻합니다.

5 빈칸에 공통으로 들어갈 낱말은 '저작권'입니다. '저작권'은 '문학, 예술, 학문, 기술에 속하는 창작물을 만든 사람이 갖는 권리'를 뜻합니다.

6 ㉠에 들어갈 알맞은 낱말은 '연설'입니다. '연설'은 '여러 사람 앞에서 자기의 의견을 말하는 것'을 뜻합니다. ㉡에 들어갈 알맞은 낱말은 '여론'입니다. '여론'은 '사회의 많은 사람들이 지닌 공통의 의견'을 뜻합니다.

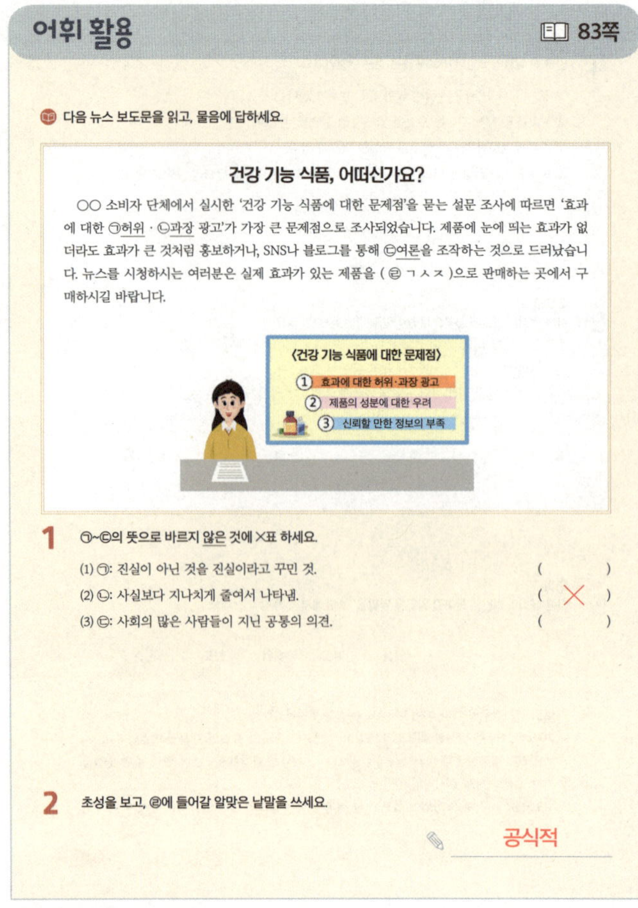

다음 뉴스 보도문을 읽고, 물음에 답하세요.

건강 기능 식품, 어떠신가요?

　○○ 소비자 단체에서 실시한 '건강 기능 식품에 대한 문제점'을 묻는 설문 조사에 따르면 '효과에 대한 ⊙허위·ⓒ과장 광고'가 가장 큰 문제점으로 조사되었습니다. 제품에 눈에 띄는 효과가 없더라도 효과가 큰 것처럼 홍보하거나, SNS나 블로그를 통해 ⓒ여론을 조작하는 것으로 드러났습니다. 뉴스를 시청하시는 여러분은 실제 효과가 있는 제품을 (② ㄱ ㅅ ㅈ)으로 판매하는 곳에서 구매하시길 바랍니다.

1 ⊙~ⓒ의 뜻으로 바르지 <u>않은</u> 것에 ✕표 하세요.

(1) ⊙: 진실이 아닌 것을 진실이라고 꾸민 것. 　　　(　)
(2) ⓒ: 사실보다 지나치게 줄여서 나타냄. 　　　(✕)
(3) ⓒ: 사회의 많은 사람들이 지닌 공통의 의견. 　(　)

2 초성을 보고, ②에 들어갈 알맞은 낱말을 쓰세요.

🖉 _____ **공식적**

이 글은 뉴스 보도문입니다. 보도문은 어떤 사건이나 상황을 객관적으로 대중에게 알리는 글입니다. 보도문의 종류로는 뉴스 보도문, 신문 기사 등이 있습니다. 보도문에서는 육하원칙 '누가, 언제, 어디서, 무엇을, 어떻게, 왜'의 내용을 살펴봅니다.

도움말

1 ⊙~ⓒ의 뜻으로 바르지 않은 것은 (2)입니다. '과장'은 '사실보다 지나치게 부풀려 나타냄'을 뜻합니다.

2 ②에 들어갈 알맞은 낱말은 '공식적'입니다. '공식적'은 '국가가 정했거나 사회가 인정한. 또는 인정한 것.'을 뜻합니다.

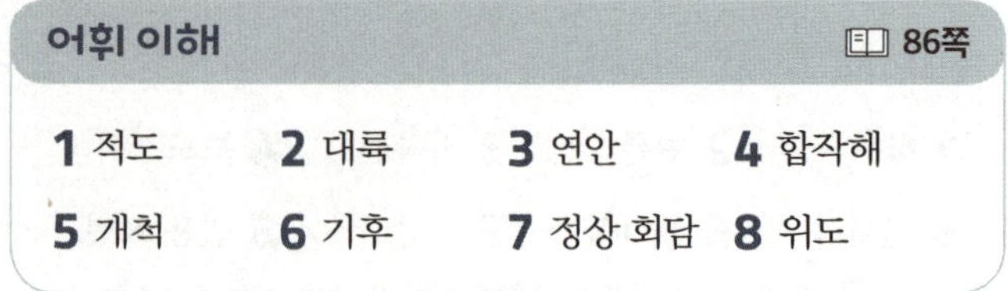

2일차 사회 어휘

1 적도　**2** 대륙　**3** 연안　**4** 합작해

5 개척　**6** 기후　**7** 정상 회담　**8** 위도

1 낱말 이해
다음 낱말의 뜻이 완성되도록 알맞은 말에 ○표 하세요.

(1) 위도: 지구상의 위치를 나타내는 좌표축 중에서 (가로 / 세로)로 된 것.
(2) 적도: 지구의 (위도와 경도 / 북극과 남극)(으)로부터 같은 거리에 있는 곳을 이은 선.

2 낱말 적용
초성을 보고, 다음 글의 빈칸에 들어갈 알맞은 낱말을 쓰세요.

　대통령은 우리나라를 대표하는 외교관이라고 할 수 있습니다. 우리나라 대통령은 23일 오후, 대통령실 *청사에서 첫 (ㅈ ㅅ ㅎ ㄷ)을 가졌습니다. 두 대통령은 *양국의 협력을 강화하고 국제 문제의 해결을 위해 노력할 것을 약속했습니다.

*청사: 관청의 사무실로 쓰는 건물.
*양국: 두 나라.

🖉 **정상 회담**

3 낱말 적용
문장의 빈칸에 들어갈 알맞은 낱말을 찾아 줄로 이으세요.

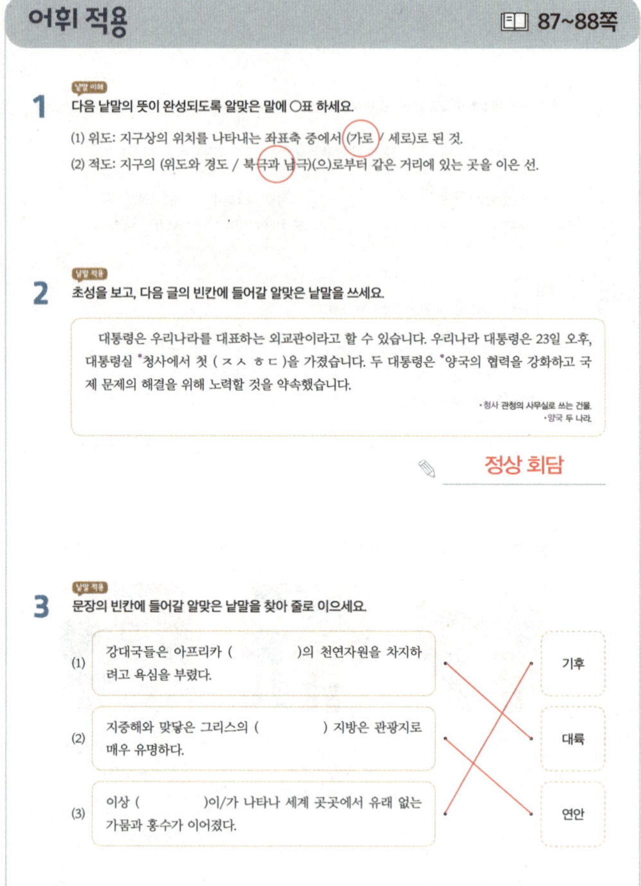

도움말

1 (1) '위도'는 '지구상의 위치를 나타내는 좌표축 중에서 가로로 된 것'을 뜻합니다. (2) '적도'는 '지구의 북극과 남극으로부터 같은 거리에 있는 곳을 이은 선'을 뜻합니다.

2 빈칸에 들어갈 알맞은 낱말은 '정상 회담'입니다. '정상 회담'은 '나라를 다스리는 최고 지도자들이 한자리에 모여서 하는 토의'를 뜻합니다.

3 (1) 빈칸에 들어갈 알맞은 낱말은 '대륙'입니다. '대륙'은 '바다로 둘러싸인 큰 땅덩어리'를 뜻합니다. (2) 빈칸에 들어갈 알맞은 낱말은 '연안'입니다. '연안'은 '강이나 호수, 바다와 잇닿아 있는 육지'를 뜻합니다. (3) 빈칸에 들어갈 알맞은 낱말은 '기후'입니다. '기후'는 '일정한 지역에서 여러 해 동안 나타난 기온, 비, 눈, 바람 등의 평균 상태'를 뜻합니다.

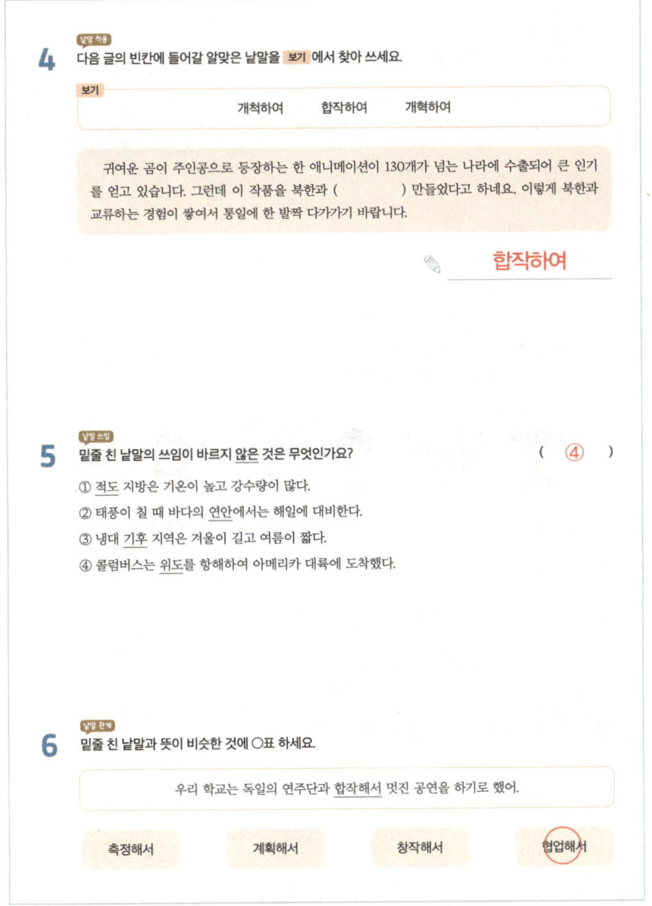

도움말

4 빈칸에 들어갈 알맞은 낱말은 '합작하여'입니다. '합작하여'의 기본형 '합작하다'는 '어떠한 것을 만들거나 목표를 달성하기 위하여 힘을 모으다'를 뜻합니다.

5 밑줄 친 낱말의 쓰임이 바르지 않은 것은 ④의 '위도'입니다. '위도'는 '지구상의 위치를 나타내는 좌표축 중에서 가로로 된 것. 적도를 중심으로 북위와 남위로 나뉨.'을 뜻합니다.

6 '합작해서'와 뜻이 비슷한 것은 '협업해서'입니다. '합작해서'의 기본형 '합작하다'는 '어떠한 것을 만들거나 목표를 달성하기 위하여 힘을 모으다'를 뜻합니다. '합작하다'와 비슷한말은 '합동하다', '협력하다', '협업하다' 등입니다.

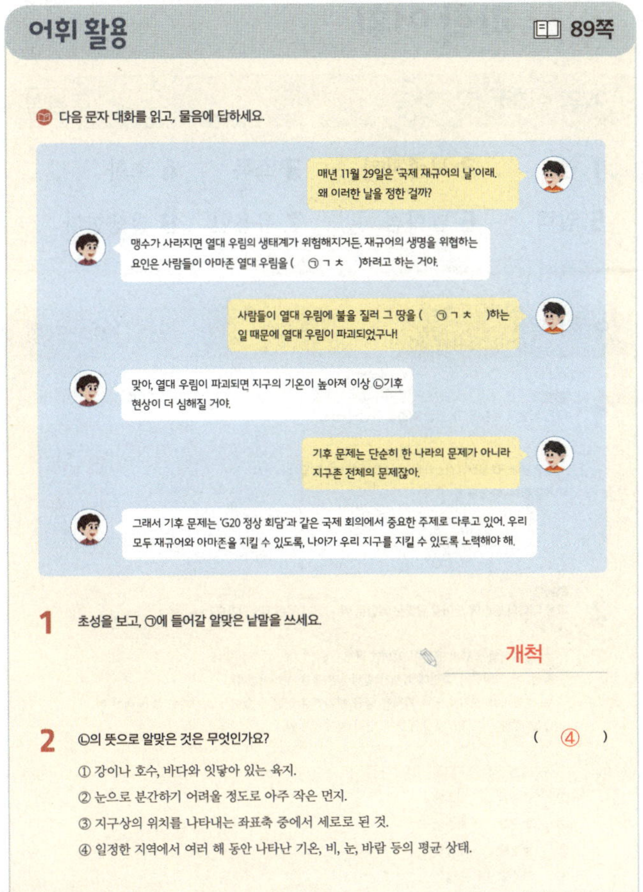

1 초성을 보고, ㉠에 들어갈 알맞은 낱말을 쓰세요.

개척

2 ㉡의 뜻으로 알맞은 것은 무엇인가요?   (④)
① 강이나 호수, 바다와 잇닿아 있는 육지.
② 눈으로 분간하기 어려울 정도로 아주 작은 먼지.
③ 지구상의 위치를 나타내는 좌표축 중에서 세로로 된 것.
④ 일정한 지역에서 여러 해 동안 나타난 기온, 비, 눈, 바람 등의 평균 상태.

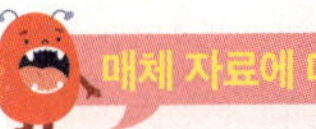 **매체 자료에 대해 알아볼까요?**

이 글은 문자 대화입니다. 휴대 전화, 컴퓨터 등의 매체를 통해 문자 대화가 이루어집니다. 문자 대화에서는 문자, 사진, 그림말(이모티콘) 등을 활용하여 생각이나 느낌, 정보 등을 전달합니다.

도움말

1 ㉠에 들어갈 알맞은 낱말은 '개척'입니다. 이 문자 대화에서 '개척'은 '거친 땅을 일구어 논과 밭처럼 쓸모 있는 땅으로 만듦'의 뜻으로 사용되었습니다. '개척'의 또 다른 뜻은 '새로운 분야에 대한 일을 처음으로 열어 나감'입니다.

2 '㉡기후'의 뜻은 '일정한 지역에서 여러 해 동안 나타난 기온, 비, 눈, 바람 등의 평균 상태'입니다. ①의 '강이나 호수, 바다와 잇닿아 있는 육지'는 '연안'입니다. ②의 '눈으로 분간하기 어려울 정도로 아주 작은 먼지'는 '미세 먼지'입니다. ③의 '지구상의 위치를 나타내는 좌표축 중에서 세로로 된 것'은 '경도'입니다.

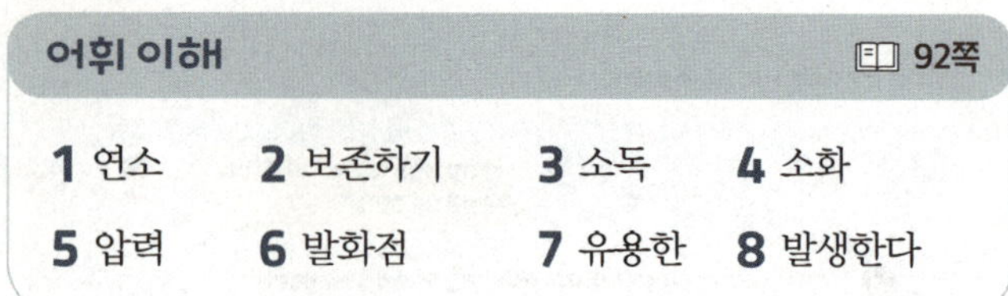

어휘 이해   📖 92쪽

1 연소   **2** 보존하기   **3** 소독   **4** 소화
5 압력   **6** 발화점   **7** 유용한   **8** 발생한다

어휘 적용   📖 93~94쪽

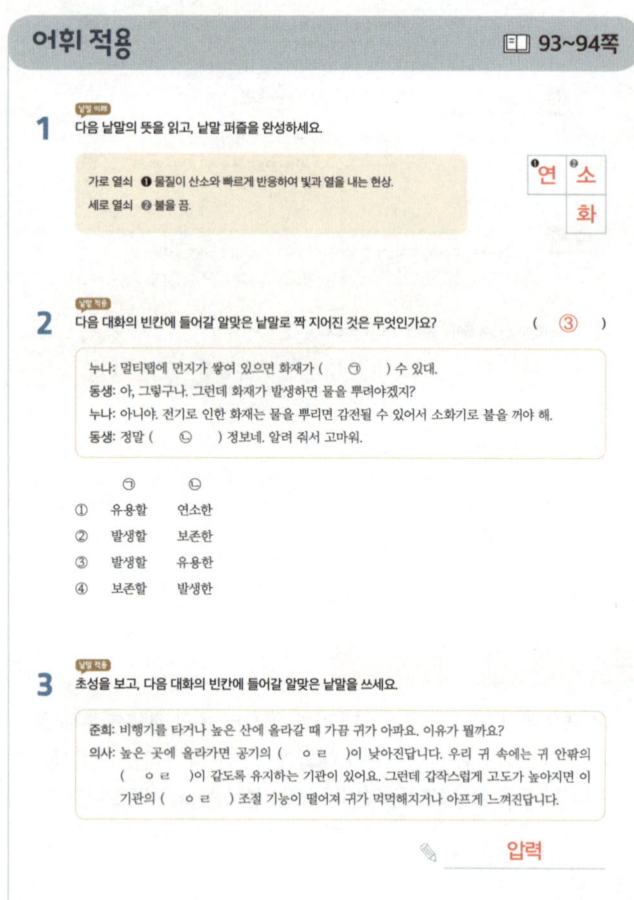

1 [낱말 이해] 다음 낱말의 뜻을 읽고, 낱말 퍼즐을 완성하세요.

가로 열쇠 ❶ 물질이 산소와 빠르게 반응하여 빛과 열을 내는 현상.
세로 열쇠 ❷ 불을 끔.

연 | 소
    | 화

2 [낱말 적용] 다음 대화의 빈칸에 들어갈 알맞은 낱말로 짝 지어진 것은 무엇인가요? (③)

누나: 멀티탭에 먼지가 쌓여 있으면 화재가 (㉠) 수 있대.
동생: 아, 그렇구나. 그런데 화재가 발생하면 물을 뿌려야겠지?
누나: 아니야. 전기로 인한 화재는 물을 뿌리면 감전될 수 있어서 소화기로 불을 꺼야 해.
동생: 정말 (㉡) 정보네. 알려 줘서 고마워.

	㉠	㉡
①	유용할	연소한
②	발생할	보존한
③	발생할	유용한
④	보존할	발생한

3 [낱말 적용] 초성을 보고, 다음 대화의 빈칸에 들어갈 알맞은 낱말을 쓰세요.

준희: 비행기를 타거나 높은 산에 올라갈 때 가끔 귀가 아파요. 이유가 뭘까요?
의사: 높은 곳에 올라가면 공기의 (ㅇㄹ)이 낮아진답니다. 우리 귀 속에는 귀 안팎의 (ㅇㄹ)이 같도록 유지하는 기관이 있어요. 그런데 갑작스럽게 고도가 높아지면 이 기관의 (ㅇㄹ) 조절 기능이 떨어져 귀가 먹먹해지거나 아프게 느껴진답니다.

✏️ 압력

도움말

1 ❶ '물질이 산소와 빠르게 반응하여 빛과 열을 내는 현상'을 뜻하는 낱말은 '연소'입니다. ❷ '불을 끔'을 뜻하는 낱말은 '소화'입니다.

2 ㉠에 들어갈 알맞은 낱말은 '발생할'입니다. '발생할'의 기본형 '발생하다'는 '어떤 일이나 사물이 생겨나다'를 뜻합니다. ㉡에 들어갈 알맞은 낱말은 '유용한'입니다. '유용한'의 기본형 '유용하다'는 '쓸모가 있다'를 뜻합니다.

3 다음 대화의 빈칸에 들어갈 알맞은 낱말은 '압력'입니다. '압력'은 대화에서 '두 물체가 서로 만나는 면에 대해 수직으로 누르는 힘'의 뜻으로 사용되었습니다.

4 [낱말 적용] 다음 문장의 빈칸에 들어갈 알맞은 낱말은 무엇인가요? (④)

성냥의 머리 부분을 성냥갑에 그으면, 그 순간에 발생하는 마찰력으로 인해 온도가 (ㅂㅎㅈ) 이상이 되어 성냥에 불이 붙는다.

① 전환점   ② 결승점   ③ 어는점   ④ 발화점

5 [낱말 쓰임] 다음 중 밑줄 친 낱말을 잘못 활용한 친구에 ✕표 하세요.

6 [낱말 적용] 초성을 보고, 문장의 빈칸에 공통으로 들어갈 낱말을 쓰세요.

• 눈이 많이 내리면 도로가 꽁꽁 얼어 교통 혼잡이 (ㅂㅅㅎㄷ).
• 여름철에는 온도와 습도가 높아 세균이 증가하기 쉬워 식중독이 빈번하게 (ㅂㅅㅎㄷ).

✏️ 발생한다

도움말

4 빈칸에 들어갈 알맞은 낱말은 '발화점'입니다. '발화점'은 '어떤 물질이 불에 직접 닿지 않아도 타기 시작하는 온도'를 뜻합니다. ①의 '전환점'은 '다른 방향이나 상태로 바뀌는 계기나 고비'를 뜻합니다. ②의 '결승점'은 '육상·수영 등에서 승부가 결정되는 지점' 또는 '승부를 결정짓는 점수'를 뜻합니다. ③의 '어는점'은 '어떤 물질이 얼거나 녹기 시작하는 온도'를 뜻합니다.

5 밑줄 친 낱말을 잘못 활용한 친구는 '대영'입니다. '보존하고'의 기본형 '보존하다'는 '잘 보호하고 보살펴 남기다'를 뜻합니다. '마구'와 어울리는 낱말은 '보존하고' 대신 '버리고'입니다. '마구'는 '아무렇게나 함부로'를 뜻합니다.

6 빈칸에 공통으로 들어갈 낱말은 '발생한다'입니다. '발생한다'의 기본형 '발생하다'는 '어떤 일이나 사물이 생겨나다'를 뜻합니다.

어휘 활용　📖 95쪽

📰 다음 인터뷰 기사를 읽고, 물음에 답하세요.

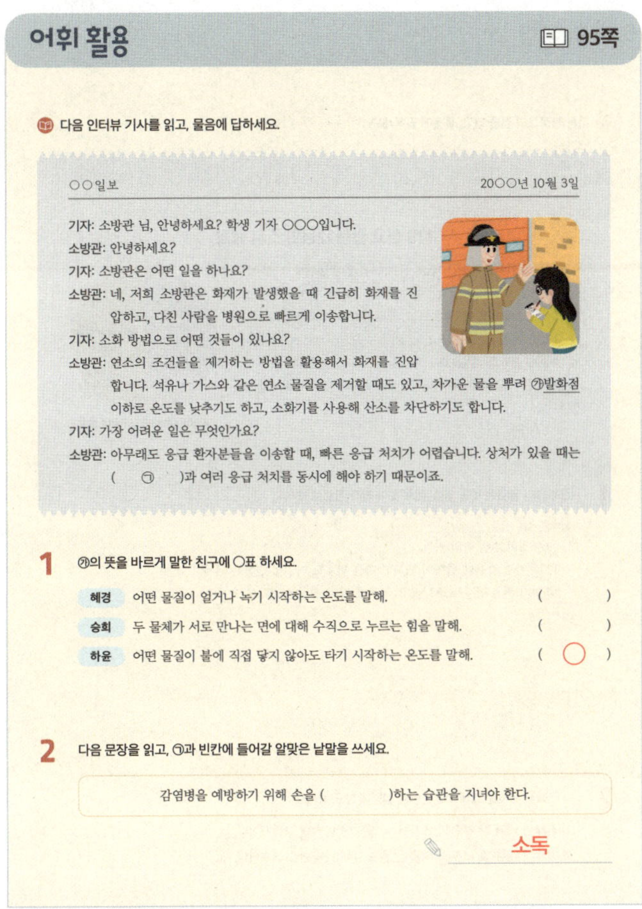

○○일보　　　　　　　　　　　　2000년 10월 3일

기자: 소방관 님, 안녕하세요? 학생 기자 ○○○입니다.
소방관: 안녕하세요?
기자: 소방관은 어떤 일을 하나요?
소방관: 네, 저희 소방관은 화재가 발생했을 때 긴급히 화재를 진압하고, 다친 사람을 병원으로 빠르게 이송합니다.
기자: 소화 방법으로 어떤 것들이 있나요?
소방관: 연소의 조건들을 제거하는 방법을 활용해서 화재를 진압합니다. 석유나 가스와 같은 연소 물질을 제거할 때도 있고, 차가운 물을 뿌려 ㉮발화점 이하로 온도를 낮추기도 하고, 소화기를 사용해 산소를 차단하기도 합니다.
기자: 가장 어려운 일은 무엇인가요?
소방관: 아무래도 응급 환자분들을 이송할 때, 빠른 응급 처치가 어렵습니다. 상처가 있을 때는 (㉠)과 여러 응급 처치를 동시에 해야 하기 때문이죠.

1 ㉮의 뜻을 바르게 말한 친구에 ○표 하세요.

혜경	어떤 물질이 얼거나 녹기 시작하는 온도를 말해.	( )
승희	두 물체가 서로 만나는 면에 대해 수직으로 누르는 힘을 말해.	( )
하윤	어떤 물질이 불에 직접 닿지 않아도 타기 시작하는 온도를 말해.	(○)

2 다음 문장을 읽고, ㉠과 빈칸에 들어갈 알맞은 낱말을 쓰세요.

감염병을 예방하기 위해 손을 ( )하는 습관을 지녀야 한다.

✏️ **소독**

📢 **매체 자료에 대해 알아볼까요?**

이 글은 인터뷰 기사입니다. 인터뷰는 특정한 목적을 가지고 상대를 만나 정보를 수집하고 이야기를 나누는 일을 말합니다. 이 글에서는 학생 기자가 소방관을 인터뷰하고 있습니다.

도움말

1 ㉮의 뜻을 바르게 말한 친구는 '하윤'입니다. '발화점'은 '어떤 물질이 불에 직접 닿지 않아도 타기 시작하는 온도'를 뜻합니다. '혜경'의 말에서 '어떤 물질이 얼거나 녹기 시작하는 온도'를 뜻하는 낱말은 '어는점'입니다. '승희'의 말에서 '두 물체가 서로 만나는 면에 대해 수직으로 누르는 힘'을 뜻하는 낱말은 '압력'입니다.

2 ㉠과 빈칸에 들어갈 알맞은 낱말은 '소독'입니다. '소독'은 '병에 걸리거나 옮기는 것을 예방하기 위해 병원균을 없애는 일'을 뜻합니다.

4일차 수학 어휘

어휘 이해　📖 98쪽

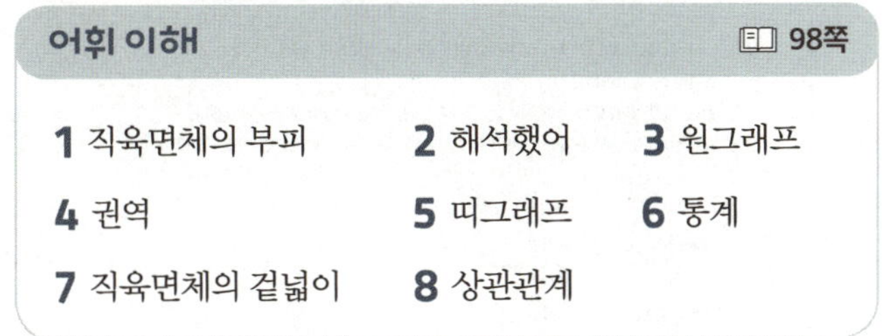

1 직육면체의 부피　　**2** 해석했어　　**3** 원그래프

4 권역　　**5** 띠그래프　　**6** 통계

7 직육면체의 겉넓이　　**8** 상관관계

어휘 적용　📖 99~100쪽

1 （낱말 이해） 밑줄 친 낱말의 뜻을 찾아 가장 알맞게 설명한 것에 ○표 하세요.

나는 스마트폰 사용 시간과 눈이 건조해지는 증상 사이에 상관관계가 있다고 생각한다.

(1) 두 가지 가운데 한쪽이 변화해도 다른 한쪽은 변하지 않는 관계.　( )
(2) 두 가지 가운데 한쪽이 변하면 다른 한쪽도 따라서 변하는 관계.　(○)

2 （낱말 이해） 다음 글자 카드에서 설명하는 낱말을 각각 쓰세요.

(1)
- 전체에 대한 각 비율을 나타내는 그래프예요.
- 띠 모양의 직사각형을 길이로 나누어 그 구분된 직사각형으로 조사한 값의 크기를 나타내요.

✏️ **띠그래프**

(2)
- 전체에 대한 각 비율을 나타내는 그래프예요.
- 원을 반지름으로 나누어 그 면적으로 전체에 대한 각 부분의 값의 크기를 나타내요.

✏️ **원그래프**

3 （낱말 적용） 보기 의 낱말 뜻을 보고, 문장의 빈칸에 들어갈 알맞은 낱말을 쓰세요.

보기
물체 겉면의 넓이.

노란색 직육면체의 ( )가 파란색 직육면체의 ( )보다 크기 때문에 포장지가 더 많이 필요하다.

✏️ **겉넓이**

도움말

1 '상관관계'는 '두 가지 가운데 한쪽이 변하면 다른 한쪽도 따라서 변하는 관계'를 뜻하므로 (2)에 ○표 합니다.

2 (1) 글자 카드에서 설명하는 낱말은 '띠그래프'입니다. '띠그래프'는 '전체에 대한 각 부분의 비율을 띠 모양에 나타낸 그래프'입니다. (2) 글자 카드에서 설명하는 낱말은 '원그래프'입니다. '원그래프'는 '전체에 대한 각 부분의 비율을 원 모양에 나타낸 그래프'입니다.

3 '물체 겉면의 넓이'를 뜻하는 낱말은 '겉넓이'입니다. '직육면체의 겉넓이'는 '직육면체 겉면의 넓이'를 뜻합니다.

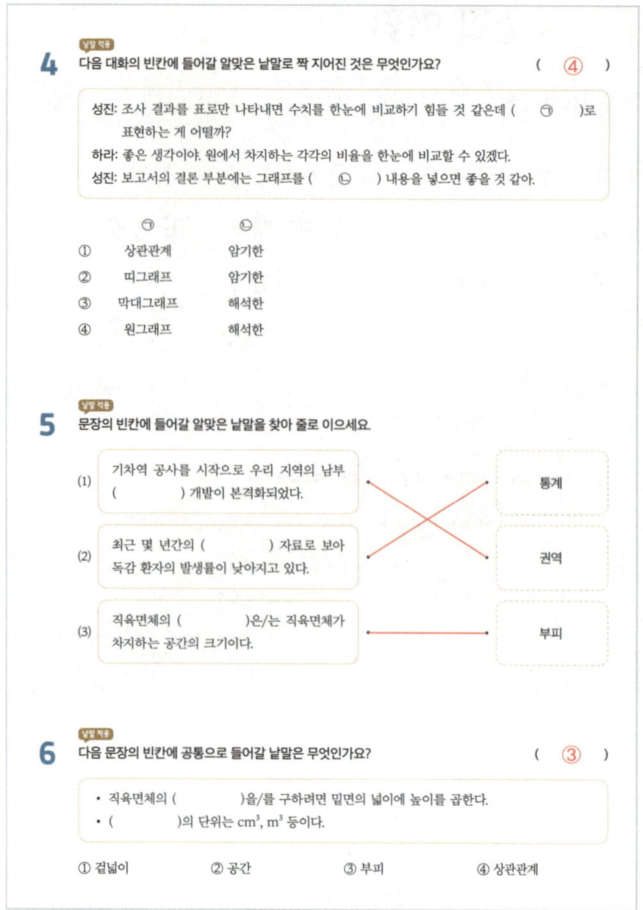

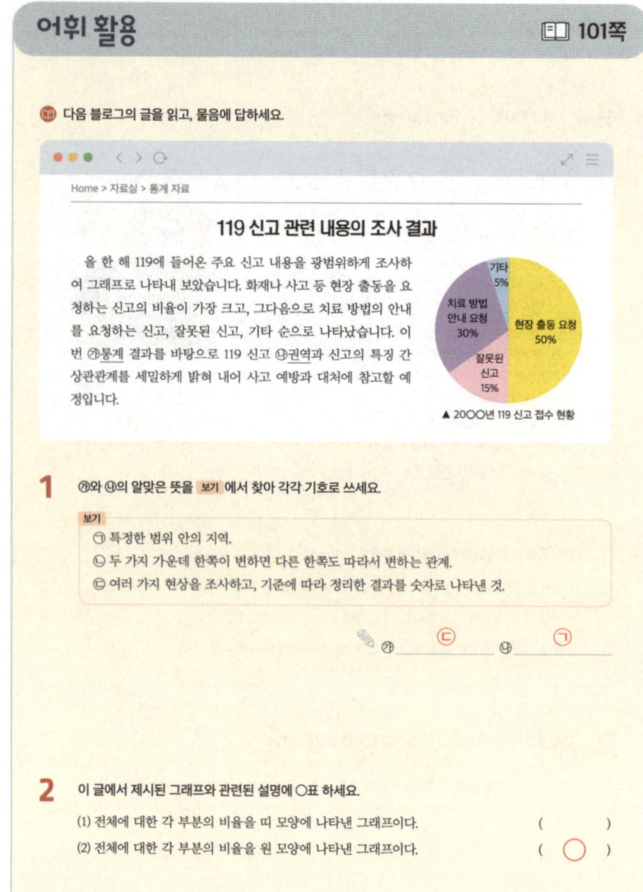

도움말 (왼쪽)

4 ㉠에 들어갈 알맞은 낱말은 '원그래프'입니다. '원에서 차지하는 각각의 비율을 한눈에 비교할 수 있겠다.'라는 '하라'의 말에서 ㉠에 들어갈 낱말을 추측할 수 있습니다. ㉡에 들어갈 알맞은 낱말은 '해석한'입니다. '해석한'의 기본형 '해석하다'는 '어떤 내용을 판단하고 이해하거나 표현된 내용을 이해하여 설명하다'를 뜻합니다. ①, ②의 '암기한'의 기본형 '암기하다'는 '외워 잊지 않다'를 뜻합니다.

5 (1) 빈칸에 들어갈 알맞은 낱말은 '권역'입니다. '권역'은 '특정한 범위 안의 지역'을 뜻합니다. (2) 빈칸에 들어갈 알맞은 낱말은 '통계'입니다. '통계'는 '여러 가지 현상을 조사하고, 기준에 따라 정리한 결과를 숫자로 나타낸 것'을 뜻합니다. (3) 빈칸에 들어갈 알맞은 낱말은 '부피'입니다. '직육면체의 부피'는 '직육면체가 차지하는 공간의 크기'를 뜻합니다.

6 밑면의 넓이에 높이를 곱하면 직육면체의 '부피'를 구할 수 있으며, 단위 'cm³', 'm³'를 쓰는 것은 '부피'입니다. 따라서 빈칸에 공통으로 들어갈 낱말은 '부피'입니다. '부피'는 '공간의 크기'를 뜻합니다.

매체 자료에 대해 알아볼까요?

블로그는 자신의 관심사와 관련된 글을 올리는 인터넷 누리집입니다. 기관이나 단체에서 사람들에게 정보를 전달하기 위해 블로그를 활용하기도 합니다. 블로그에서는 읽는 사람이 글을 쉽게 이해할 수 있도록 사진이나 그림, 그래프 같은 시각 자료를 사용할 때가 많습니다.

도움말 (오른쪽)

1 '㉮통계'는 '㉢ 여러 가지 현상을 조사하고, 기준에 따라 정리한 결과를 숫자로 나타낸 것'을 뜻합니다. '㉯권역'은 '㉠ 특정한 범위 안의 지역'을 뜻합니다. '㉡ 두 가지 가운데 한쪽이 변하면 다른 한쪽도 따라서 변하는 관계'는 '상관관계'의 뜻입니다.

2 이 글에서 제시된 그래프는 '원그래프'입니다. 따라서 (2)에 ○표 합니다.

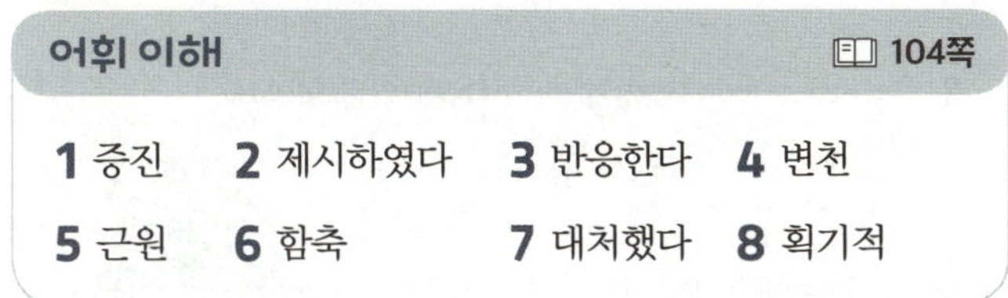

5일차 학습 도움 어휘

어휘 이해 📖 104쪽

1 증진 **2** 제시하였다 **3** 반응한다 **4** 변천
5 근원 **6** 함축 **7** 대처했다 **8** 획기적

어휘 적용 📖 105~106쪽

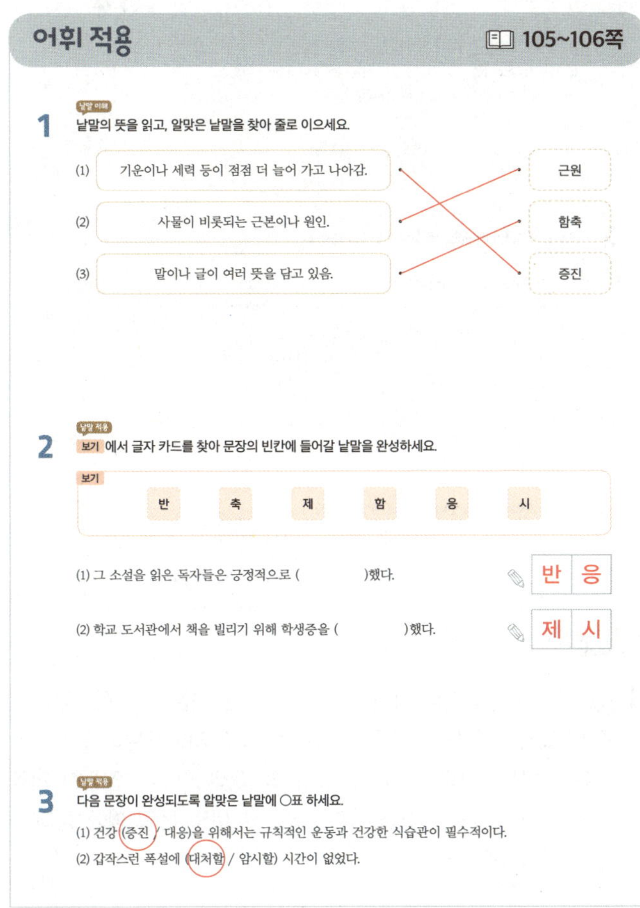

도움말

1 (1) '기운이나 세력 등이 점점 더 늘어 가고 나아감'을 뜻하는 낱말은 '증진'입니다. (2) '사물이 비롯되는 근본이나 원인'을 뜻하는 낱말은 '근원'입니다. (3) '말이나 글이 여러 뜻을 담고 있음'을 뜻하는 낱말은 '함축'입니다.

2 (1) 빈칸에 들어갈 낱말은 '반응'입니다. '반응했다'의 기본형 '반응하다'는 (1)에서 '자극을 받아 어떤 현상이 일어나다'의 뜻으로 사용되었습니다. (2) 빈칸에 들어갈 낱말은 '제시'입니다. '제시했다'의 기본형 '제시하다'는 (2)에서 '물품을 내어 보이다'의 뜻으로 사용되었습니다.

3 (1) 알맞은 낱말은 '증진'입니다. '증진'은 '기운이나 세력 등이 점점 더 늘어 가고 나아감'을 뜻합니다. '대응'은 '어떤 일이나 사태에 맞추어 태도나 행동을 취함'을 뜻합니다. (2) 알맞은 낱말은 '대처할'입니다. '대처할'의 기본형 '대처하다'는 '어떤 사건이나 상황에 대하여 알맞은 조치를 취하다'를 뜻합니다.

도움말

4 초성을 참고했을 때 보기 의 과정을 가리키는 낱말은 '변천'입니다. '변천'의 뜻은 '세월의 흐름에 따라 바뀌고 변함'입니다.

5 밑줄 친 낱말을 잘못 활용한 친구는 '지안'입니다. '함축'은 '말이나 글이 여러 뜻을 담고 있음'을 뜻합니다. '함축' 대신 '압축'과 같은 낱말을 써야 자연스럽습니다. '압축'은 '물질 등에 압력을 가하여 그 부피를 줄임'을 뜻합니다.

6 보기 의 뜻에 해당하는 알맞은 낱말은 '반응하다'입니다. '반응하다'는 '자극을 받아 어떤 현상이 일어나다' 또는 '두 물질 사이에 화학적 변화가 일어나다'를 뜻합니다.

📝 다음 블로그의 글을 읽고, 물음에 답하세요.

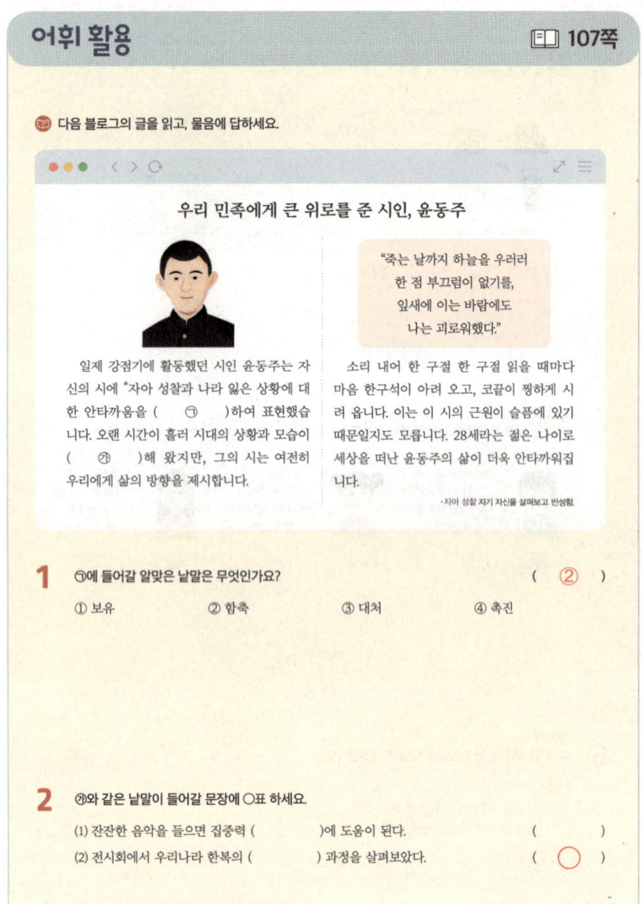

1 ㉠에 들어갈 알맞은 낱말은 무엇인가요?   (②)

① 보유   ② 함축   ③ 대처   ④ 촉진

2 ㉮와 같은 낱말이 들어갈 문장에 ○표 하세요.

(1) 잔잔한 음악을 들으면 집중력 ( )에 도움이 된다.   ( )
(2) 전시회에서 우리나라 한복의 ( ) 과정을 살펴보았다.   (○)

💬 **매체 자료에 대해 알아볼까요?**

블로그는 자신의 관심사와 관련된 글을 올리는 인터넷 누리집입니다. 이 블로그에서는 일제 강점기의 시인 윤동주가 남긴 작품이 어떤 특징을 지니고 있는지 설명하고 있습니다.

도움말

1 ㉠에 들어갈 알맞은 낱말은 '함축'입니다. '함축'은 '말이나 글이 여러 뜻을 담고 있음'을 뜻합니다. ①의 '보유'는 '가지고 있거나 간직하고 있음'을 뜻합니다. ③의 '대처'는 '어떤 사건이나 상황에 대하여 알맞은 조치를 취함'을 뜻합니다. ④의 '촉진'은 '다그쳐 빨리 나아가게 함'을 뜻합니다.

2 ㉮에 들어갈 낱말은 '세월의 흐름에 따라 바뀌고 변함'을 뜻하는 '변천'이며, ㉮와 같은 낱말이 들어갈 문장은 (2)입니다. (1)의 빈칸에는 '증진', '신장' 등의 낱말이 어울립니다.

---

1 다음 문장을 읽고, 빈칸에 들어갈 알맞은 낱말의 기호를 **보기** 에서 찾아 각각 쓰세요.

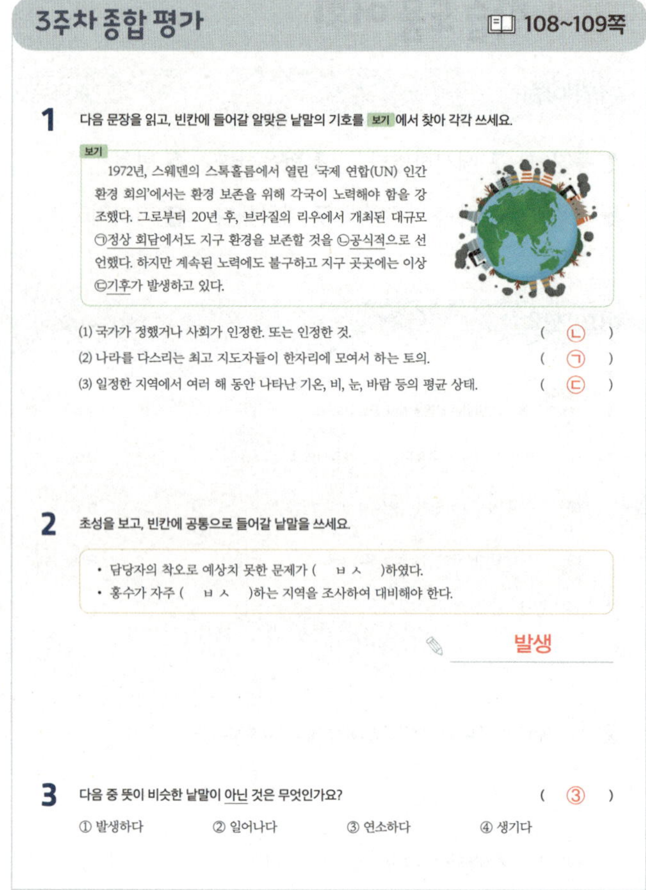

보기

1972년, 스웨덴의 스톡홀름에서 열린 '국제 연합(UN) 인간 환경 회의'에서는 환경 보존을 위해 각국이 노력해야 함을 강조했다. 그로부터 20년 후, 브라질의 리우에서 개최된 대규모 ㉠정상 회담에서도 지구 환경을 보존할 것을 ㉡공식적으로 선언했다. 하지만 계속되는 노력에도 불구하고 지구 곳곳에는 이상 ㉢기후가 발생하고 있다.

(1) 국가가 정했거나 사회가 인정한. 또는 인정한 것.   (㉡)
(2) 나라를 다스리는 최고 지도자들이 한자리에 모여서 하는 토의.   (㉠)
(3) 일정한 지역에서 여러 해 동안 나타난 기온, 비, 눈, 바람 등의 평균 상태.   (㉢)

2 초성을 보고, 빈칸에 공통으로 들어갈 낱말을 쓰세요.

- 담당자의 착오로 예상치 못한 문제가 (ㅂㅅ)하였다.
- 홍수가 자주 (ㅂㅅ)하는 지역을 조사하여 대비해야 한다.

✏️ **발생**

3 다음 중 뜻이 비슷한 낱말이 아닌 것은 무엇인가요?   (③)

① 발생하다   ② 일어나다   ③ 연소하다   ④ 생기다

도움말

1 (1) '국가가 정했거나 사회가 인정한. 또는 인정한 것.'은 '㉡공식적'의 뜻입니다. (2) '나라를 다스리는 최고 지도자들이 한자리에 모여서 하는 토의'는 '㉠정상 회담'의 뜻입니다. (3) '일정한 지역에서 여러 해 동안 나타난 기온, 비, 눈, 바람 등의 평균 상태'는 '㉢기후'의 뜻입니다.

2 초성을 참고했을 때 빈칸에 공통으로 들어갈 낱말은 '발생'입니다. '발생하다'는 '어떤 일이나 사물이 생겨나다'를 뜻합니다.

3 제시된 낱말 중, 뜻이 비슷한 낱말이 아닌 것은 '연소하다'입니다. '발생하다', '일어나다', '생기다'는 뜻이 비슷한 낱말들입니다.

4 다음 중 밑줄 친 낱말을 잘못 활용한 친구에 ×표 하세요.

현아	재룡	은혜
시대의 변천에 따라 사람들의 가치관과 삶의 모습이 달라져.	우리 모둠의 설문 조사 결과를 해석한 내용을 보고서에 담았어.	우리나라의 출생률이 증진되어서 인구수가 줄고 있어.
(　　)	(　　)	(　×　)

5 다음 보기 의 두 낱말의 관계와 비슷한 것은 무엇인가요? (　①　)

> 보기
>
> 유용하다 – 소용없다

① 소화 – 방화
② 획기적 – 기념비적
③ 근원 – 원천
④ 제시하다 – 내세우다

6 다음 문장의 빈칸에 들어갈 알맞은 낱말은 무엇인가요? (　④　)

> 상대방이 우리에게 유리한 조건을 (　　　) 긍정적으로 검토하고 있다.

① 반응하여　　② 함축하여　　③ 대처하여　　④ 제시하여

도움말

4 밑줄 친 낱말을 잘못 활용한 친구는 '은혜'입니다. '증진'은 '기운이나 세력 등이 점점 더 늘어 가고 나아감'을 뜻합니다. 인구수가 줄고 있다고 하였으므로 이와 어울리는 낱말은 '감소'입니다. '현아'의 말에서 '변천'은 '세월의 흐름에 따라 바뀌고 변함'을 뜻합니다. '재룡'의 말에서 '해석한'의 기본형 '해석하다'는 '어떤 내용을 판단하고 이해하거나 표현된 내용을 이해하여 설명하다'를 뜻합니다.

5 '유용하다 – 소용없다'는 반대말끼리 묶인 반의 관계입니다. ①의 '소화 – 방화' 역시 반의 관계입니다. 그러나 ②, ③, ④의 '획기적 – 기념비적', '근원 – 원천', '제시하다 – 내세우다'는 서로 비슷한 뜻의 낱말끼리 묶인 유의 관계입니다.

6 빈칸에 들어갈 알맞은 낱말은 '제시하여'입니다. '제시하여'의 기본형 '제시하다'는 '어떠한 의사를 말이나 글로 나타내다'의 뜻으로 쓰였습니다. ①의 '반응하여'의 기본형 '반응하다'는 '자극을 받아 어떤 현상이 일어나다' 또는 '물질 사이에 화학적 변화가 일어나다'를 뜻합니다. ②의 '함축하여'의 기본형 '함축하다'는 '말이나 글이 여러 뜻을 담고 있다'를 뜻합니다. ③의 '대처하여'의 기본형 '대처하다'는 '어떤 사건이나 상황에 대하여 알맞은 조치를 취하다'를 뜻합니다.

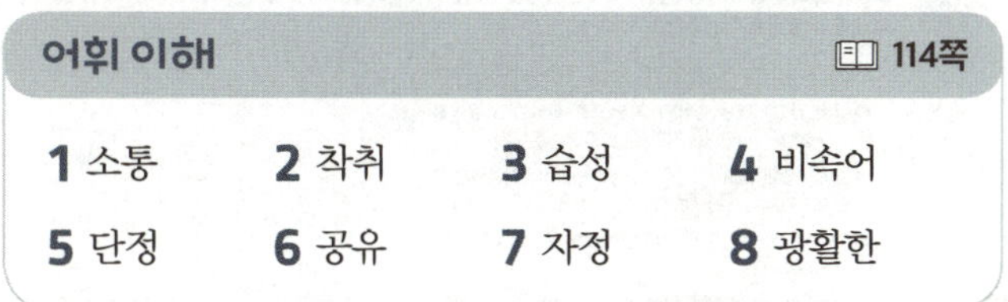

1일차 국어 어휘

어휘 이해　　　📖 114쪽

1 소통	2 착취	3 습성	4 비속어
5 단정	6 공유	7 자정	8 광활한

어휘 적용　　　📖 115~116쪽

1 [낱말 이해] 다음 뜻을 읽고, 알맞은 낱말을 찾아 줄로 이으세요.

(1) 예절에 어긋나는 거친 말. ——— 단정

(2) 딱 잘라서 판단하고 결정함. ——— 자정

(3) 오염된 자연이 물리학적·화학적·생물학적 작용으로 깨끗해짐. ——— 비속어

2 [낱말 이해] 밑줄 친 낱말의 뜻을 가장 알맞게 설명한 것에 ○표 하세요.

> 고양이는 적들에게 자신의 존재를 숨기기 위해 배설물을 땅에 묻는 습성이 있다.

(1) 동일한 동물의 종 내에서 공통되는 생활 양식이나 행동 양식. (　○　)
(2) 딱 잘라서 판단하고 결정함. (　　)

3 [낱말 적용] 다음 글의 빈칸에 들어갈 알맞은 낱말은 무엇인가요? (　②　)

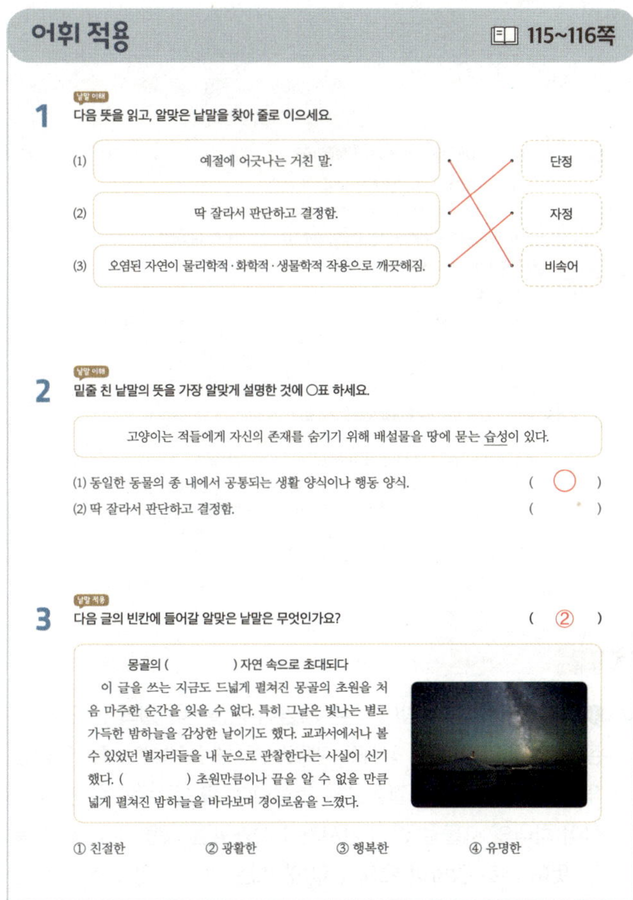

> 몽골의 (　　　　) 자연 속으로 초대되다
>
> 이 글을 쓰는 지금도 드넓게 펼쳐진 몽골의 초원을 처음 마주한 순간을 잊을 수 없다. 특히 그날은 빛나는 별로 가득한 밤하늘을 감상한 날이기도 했다. 교과서에서나 볼 수 있었던 별자리들을 내 눈으로 관찰한다는 사실이 신기했다. (　　　　) 초원만큼이나 끝을 알 수 없을 만큼 넓게 펼쳐진 밤하늘을 바라보며 경이로움을 느꼈다.

① 친절한　　② 광활한　　③ 행복한　　④ 유명한

도움말

1 (1) '예절에 어긋나는 거친 말'은 '비속어'를 뜻합니다. (2) '딱 잘라서 판단하고 결정함'은 '단정'을 뜻합니다. (3) '오염된 자연이 물리학적·화학적·생물학적 작용으로 깨끗해짐'은 '자정'을 뜻합니다.

2 밑줄 친 낱말 '습성'은 (1) '동일한 동물의 종 내에서 공통되는 생활 양식이나 행동 양식'이라는 뜻으로 사용되었습니다. (2) '딱 잘라서 판단하고 결정함'은 '단정'의 뜻입니다.

3 빈칸에 들어갈 알맞은 낱말은 '광활한'입니다. '광활한'의 기본형 '광활하다'는 '막힌 데가 없이 트이고 넓다'라는 뜻입니다. '드넓게 펼쳐진 몽골의 초원', '넓게 펼쳐진 밤하늘'이라는 표현을 통해 빈칸에 들어갈 알맞은 낱말을 알 수 있습니다.

4 초성을 보고, 다음 문장의 빈칸에 알맞은 낱말을 글자판에서 찾아 묶으세요. 낱말은 가로, 세로, 대각선으로 묶을 수 있어요.

❶ 일제 강점기에는 강제로 일본으로 끌려 가 노동력을 (ㅊㅊ)당하는 경우도 있었다. **착취**

❷ 한쪽의 말만 듣고 (ㄷㅈ)하는 것은 현명하지 못한 태도이다. **단정**

❸ 우리 모둠은 인터넷으로 필요한 자료를 (ㄱㅇ)하고 있다. **공유**

❹ 요즘은 가족들이 각자 스마트폰만 보고 있는 경우가 많아 서로 (ㅅㅌ)하는 시간이 줄었다. **소통**

단	정	다	운	쿵
추	착	취	소	광
르	불	나	통	활
트	림	물	공	유
롤	보	병	사	비

5 밑줄 친 낱말의 쓰임이 바르지 않은 것은 무엇인가요? (④)

① 우리 집은 이웃들과 정원을 공유하고 있다.
② 비속어나 욕설을 자주 사용하면 매사에 부정적인 태도가 형성될 수 있다.
③ 물속 미생물의 활동에 의하여 오염 물질이 감소되는 자정 작용이 일어난다.
④ 다른 사람과 물건을 소통할 때는 내 것처럼 소중히 아껴 쓰도록 해야 한다.

6 다음 문장의 빈칸에 공통으로 들어갈 낱말을 쓰세요.

- 명절 연휴 마지막 날, 고속도로의 차량 ( )이 원활합니다.
- 구청장은 지역 주민들과의 ( )을 위해 자리를 마련하였다.
- 서로 간에 ( )이 잘 되지 않아 작업이 늦어지고 있다.

✎ **소통**

어휘 활용 📖 117쪽

다음 블로그의 글을 읽고, 물음에 답하세요.

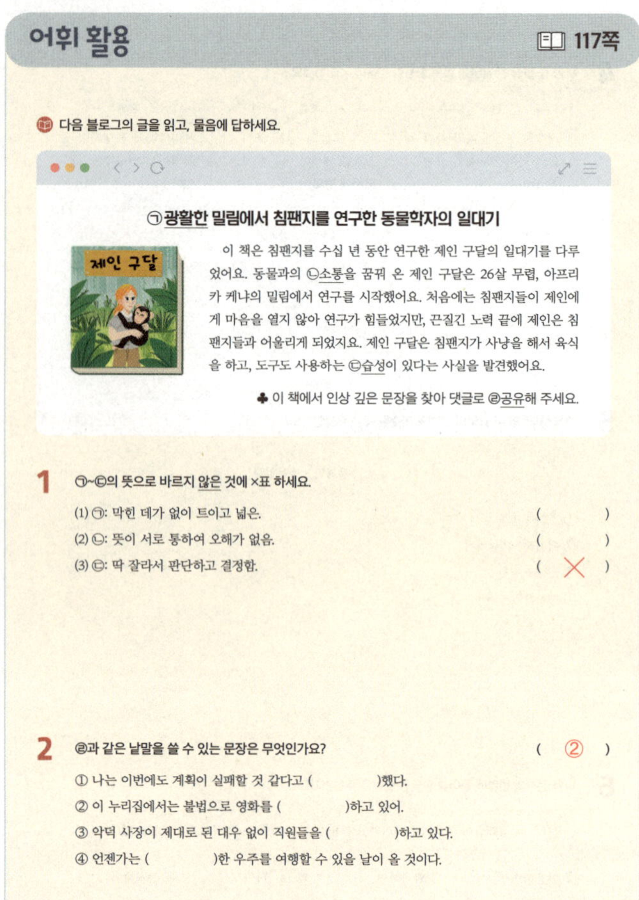

㉠광활한 밀림에서 침팬지를 연구한 동물학자의 일대기

이 책은 침팬지를 수십 년 동안 연구한 제인 구달의 일대기를 다루었어요. 동물과의 ㉡소통을 꿈꿔 온 제인 구달은 26살 무렵, 아프리카 케냐의 밀림에서 연구를 시작했어요. 처음에는 침팬지들이 제인에게 마음을 열지 않아 연구가 힘들었지만, 끈질긴 노력 끝에 제인은 침팬지들과 어울리게 되었지요. 제인 구달은 침팬지가 사냥을 해서 육식을 하고, 도구도 사용하는 ㉢습성이 있다는 사실을 발견했어요.

♣ 이 책에서 인상 깊은 문장을 찾아 댓글로 ㉣공유해 주세요.

1 ㉠~㉢의 뜻으로 바르지 않은 것에 ×표 하세요.

(1) ㉠: 막힌 데가 없이 트이고 넓은. ( )
(2) ㉡: 뜻이 서로 통하여 오해가 없음. ( )
(3) ㉢: 딱 잘라서 판단하고 결정함. (×)

2 ㉣과 같은 낱말을 쓸 수 있는 문장은 무엇인가요? (②)

① 나는 이번에도 계획이 실패할 것 같다고 ( )했다.
② 이 누리집에서는 불법으로 영화를 ( )하고 있어.
③ 악덕 사장이 제대로 된 대우 없이 직원들을 ( )하고 있다.
④ 언젠가는 ( )한 우주를 여행할 수 있을 날이 올 것이다.

도움말

4 ❶ '착취'는 '어떤 사람이 다른 사람이 만들거나 길러 낸 것을 적절한 값을 내지 않고 강제로 가지는 일'을 뜻합니다. ❷ '단정'은 '딱 잘라서 판단하고 결정함'을 뜻합니다. ❸ '공유'는 '두 사람 이상이 하나의 사물을 함께 가지거나 사용함'을 뜻합니다. ❹ '소통'은 '뜻이 서로 통하여 오해가 없음' 또는 '막히지 않고 잘 통함'을 뜻합니다.

5 '소통'은 '뜻이 서로 통하여 오해가 없음' 또는 '막히지 않고 잘 통함'을 뜻합니다. 따라서 ④에서는 '소통'의 쓰임이 바르지 않습니다. ④의 밑줄 친 부분에는 '두 사람 이상이 하나의 사물을 함께 가지거나 사용함'을 뜻하는 '공유'가 어울립니다. ③에서 '자정'은 '오염된 자연이 물리학적·화학적·생물학적 작용으로 깨끗해짐'이라는 뜻으로 사용되었습니다.

6 빈칸에 공통으로 들어갈 낱말은 '소통'입니다. '소통'은 '뜻이 서로 통하여 오해가 없음' 또는 '막히지 않고 잘 통함'의 뜻을 지닙니다.

매체 자료에 대해 알아볼까요?

블로그는 자신의 관심사에 따라 일기, 논설문, 설명문 등을 자유롭게 올리는 인터넷 누리집입니다. 사람들은 블로그에서 자신이 원하는 정보를 얻을 수 있습니다. 이 블로그에서는 책에 대한 정보를 제공하고 있습니다.

도움말

1 '딱 잘라서 판단하고 결정함'은 '단정'의 뜻입니다. '㉢습성'은 '동일한 동물의 종 내에서 공통되는 생활 양식이나 행동 양식'이라는 뜻으로 사용되었습니다.

2 ㉣과 같은 낱말을 쓸 수 있는 문장은 ②입니다. '공유'는 '두 사람 이상이 하나의 사물을 함께 가지거나 사용함'을 뜻합니다. ①의 빈칸에는 '생각', '예상' 등의 낱말이 어울립니다. ③의 빈칸에는 '착취'와 같은 낱말이 어울립니다. ④의 빈칸에는 '광활'이 어울립니다. '광활한'의 기본형 '광활하다'는 '막힌 데가 없이 트이고 넓다'를 뜻합니다.

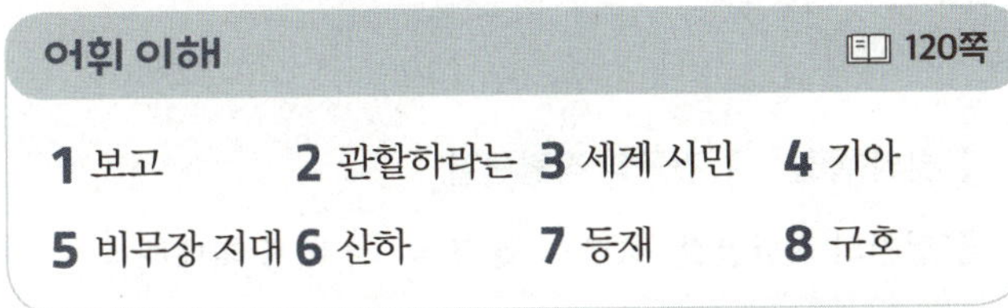

2일차 사회 어휘

어휘 이해 📖 120쪽

1 보고 **2** 관할하라는 **3** 세계 시민 **4** 기아
5 비무장 지대 **6** 산하 **7** 등재 **8** 구호

어휘 적용 📖 121~122쪽

1 다음 글에서 설명하는 것이 무엇인지 알맞은 낱말을 쓰세요.

왼쪽 지도에서 초록색으로 표시된 지역을 무엇이라고 부를까요? 이곳은 1953년 7월 27일, 6·25 전쟁에 대한 휴전 협정이 맺어지면서 만들어진 구역입니다. 이곳은 휴전선을 중심으로 남과 북으로 2km 이내의 지역으로, 남과 북의 충돌을 막기 위해 군사 시설이나 군인을 두지 않습니다.

✎ **비무장 지대**

2 초성을 보고, 다음 뜻에 알맞은 낱말을 빈칸에 쓰세요.

(1) 일정한 권한을 가지고 통제하거나 지배하다. (ㄱ ㅎ ㅎ ㄷ)

✎ **관할하다**

(2) 먹을 것이 없어 심하게 굶음. (ㄱ ㅇ)

✎ **기아**

3 다음 문장의 빈칸에 공통으로 들어갈 낱말은 무엇인가요? (③)

• 우리 연구소에서 발표한 논문이 유명 학술지에 (　　)되었다.
• 유네스코의 세계 유산으로 (　　)된 수원 화성은 조선 시대 때 정조의 명령으로 만들어졌다.

① 기근 ② 원조 ③ 등재 ④ 관리

도움말

1 이 글에서 설명하는 것은 '비무장 지대'입니다. '비무장 지대'는 '남과 북이 휴전 협정에 따라 무력 충돌을 막기 위해 군사 활동이 금지된 곳'을 뜻합니다.

2 (1) '일정한 권한을 가지고 통제하거나 지배하다'를 뜻하는 낱말은 '관할하다'입니다. (2) '먹을 것이 없어 심하게 굶음'을 뜻하는 낱말은 '기아'입니다.

3 빈칸에 공통으로 들어갈 낱말은 '등재'입니다. '등재'는 '일정한 사항을 장부에 올리거나 책이나 잡지 등에 실음'을 뜻합니다.

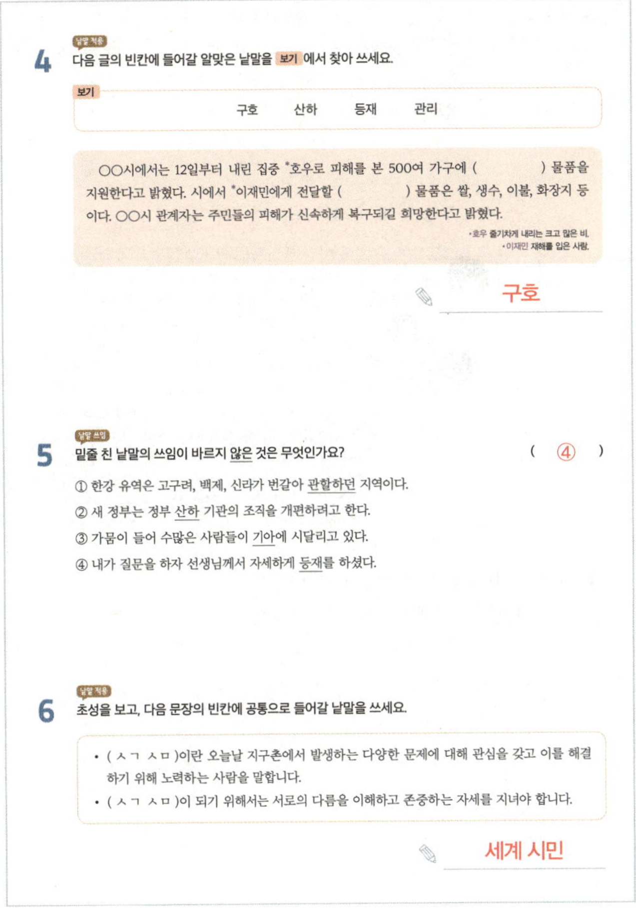

4 다음 글의 빈칸에 들어갈 알맞은 낱말을 보기 에서 찾아 쓰세요.

보기
구호 산하 등재 관리

○○시에서는 12일부터 내린 집중 *호우로 피해를 본 500여 가구에 (　　) 물품을 지원한다고 밝혔다. 시에서 *이재민에게 전달할 (　　) 물품은 쌀, 생수, 이불, 화장지 등이다. ○○시 관계자는 주민들의 피해가 신속하게 복구되길 희망한다고 밝혔다.

• 호우: 줄기차게 내리는 크고 많은 비.
• 이재민: 재해를 입은 사람.

✎ **구호**

5 밑줄 친 낱말의 쓰임이 바르지 않은 것은 무엇인가요? (④)

① 한강 유역은 고구려, 백제, 신라가 번갈아 관할하던 지역이다.
② 새 정부는 정부 산하 기관의 조직을 개편하려고 한다.
③ 가뭄이 들어 수많은 사람들이 기아에 시달리고 있다.
④ 내가 질문을 하자 선생님께서 자세하게 등재를 하셨다.

6 초성을 보고, 다음 문장의 빈칸에 공통으로 들어갈 낱말을 쓰세요.

• (ㅅㄱ ㅅㅁ)이란 오늘날 지구촌에서 발생하는 다양한 문제에 대해 관심을 갖고 이를 해결하기 위해 노력하는 사람을 말합니다.
• (ㅅㄱ ㅅㅁ)이 되기 위해서는 서로의 다름을 이해하고 존중하는 자세를 지녀야 합니다.

✎ **세계 시민**

도움말

4 빈칸에 들어갈 낱말은 '구호'입니다. '구호'는 '재난으로 어려움에 처한 사람을 보호함. 또는 아프거나 다친 사람을 간호하거나 치료함.'을 뜻합니다.

5 '등재'는 '일정한 사항을 장부에 올리거나 책이나 잡지 등에 실음'을 뜻합니다. 따라서 ④에는 '등재' 대신 '설명'이 어울립니다. '설명'은 '어떤 일이나 대상의 내용을 상대편이 잘 알 수 있도록 밝혀 말함'을 뜻합니다.

6 빈칸에 공통으로 들어갈 낱말은 '세계 시민'입니다. '세계 시민'은 '지구촌 문제에 관심을 갖고 이를 해결하고자 노력하는 사람'을 뜻합니다.

🔖 다음 신문 기사를 읽고, 물음에 답하세요.

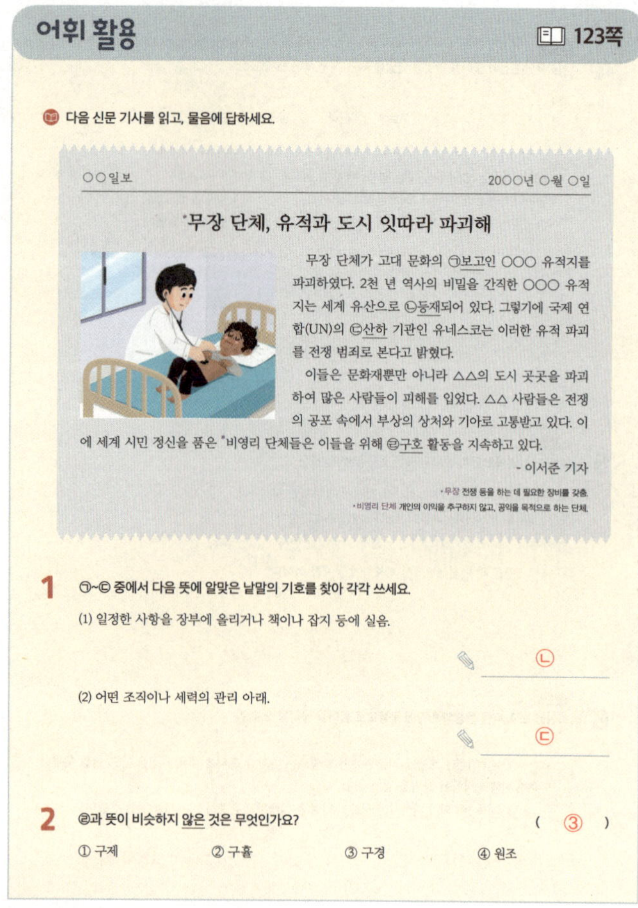

1 ⓐ~ⓒ 중에서 다음 뜻에 알맞은 낱말의 기호를 찾아 각각 쓰세요.

(1) 일정한 사항을 장부에 올리거나 책이나 잡지 등에 실음.

✏️ ⓑ

(2) 어떤 조직이나 세력의 관리 아래.

✏️ ⓒ

2 ⓓ과 뜻이 비슷하지 <u>않은</u> 것은 무엇인가요? (③)

① 구제　　　② 구휼　　　③ 구경　　　④ 원조

🐞 매체 자료에 대해 알아볼까요?

신문은 사회에서 발생한 사건에 대한 진실이나 해설을 널리 알리기 위한 매체입니다. 신문 기사는 어떤 사건이나 사실을 알리는 신문 속 짧은 글입니다. 신문 기사를 읽을 때에는 기사에 드러난 육하원칙 '누가, 언제, 어디서, 무엇을, 어떻게, 왜'의 내용을 살펴봅니다.

도움말

1 (1) '일정한 사항을 장부에 올리거나 책이나 잡지 등에 실음'을 뜻하는 낱말은 'ⓑ등재'입니다. (2) '어떤 조직이나 세력의 관리 아래'를 뜻하는 낱말은 'ⓒ산하'입니다.

2 '구호'와 뜻이 비슷하지 않은 것은 '구경'입니다. '구호'는 '재난으로 어려움에 처한 사람을 보호함. 또는 아프거나 다친 사람을 간호하거나 치료함.'을 뜻합니다. '구호'와 뜻이 비슷한 낱말은 '구제', '구휼', '원조'입니다.

3일차 과학 어휘

1 빛의 굴절　**2** 전구의 직렬연결

3 전지의 직렬연결　　**4** 전류　　**5** 확대해서

6 효율적　　**7** 손실　　**8** 도체

1 〔낱말 이해〕 낱말의 뜻을 읽고, 알맞은 낱말을 찾아 줄로 이으세요.

(1) 전류가 잘 흐르는 물질.　　　　　　　전류

(2) 전기 회로에 흐르는 전기.　　　　　　빛의 굴절

(3) 서로 다른 물질의 경계에서 빛이 꺾여 나아가는 현상.　　도체

2 〔낱말 이해〕 밑줄 친 낱말의 뜻을 가장 알맞게 설명한 것에 ○표 하세요.

전쟁은 인명과 재산에 막대한 <u>손실</u>을 입힌다.

(1) 잃어버리거나 줄어들어 손해를 봄. (○)
(2) 물질적으로나 정신적으로 보탬이 되는 것. ( )

3 〔낱말 적용〕 ⊙과 ⓒ에 들어갈 알맞은 낱말로 짝 지어진 것은 무엇인가요? (②)

진우: 이 텔레비전은 에너지 효율 등급이 5등급이라 별로야.
예서: 에너지 효율 등급이 높으면 어떤 장점이 있니?
진우: 전기세가 적게 나오니까 (⊙)이지. 1등급은 5등급에 비해 약 30~40%의 에너지를 *절감할 수 있어.
예서: 아, 그러니까 에너지 효율 등급이 높은 제품은 등급이 낮은 제품보다 밖으로 새어 나가는 (ⓒ)되는 에너지가 적다는 뜻이로구나.
*절감하다: 아껴 줄이다.

	⊙	ⓒ		⊙	ⓒ
①	체계적	확대	②	효율적	손실
③	효율적	연결	④	체계적	굴절

도움말

1 (1) '전류가 잘 흐르는 물질'은 '도체'입니다. (2) '전기 회로에 흐르는 전기'는 '전류'입니다. (3) '서로 다른 물질의 경계에서 빛이 꺾여 나아가는 현상'은 '빛의 굴절'입니다.

2 (1) '손실'은 '잃어버리거나 줄어들어 손해를 봄'을 뜻하므로 (1)에 ○표 합니다. '물질적으로나 정신적으로 보탬이 되는 것'의 뜻을 지닌 낱말은 '이익'입니다.

3 ⊙에 들어갈 알맞은 낱말은 '효율적'입니다. '효율적'은 '들인 노력에 비하여 얻는 결과가 큰 것'을 뜻합니다. ⓒ에 들어갈 알맞은 낱말은 '손실'입니다. '손실'은 '잃어버리거나 줄어들어 손해를 봄'을 뜻합니다.

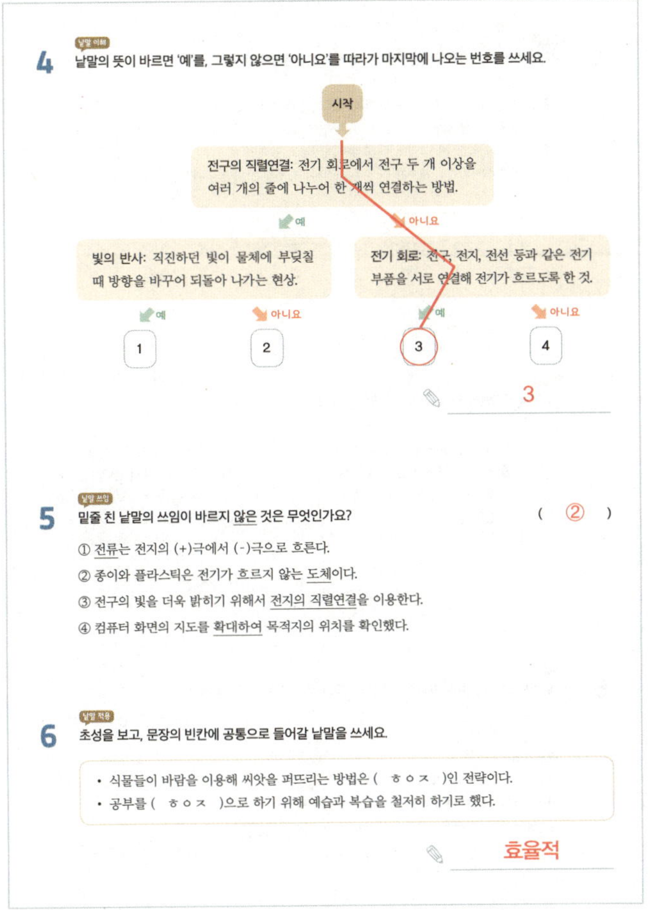

5 밑줄 친 낱말의 쓰임이 바르지 <u>않은</u> 것은 무엇인가요? (②)

① <u>전류</u>는 전지의 (+)극에서 (-)극으로 흐른다.
② 종이와 플라스틱은 전기가 흐르지 않는 <u>도체</u>이다.
③ 전구의 빛을 더욱 밝히기 위해서 전지의 직렬연결을 이용한다.
④ 컴퓨터 화면의 지도를 <u>확대</u>하여 목적지의 위치를 확인했다.

6 초성을 보고, 문장의 빈칸에 공통으로 들어갈 낱말을 쓰세요.

• 식물들이 바람을 이용해 씨앗을 퍼뜨리는 방법은 (ㅎㅇㅈ)인 전략이다.
• 공부를 (ㅎㅇㅈ)으로 하기 위해 예습과 복습을 철저히 하기로 했다.

효율적

어휘 활용

📖 129쪽

📖 다음 편지를 읽고, 물음에 답하세요.

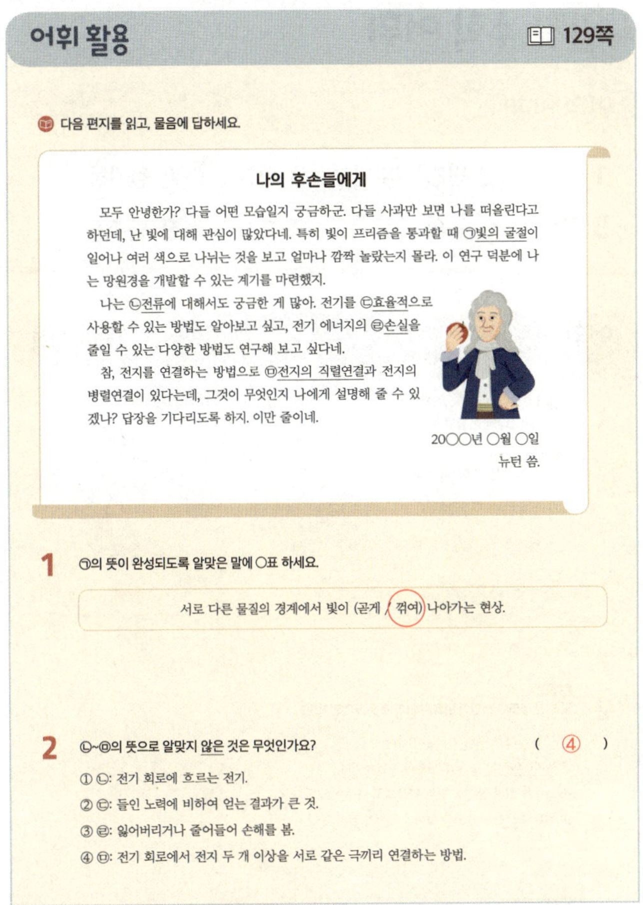

1 ㉠의 뜻이 완성되도록 알맞은 말에 ○표 하세요.

서로 다른 물질의 경계에서 빛이 (곧게 / 꺾여) 나아가는 현상.

2 ㉡~㉣의 뜻으로 알맞지 않은 것은 무엇인가요? (④)

① ㉡: 전기 회로에 흐르는 전기.
② ㉢: 들인 노력에 비하여 얻는 결과가 큰 것.
③ ㉣: 잃어버리거나 줄어들어 손해를 봄.
④ ㉤: 전기 회로에서 전지 두 개 이상을 서로 같은 극끼리 연결하는 방법.

도움말

4 '전기 회로에서 전구 두 개 이상을 여러 개의 줄에 나누어 한 개씩 연결하는 방법'은 '전구의 병렬연결'을 뜻하므로 '아니요'를 따라갑니다. '전기 회로'는 '전구, 전지, 전선 등과 같은 전기 부품을 서로 연결해 전기가 흐르도록 한 것'을 뜻하므로 '예'를 따라갑니다. 따라서 마지막에 나오는 번호는 '3'입니다. '빛의 반사'는 '직진하던 빛이 물체에 부딪칠 때 방향을 바꾸어 되돌아 나가는 현상'을 뜻합니다.

5 '도체'는 '전류가 잘 흐르는 물질'을 뜻합니다. ②에서 '전기가 흐르지 않는'이라고 했으므로 '도체' 대신 '부도체'라는 낱말이 어울립니다. '부도체'는 '전기가 잘 흐르지 않는 물질'이며 부도체의 예로 종이, 유리, 비닐, 플라스틱 등이 있습니다.

6 빈칸에 공통으로 들어갈 낱말은 '효율적'입니다. '효율적'은 '들인 노력에 비하여 얻는 결과가 큰 것'을 뜻합니다.

🔴 매체 자료에 대해 알아볼까요?

편지는 자신의 안부나 소식 등을 적어 상대방에게 보내는 글입니다. 편지는 대부분 '인사-상대의 안부를 묻는 말-편지를 쓰는 사연-인사'로 이루어집니다. 본문에 제시한 글은 뉴턴이 미래의 후손들에게 쓴 가상의 편지입니다.

도움말

1 '빛의 굴절'은 '서로 다른 물질의 경계에서 빛이 꺾여 나아가는 현상'이므로 '꺾여'에 ○표 합니다.

2 '전기 회로에서 전지 두 개 이상을 서로 같은 극끼리 연결하는 방법'은 '전지의 병렬연결'이므로 답은 ④입니다. '전지의 직렬연결'은 '전기 회로에서 전지 두 개 이상을 서로 다른 극끼리 연결하는 방법'입니다.

어휘 이해　📖 132쪽

1 구	2 원기둥의 밑면	3 원뿔	4 원기둥
5 원주	6 구의 중심	7 모선	8 원주율

어휘 적용　📖 133~134쪽

[낱말 이해]

1 보기 에서 설명하는 낱말을 쓰세요.

보기
- 이 도형은 입체도형이다.
- 이 도형의 밑면은 원으로 이루어져 있다.
- 이 도형은 아주 뾰족한 부분을 가지고 있다.
- 이 도형은 고깔모자와 비슷한 모양을 하고 있다.

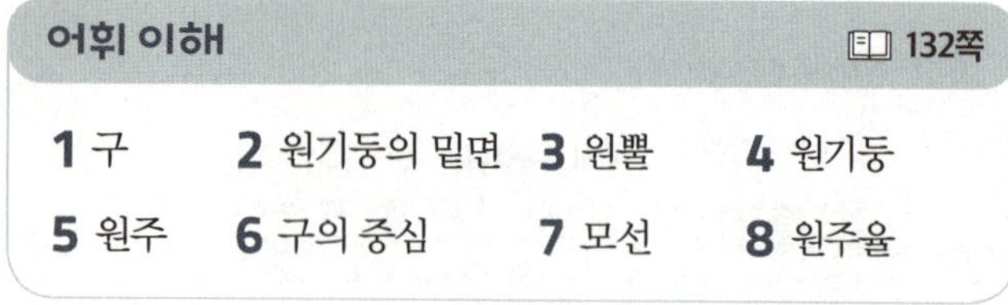

✎ **원뿔**

[낱말 관계]

2 밑줄 친 낱말의 쓰임이 바르지 <u>않은</u> 것은 무엇인가요?　(③)

① 구의 지름은 구의 중심을 지난다.
② 원기둥의 밑면은 서로 평행하고 합동이다.
③ 원주는 원의 둘레를 원의 지름으로 나누어 구한다.
④ 원뿔의 모선은 원뿔의 높이와 길이가 같지 않다.

[낱말 적용]

3 문장의 빈칸에 들어갈 알맞은 낱말을 찾아 줄로 이으세요.

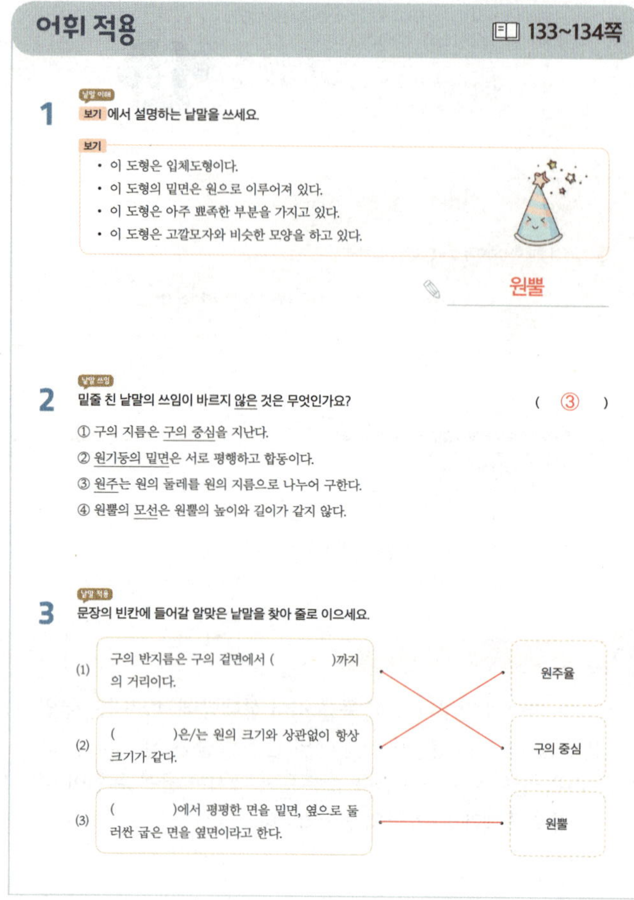

(1) 구의 반지름은 구의 겉면에서 (　　　)까지의 거리이다. — 원주율

(2) (　　　)은/는 원의 크기와 상관없이 항상 크기가 같다. — 구의 중심

(3) (　　　)에서 평평한 면을 밑면, 옆으로 둘러싼 굽은 면을 옆면이라고 한다. — 원뿔

[낱말 적용]

4 다음 대화의 빈칸에 들어갈 알맞은 말로 짝 지어진 것은 무엇인가요?　(③)

> 홈스: 왓슨, 원기둥과 원뿔의 공통점과 차이점에 대해서 아는가?
> 왓슨: 두 입체도형 모두 (　㉠　)의 모양이 원이라는 것이 공통점이지.
> 홈스: 잘 알고 있군. 자, 그러면 두 도형의 차이점도 말해 보게.
> 왓슨: 원기둥은 밑면의 개수가 (　㉡　)이고, 원뿔은 밑면의 개수가 (　㉢　)라네.

	㉠	㉡	㉢			㉠	㉡	㉢
①	옆면	2개	1개		②	밑면	1개	2개
③	밑면	2개	1개		④	옆면	1개	2개

[낱말 이해]

5 다음 글자 카드에서 설명하는 낱말을 각각 쓰세요.

(1)
- 이 도형은 옆면과 원 모양의 두 밑면으로 이루어진 입체도형이다.
- 이 도형의 두 밑면은 서로 평행하고 합동이다.

✎ **원기둥**

(2)
- 둥글게 생긴 입체도형이다.
- 이 도형의 중심에서 겉면의 한 점을 이은 선분을 이 도형의 반지름이라고 한다.

✎ **구**

[낱말 이해]

6 뜻에 알맞은 낱말을 글자판에서 찾아 묶으세요. 낱말은 가로, 세로, 대각선으로 묶을 수 있어요.

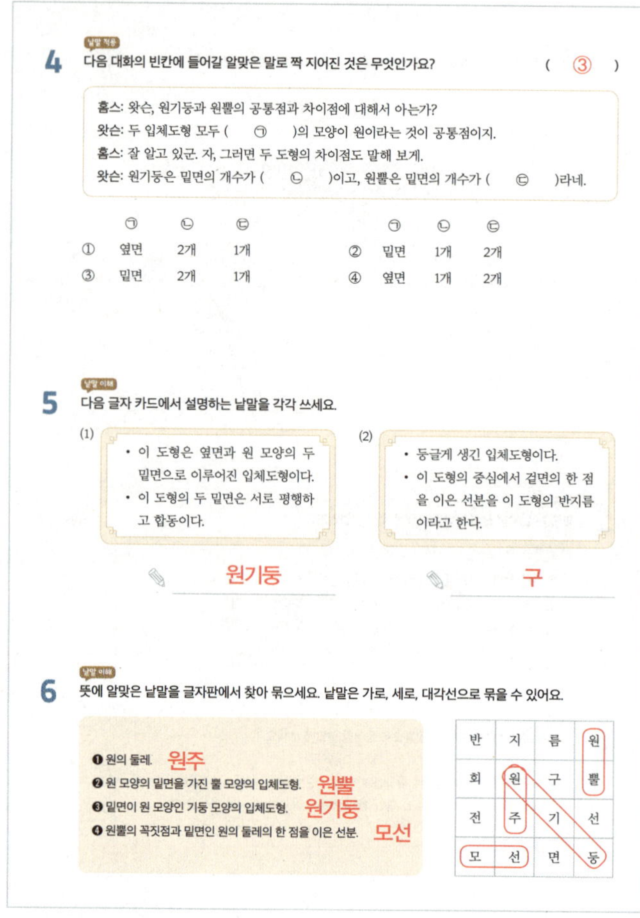

❶ 원의 둘레. **원주**
❷ 원 모양의 밑면을 가진 뿔 모양의 입체도형. **원뿔**
❸ 밑면이 원 모양인 기둥 모양의 입체도형. **원기둥**
❹ 원뿔의 꼭짓점과 밑면인 원의 둘레의 한 점을 이은 선분. **모선**

반	지	름	원
회	원	구	뿔
전	주	기	선
모	선	면	둥

도움말

1 보기 에서 설명하는 낱말은 '원뿔'입니다. '원뿔'은 '원 모양의 밑면을 가진 뿔 모양의 입체도형'을 뜻합니다. 원뿔의 밑면은 원 모양입니다.

2 '원주'는 '원의 둘레'를 뜻합니다. 따라서 ③에서는 낱말의 쓰임이 바르지 않습니다. 밑줄 친 부분에는 '원주율'이 들어가야 합니다. '원주율'은 '원의 지름에 대한 원주의 비율'을 뜻합니다. 원주율은 원의 둘레를 원의 지름으로 나누어 구합니다. ①에서 '구의 중심'은 '구의 가장 안쪽에 있는 점'을 뜻합니다. ②에서 '원기둥의 밑면'은 '원기둥에서 서로 평행하고 합동인 두 면'을 뜻합니다. ④에서 '모선'은 '원뿔의 꼭짓점과 밑면인 원의 둘레의 한 점을 이은 선분'을 뜻합니다.

3 (1) 빈칸에 들어갈 알맞은 낱말은 '구의 중심'입니다. (2) 빈칸에 들어갈 알맞은 낱말은 '원주율'입니다. 원주율은 소수로 어림하여 나타내면 약 3.14입니다. (3) 빈칸에 들어갈 알맞은 낱말은 '원뿔'입니다.

도움말

4 대화의 빈칸에 들어갈 알맞은 말로 짝 지어진 것은 ③입니다. 원기둥과 원뿔은 '밑면'의 모양이 원이라는 것이 공통점입니다. 원기둥과 원뿔의 차이점은 밑면의 개수가 다르다는 점입니다. 원기둥은 밑면의 개수가 '2개'이고, 원뿔은 밑면의 개수가 '1개'입니다.

5 (1) '원기둥'은 '밑면이 원 모양인 기둥 모양의 입체도형'입니다. 원기둥은 옆면과 두 밑면으로 이루어져 있고, 두 밑면은 서로 평행하고 합동입니다. (2) '구'는 '공처럼 둥글게 생긴 입체도형'입니다. 구의 중심에서 겉면의 한 점을 이은 선분을 구의 반지름이라고 합니다.

6 ❶ '원의 둘레'는 '원주'입니다. ❷ '원 모양의 밑면을 가진 뿔 모양의 입체도형'은 '원뿔'입니다. ❸ '밑면이 원 모양인 기둥 모양의 입체도형'은 '원기둥'입니다. ❹ '원뿔의 꼭짓점과 밑면인 원의 둘레의 한 점을 이은 선분'은 '모선'입니다.

🔎 다음 안내문을 읽고, 물음에 답하세요.

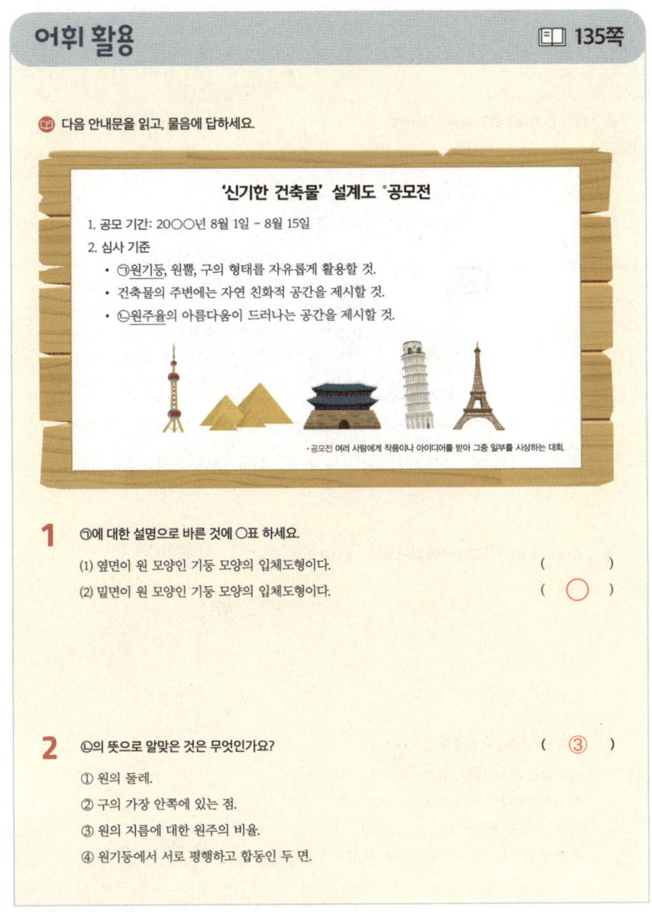

1 ㉠에 대한 설명으로 바른 것에 ○표 하세요.

(1) 옆면이 원 모양인 기둥 모양의 입체도형이다.　(　)
(2) 밑면이 원 모양인 기둥 모양의 입체도형이다.　(○)

2 ㉡의 뜻으로 알맞은 것은 무엇인가요?　(③)

① 원의 둘레.
② 구의 가장 안쪽에 있는 점.
③ 원의 지름에 대한 원주의 비율.
④ 원기둥에서 서로 평행하고 합동인 두 면.

🔴 **매체 자료에 대해 알아볼까요?**

이 글은 안내문입니다. 안내문은 어떤 내용을 소개하여 알려 주는 글입니다. 이 글에서는 건축물의 설계도를 모집하는 공모전에 대한 정보를 제시하고 있습니다.

도움말

1 '원기둥'은 '밑면이 원 모양인 기둥 모양의 입체도형'이므로 (2)에 ○표 합니다. 원기둥의 두 밑면은 서로 평행하고 모양과 크기가 같습니다.

2 '원주율'은 '원의 지름에 대한 원주의 비율'을 뜻합니다. ①에서 '원의 둘레'는 '원주'입니다. ②에서 '구의 가장 안쪽에 있는 점'은 '구의 중심'입니다. ④에서 '원기둥에서 서로 평행하고 합동인 두 면'은 '원기둥의 밑면'입니다.

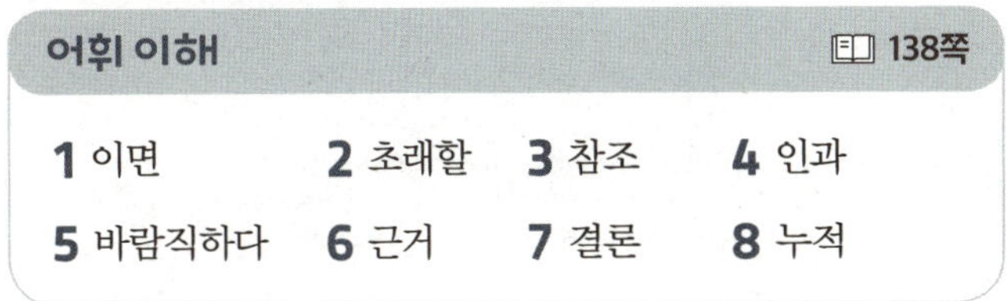 5일차 학습 도움 어휘

1 이면　**2** 초래할　**3** 참조　**4** 인과
5 바람직하다　**6** 근거　**7** 결론　**8** 누적

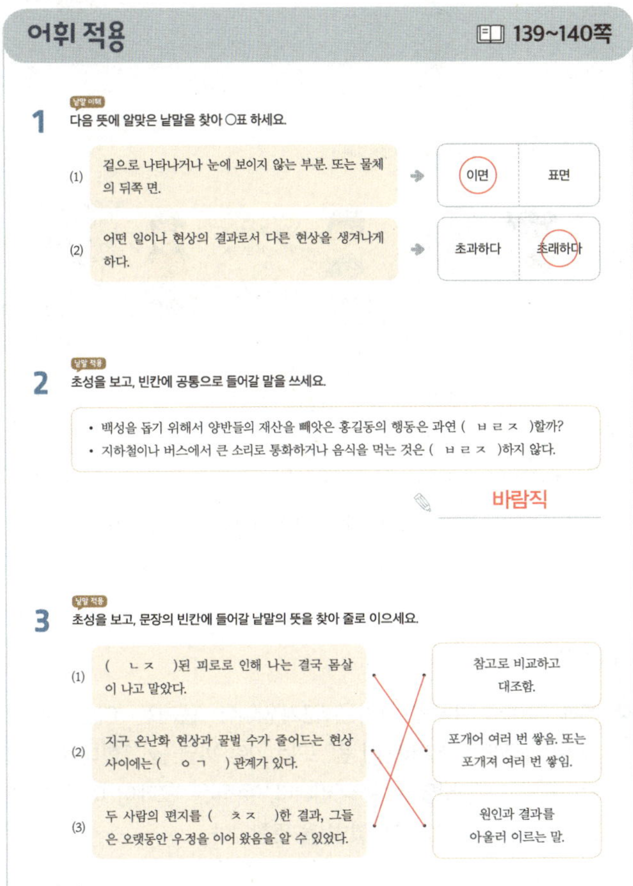

어휘 적용　📖 139~140쪽

낱말 이해
1 다음 뜻에 알맞은 낱말을 찾아 ○표 하세요.

(1) 겉으로 나타나거나 눈에 보이지 않는 부분. 또는 물체의 뒤쪽 면.　➡　| 이면 | 표면 |

(2) 어떤 일이나 현상의 결과로서 다른 현상을 생겨나게 하다.　➡　| 초과하다 | 초래하다 |

낱말 적용
2 초성을 보고, 빈칸에 공통으로 들어갈 말을 쓰세요.

• 백성을 돕기 위해서 양반들의 재산을 빼앗은 홍길동의 행동은 과연 (ㅂㄹㅈ)할까?
• 지하철이나 버스에서 큰 소리로 통화하거나 음식을 먹는 것은 (ㅂㄹㅈ)하지 않다.

✏️ **바람직**

낱말 적용
3 초성을 보고, 문장의 빈칸에 들어갈 낱말의 뜻을 찾아 줄로 이으세요.

(1) (ㄴㅈ)된 피로로 인해 나는 결국 몸살이 나고 말았다.　— 참고로 비교하고 대조함.

(2) 지구 온난화 현상과 꿀벌 수가 줄어드는 현상 사이에는 (ㅇㄱ) 관계가 있다.　— 포개어 여러 번 쌓음. 또는 포개져 여러 번 쌓임.

(3) 두 사람의 편지를 (ㅊㅈ)한 결과, 그들은 오랫동안 우정을 이어 왔음을 알 수 있었다.　— 원인과 결과를 아울러 이르는 말.

도움말

1 (1) '겉으로 나타나거나 눈에 보이지 않은 부분. 또는 물체의 뒤쪽 면.'을 뜻하는 낱말은 '이면'입니다. (2) '어떤 일이나 현상의 결과로서 다른 현상을 생겨나게 하다'를 뜻하는 낱말은 '초래하다'입니다. '초과하다'는 '일정한 수나 한도 등을 넘다'를 뜻합니다.

2 빈칸에 공통으로 들어갈 말은 '바람직'입니다. '바람직하다'는 '바랄 만한 가치가 있다'를 뜻합니다.

3 (1) 빈칸에 들어갈 낱말은 '누적'입니다. '누적'은 '포개어 여러 번 쌓음. 또는 포개져 여러 번 쌓임.'을 뜻합니다. (2) 빈칸에 들어갈 낱말은 '인과'입니다. '인과'는 '원인과 결과를 아울러 이르는 말'을 뜻합니다. (3) 빈칸에 들어갈 낱말은 '참조'입니다. '참조'는 '참고로 비교하고 대조함'을 뜻합니다.

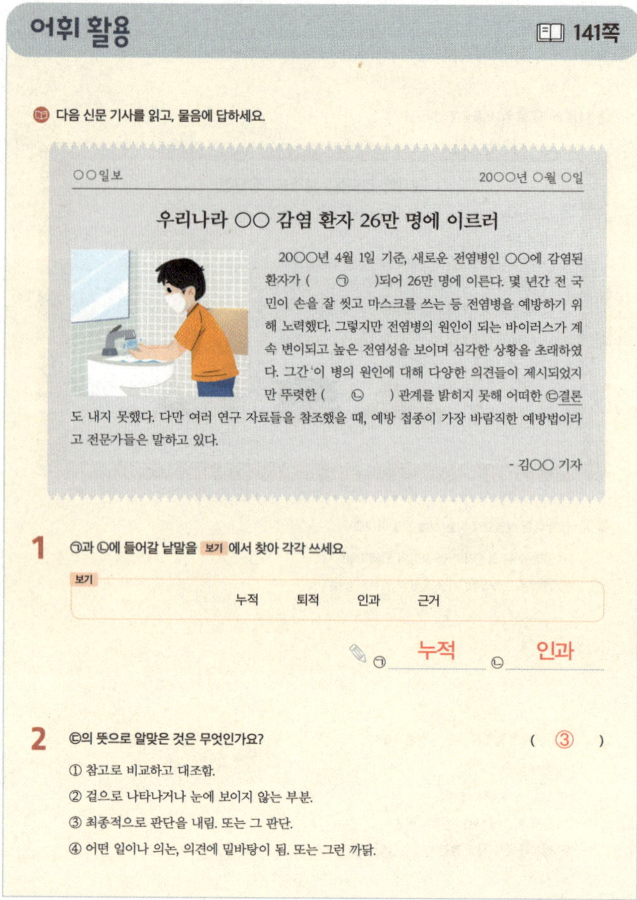

○○일보   20○○년 ○월 ○일

우리나라 ○○ 감염 환자 26만 명에 이르러

20○○년 4월 1일 기준, 새로운 전염병인 ○○에 감염된 환자가 (㉠)되어 26만 명에 이른다. 몇 년간 전 국민이 손을 잘 씻고 마스크를 쓰는 등 전염병을 예방하기 위해 노력했다. 그렇지만 전염병의 원인이 되는 바이러스가 계속 변이되고 높은 전염성을 보이며 심각한 상황을 초래하였다. 그간 '이 병의 원인에 대해 다양한 의견들이 제시되었지만 뚜렷한 (㉡) 관계를 밝히지 못해 어떠한 ㉢결론도 내지 못했다. 다만 여러 연구 자료들을 참조했을 때, 예방 접종이 가장 바람직한 예방법이라고 전문가들은 말하고 있다.

- 김○○ 기자

도움말

4 ㉠에 들어갈 알맞은 낱말은 '근거'입니다. '근거'는 '어떤 일이나 의논, 의견에 그 밑바탕이 됨. 또는 그런 까닭.'을 뜻합니다. ㉡에 들어갈 알맞은 낱말은 '누적'입니다. '누적'은 '포개어 여러 번 쌓음. 또는 포개져 여러 번 쌓임.'을 뜻합니다.

5 밑줄 친 낱말을 잘못 활용한 친구는 '희준'입니다. '결론'은 '말이나 글의 끝을 맺는 부분'입니다. 논설문에서 주장을 본격적으로 펼치는 부분은 '본론'입니다.

6 밑줄 친 낱말과 뜻이 비슷하지 않은 것은 '일어섰다'입니다. '초래하였다'의 기본형 '초래하다'는 '어떤 일이나 현상의 결과로서 다른 현상을 생겨나게 하다'를 뜻합니다. '초래하다'의 비슷한말은 '가져오다', '부르다', '일으키다'입니다.

매체 자료에 대해 알아볼까요?

신문은 사회에서 발생한 사건에 대한 진실이나 해설을 널리 알리기 위한 매체입니다. 신문 기사는 어떤 사건이나 사실을 알리는 신문 속 짧은 글입니다. 이 글은 새로운 전염병에 감염된 우리나라 환자가 26만 명에 이른다는 내용의 신문 기사입니다.

도움말

1 ㉠에 들어갈 낱말은 '누적'이고, ㉡에 들어갈 낱말은 '인과'입니다. '누적'은 '포개어 여러 번 쌓음. 또는 포개져 여러 번 쌓임.'을 뜻합니다. '인과'는 '원인과 결과를 아울러 이르는 말'입니다.

2 '결론'의 뜻은 '최종적으로 판단을 내림. 또는 그 판단.'을 뜻합니다. ①에서 '참고로 비교하고 대조함'을 뜻하는 낱말은 '참조'입니다. ②에서 '겉으로 나타나거나 눈에 보이지 않는 부분'을 뜻하는 낱말은 '이면'입니다. ④에서 '어떤 일이나 의논, 의견에 밑바탕이 됨. 또는 그런 까닭.'을 뜻하는 낱말은 '근거'입니다.

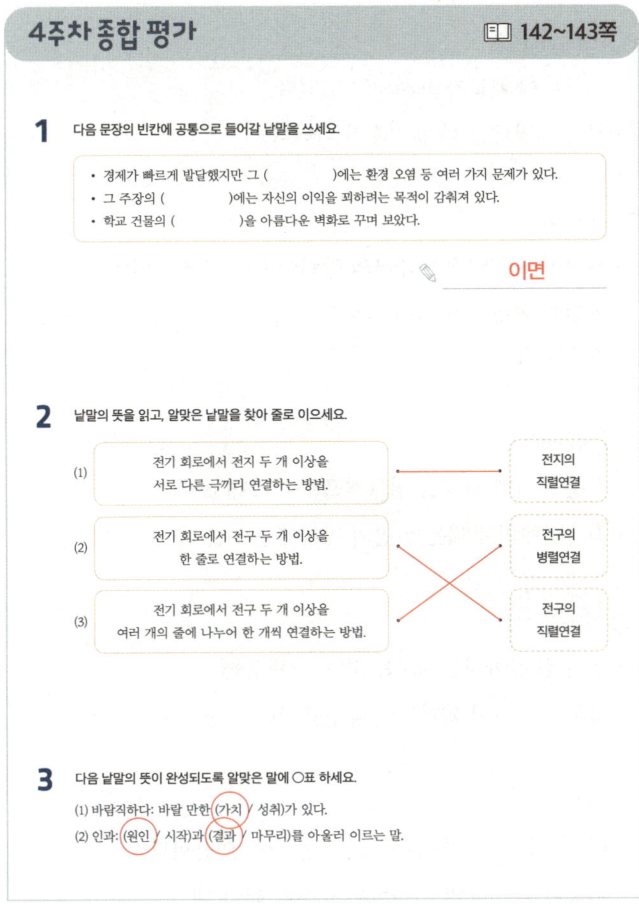

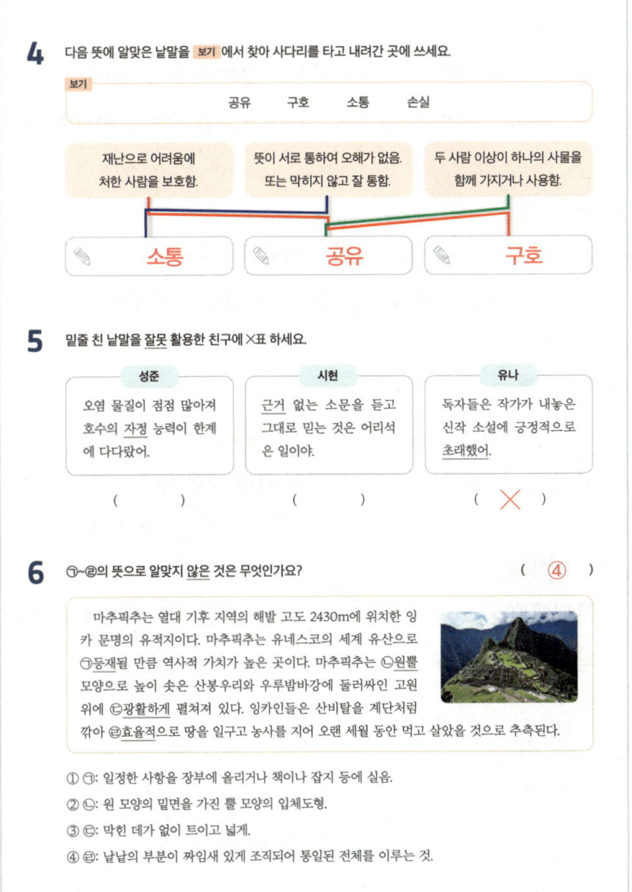

도움말

1 빈칸에 공통으로 들어갈 낱말은 '이면'입니다. '이면'은 '겉으로 나타나거나 눈에 보이지 않는 부분' 또는 '물체의 뒤쪽 면'을 뜻합니다.

2 (1) '전기 회로에서 전지 두 개 이상을 서로 다른 극끼리 연결하는 방법'은 '전지의 직렬연결'입니다. (2) '전기 회로에서 전구 두 개 이상을 한 줄로 연결하는 방법'은 '전구의 직렬연결'입니다. (3) '전기 회로에서 전구 두 개 이상을 여러 개의 줄에 나누어 한 개씩 연결하는 방법'은 '전구의 병렬연결'입니다.

3 (1) '바람직하다'는 '바랄 만한 가치가 있다'를 뜻합니다. (2) '인과'는 '원인과 결과를 아울러 이르는 말'을 뜻합니다.

도움말

4 '재난으로 어려움에 처한 사람을 보호함'은 '구호'의 뜻입니다. '뜻이 서로 통하여 오해가 없음. 또는 막히지 않고 잘 통함.'은 '소통'의 뜻입니다. '두 사람 이상이 하나의 사물을 함께 가지거나 사용함'은 '공유'의 뜻입니다.

5 밑줄 친 낱말을 잘못 활용한 친구는 '유나'입니다. '초래했다'의 기본형 '초래하다'는 '어떤 일이나 현상의 결과로서 다른 현상을 생겨나게 하다'를 뜻합니다. 밑줄 친 부분은 '반응했어'가 어울립니다. '성준'이 말한 문장에서 '자정'은 '오염된 자연이 물리학적·화학적·생물학적 작용으로 깨끗해짐'의 뜻으로 사용되었습니다. '시현'이 말한 문장에서 '근거'는 '어떤 일이나 의논, 의견에 그 밑바탕이 됨. 또는 그런 까닭.'을 뜻합니다.

6 '효율적'은 '들인 노력에 비해 얻는 결과가 큰 것'을 뜻합니다. '낱낱의 부분이 짜임새 있게 조직되어 통일된 전체를 이루는 것'은 '체계적'의 뜻입니다.

* 활동 2와 4의 예시 답안입니다.

4~5쪽
- 발자국을 **단서**로 어떤 동물이 다녀갔는지 알 수 있어.
- 논설문을 쓸 때에는 단정적이거나 **모호한** 표현을 피해야 해.

6~7쪽
- 인종 차별을 반대하는 **시위**가 열렸다.
- 입법부, 행정부, 사법부가 서로를 **견제**하기 위해서야.

8~9쪽
- 지구가 태양 주변을 도는 것을 **지구의 공전**이라고 해.
- 낮과 밤이 생기는 까닭은 **지구의 자전** 때문이야.

10~11쪽
- **각뿔**의 밑면 모양이 사각형이면 이 도형은 사각뿔이라고 한다.
- **각기둥**은 위아래 밑면이 평행이고 합동이야.

12~13쪽
- 네 입에 묻은 부스러기가 핫도그를 먹었다는 **증거**야!
- '나는 외계인이 있다.'라는 **가설**을 증명하고 싶어.

14~15쪽
- 할머니께서 손녀를 보고 **반색하셨다**.
- 나는 내 꿈을 마음껏 펼치는 삶을 **추구해**.

16~17쪽
- **가계**는 기업에서 일하여 소득을 얻는다.
- 식당의 메뉴판을 보면 재료의 **원산지**가 적혀 있어.

18~19쪽
- **광합성**을 하려면 햇빛과 적당한 온도와 물이 필요해.
- 미세 먼지는 **호흡 기관**을 약하게 하여 병을 일으켜.

20~21쪽
- 우리는 축구공 5개를 2 : 3의 **비**로 나누어 가졌다.
- **백분율**은 비율에 100을 곱한 수에 %를 붙여 나타내.

22~23쪽
- 아빠는 내가 빙판길에서 미끄러질까 봐 **우려하셨어**.
- 환경 보전에 **기여하려면** 일회용품을 덜 써야 해.

24~25쪽
- 나는 큰 개를 보았다고 **과장**하여 말을 했어.
- 자료를 이용하기 전에는 **저작권**을 확인해야 해.

26~27쪽
- 지구본에 **적도**가 표시되어 있었다.
- 북극 지방에는 한대 **기후**가 나타나.

28~29쪽
- 하늘에서는 비행기 내부의 **압력**이 땅에서보다 낮아져.
- 물질이 **연소**하기 위해서는 산소, 탈 물질, 발화점 이상의 온도가 필요해.

30~31쪽
- 설문 조사한 결과를 **원그래프**로 나타내었어.
- **직육면체의 부피**는 밑면의 넓이에 높이를 곱하면 돼.

32~33쪽
- 우리 집 강아지는 내 목소리에만 **반응해**.
- 나는 에어컨이 **획기적**인 발명품이라고 생각해.

34~35쪽
- 내 친구는 자전거 **공유** 서비스를 자주 이용한다.
- **비속어**를 쓰지 않고 올바른 표현을 써야 해.

36~37쪽
- 자원봉사자는 이재민들에게 **구호** 물품을 전달했다.
- 우리는 **세계 시민**으로서 기부 활동에 참여할 수 있어.

38~39쪽
- 물이 가득 찬 유리컵에 숟가락을 넣고 **빛의 굴절** 현상을 관찰했다.
- **전구의 직렬연결**은 전기 회로에서 전구들을 한 줄로 연결하는 방법이야.

40~41쪽
- 지름을 기준으로 반원을 회전시키면 **구** 모양이 돼.
- **원기둥**의 밑면은 2개이고, 원뿔의 밑면은 1개야.

42~43쪽
- 작은 불이 큰불을 **초래할** 수 있어!
- 논설문을 잘 쓰려면 주장을 적절하게 뒷받침하는 **근거**를 찾아야 해.

메가스터디BOOKS

www.megastudybooks.com

내용 문의 | 02-6984-6928,31 **구입 문의** | 02-6984-6868,9 *파본은 구입처에서 교환해 드립니다.

초등 문해력 어휘 활용의 힘

나만의
어휘
활용노트

나는 어휘를 활용해 자유롭게 문장을 쓰면서 복습 효과를 높이는 노트야.

매일 사용하는 친구들은 이 노트를 다 쓸 때쯤이면 '어휘의 마술사'가 될 수 있지.

쓰고자 하는 어휘를 마음껏 활용해 근사한 문장을 만들어 낼 수 있다고!

2가지 활용법이 있어!

2가지 사용 방법 중, 더 수월하게 사용할 수 있는 방법으로 선택해 봐.

노트를 끝까지 활용하는 데 도움이 될 거야.

활용 1 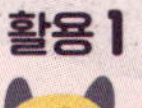
1일차 학습을 끝낸 다음, 노트를 바로 활용하는 거야.
방금 학습한 어휘를 활용해 바로 문장을 쓴다면
공부한 내용을 더 오래 기억할 수 있겠지?

활용 2 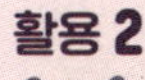
1일차 학습을 끝낸 **다음 날, 노트를 활용하는 거야.**
새로운 학습을 하기 전, 어제 학습한 어휘를 떠올려 보면
복습 효과를 훨씬 더 높일 수 있어.

4가지 활동을 살펴봐!

나는 어디에서나 볼 수 있는 흔한 노트가 아니야.

친구들이 재미있게 문장을 쓸 수 있도록 여러 활동으로 이루어져 있지!

어떤 활동이 있는지 살펴볼까?

활동 ❶ 문장 따라 쓰기

「초등 문해력 어휘 활용의 힘」에서 배운
다양한 예시 문장들을 따라 쓰며
낱말의 뜻을 떠올려 봐!

활동 ❸ 자유 문장 쓰기

자유롭게 문장을 쓰며
낱말의 뜻과 쓰임을
정확하게 익혔는지 알아보자!

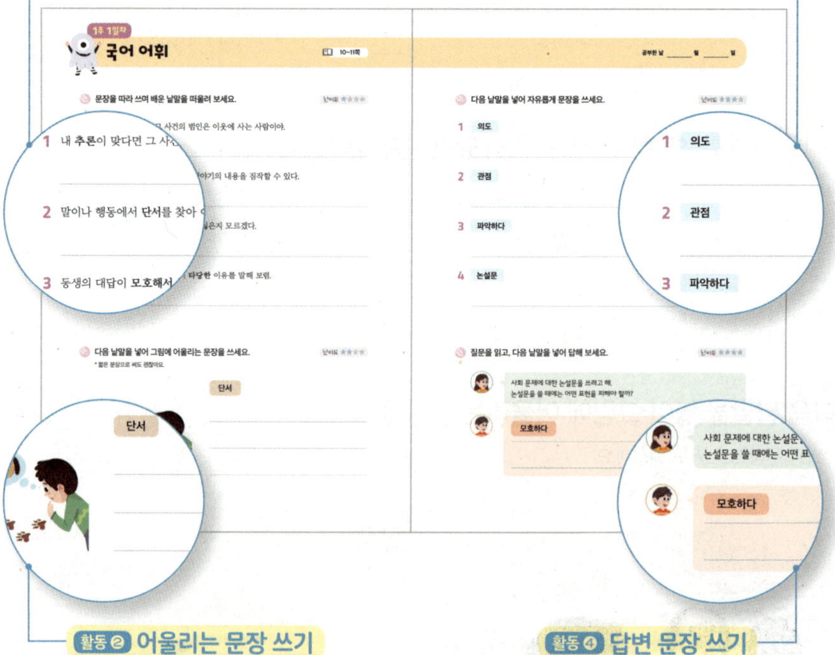

활동 ❷ 어울리는 문장 쓰기

그림 또는 사진에 어울리는 문장을
학습한 낱말을 이용해 만들어 보자!

활동 ❹ 답변 문장 쓰기

다양한 상황 속 질문에 적절한 답변을 쓰며
어휘 활용의 힘을 완성해 봐!

* '나만의 어휘 활용 노트'의 예시 답안은 '정답과 해설'의 36쪽을 참고해 주세요.

✏️ **문장을 따라 쓰며 배운 낱말을 떠올려 보세요.**　난이도 ★☆☆☆

1 내 **추론**이 맞다면 그 사건의 범인은 이웃에 사는 사람이야.

____

2 말이나 행동에서 **단서**를 찾아 이야기의 내용을 짐작할 수 있다.

____

3 동생의 대답이 **모호해서** 좋은지 싫은지 모르겠다.

____

4 휴대 전화를 왜 사야 하는지 **타당한** 이유를 말해 보렴.

____

✏️ **다음 낱말을 넣어 그림에 어울리는 문장을 쓰세요.**　난이도 ★★☆☆

* 짧은 문장으로 써도 괜찮아요.

단서

____

____

____

✏️ 다음 낱말을 넣어 자유롭게 문장을 쓰세요.   난이도 ★★★☆

1   의도

---

2   관점

---

3   파악하다

---

4   논설문

✏️ 질문을 읽고, 다음 낱말을 넣어 답해 보세요.   난이도 ★★★★

사회 문제에 대한 논설문을 쓰려고 해.
논설문을 쓸 때에는 어떤 표현을 피해야 할까?

모호하다

사회 어휘

📖 16~17쪽

✏️ **문장을 따라 쓰며 배운 낱말을 떠올려 보세요.** 난이도 ★★★★

1 세계 곳곳에서 전쟁에 반대하는 **시위**가 이어졌다.

____

2 국회에서는 법을 **제정**하고, 법을 고치거나 없애기도 한다.

____

3 국회에서 나라의 살림에 필요한 예산을 **심의**하여 정한다.

____

4 우리 시에서는 민주적 **의사 결정** 과정을 거쳐 문제를 해결했다.

____

✏️ **다음 낱말을 넣어 그림에 어울리는 문장을 쓰세요.** 난이도 ★★★★

* 짧은 문장으로 써도 괜찮아요.

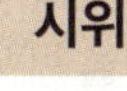

시위

____

____

____

✎ 다음 낱말을 넣어 자유롭게 문장을 쓰세요.　　난이도 ★★★★

1　혁명

____

2　견제

____

3　개정

____

4　관용

____

✎ 질문을 읽고, 다음 낱말을 넣어 답해 보세요.　　난이도 ★★★★

우리나라는 입법부, 행정부, 사법부가 국가의 권력을 나누어 갖고 있어.
이렇게 삼권 분립을 하는 까닭은 무엇일까?

견제

____

____

과학 어휘

📖 22~23쪽

✍️ **문장을 따라 쓰며 배운 낱말을 떠올려 보세요.**　　　난이도 ★☆☆☆

1 실험하는 동안 **측정**한 내용은 곧바로 기록한다.

2 **태양** 고도가 높아지면 그림자의 길이는 짧아진다.

3 **지구**의 **자전**으로 낮과 밤이 번갈아 나타난다.

4 지구의 자전축이 공전 **궤도면**에 대해 기울어져 있어 계절의 변화가 생긴다.

✍️ **다음 낱말을 넣어 그림에 어울리는 문장을 쓰세요.**　　　난이도 ★★☆☆

* 짧은 문장으로 써도 괜찮아요.

지구의 공전

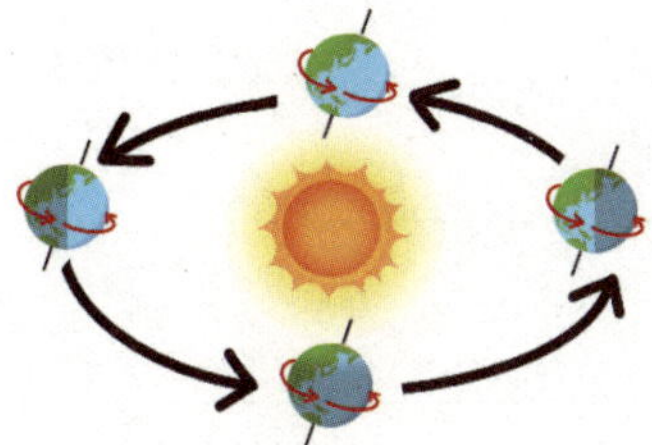

✍ 다음 낱말을 넣어 자유롭게 문장을 쓰세요.　난이도 ★★★★

1 지표면

____

2 남중

____

3 일몰

____

4 지구의 공전

____

____

✍ 질문을 읽고, 다음 낱말을 넣어 답해 보세요.　난이도 ★★★★

지구가 항상 밝은 낮이었으면 좋겠어.
낮과 밤이 생기는 까닭은 무엇일까?

지구의 자전

____

____

수학 어휘

28~29쪽

✏️ **문장을 따라 쓰며 배운 낱말을 떠올려 보세요.**   난이도 ★☆☆☆

1 직육면체와 같은 도형을 **입체도형**이라고 한다.

____

2 윗면과 아랫면이 평행하더라도 같은 크기와 모양이 아니면 **각기둥**이 아니야.

____

3 사각기둥의 **모서리** 개수는 12개이다.

____

4 각뿔의 **구성 요소**는 밑면, 옆면, 모서리, 꼭짓점, 각뿔의 꼭짓점, 높이이다.

____

✏️ **다음 낱말을 넣어 그림에 어울리는 문장을 쓰세요.**   난이도 ★★☆☆

* 짧은 문장으로 써도 괜찮아요.

각뿔

각뿔의 꼭짓점

높이   모서리   옆면

밑면   꼭짓점

____

____

____

✏️ 다음 낱말을 넣어 자유롭게 문장을 쓰세요.　　난이도 ★★★☆

1 각기둥의 밑면

____

2 각기둥의 높이

____

3 각뿔

____

4 각뿔의 높이

____

✏️ 질문을 읽고, 다음 낱말을 넣어 답해 보세요.　　난이도 ★★★★

각뿔은 밑면이 다각형이고, 옆면은 삼각형인 입체도형이야.
그렇다면 각기둥의 특징은 무엇일까?

각기둥

____

____

학습 도움 어휘

📝 문장을 따라 쓰며 배운 낱말을 떠올려 보세요. 난이도 ★☆☆☆

1 화석은 생물이 진화해 왔다는 **증거**가 될 수 있다.

____

2 경제가 **발전하면서** 자동차의 생산량이 늘어나 수출이 활발해졌다.

____

3 시민들은 선거나 투표에 **참여하여** 정치적 뜻을 표현한다.

____

4 기사를 쓸 때는 **주관**을 제외하고 사실을 객관적으로 전달해야 한다.

____

📝 다음 낱말을 넣어 그림에 어울리는 문장을 쓰세요. 난이도 ★★☆☆

* 짧은 문장으로 써도 괜찮아요.

증거

____

____

____

✍ 다음 낱말을 넣어 자유롭게 문장을 쓰세요.　　　난이도 ★★★☆

1　수립

____

2　가설

____

3　움직이다

____

4　판단하다

____

✍ 질문을 읽고, 다음 낱말을 넣어 답해 보세요.　　　난이도 ★★★★

나는 '빛이 들지 않으면 식물이 자라지 않을 것이다.'라는 가설을 세웠어.
네가 증명하고 싶은 가설은 무엇이니?

가설

____

____

📖 44~45쪽

✍️ **문장을 따라 쓰며 배운 낱말을 떠올려 보세요.** 난이도 ★★★★

1 예술은 아름다움을 **추구하는** 인간의 활동이야.

____

2 남들과 달리 그는 우리를 **반색해** 주었다.

____

3 이야기의 **발단**에서 인물과 배경이 소개되었다.

____

4 이야기의 **결말**에서 인물들 사이의 갈등이 해결되었다.

____

✍️ **다음 낱말을 넣어 그림에 어울리는 문장을 쓰세요.** 난이도 ★★★★

* 짧은 문장으로 써도 괜찮아요.

반색하다

____

____

____

✎ 다음 낱말을 넣어 자유롭게 문장을 쓰세요. 난이도 ★★★☆

1 비유

____

2 사실 질문

____

3 전개

____

4 절정

____

✎ 질문을 읽고, 다음 낱말을 넣어 답해 보세요. 난이도 ★★★★

추구하다

____

____

15

사회 어휘

✎ **문장을 따라 쓰며 배운 낱말을 떠올려 보세요.** 난이도 ★☆☆☆

1 물건의 값이 많이 올라 **가계**를 꾸려 나가는 데 큰 어려움이 있다.

____

2 **자유 무역 협정**으로 다른 나라의 물건을 저렴한 값에 살 수 있어!

____

3 기업의 담합은 **공정**하지 않은 경제 활동이다.

____

4 이 팝콘은 미국이 **원산지**인 옥수수로 만들어졌다.

____

✎ **다음 낱말을 넣어 그림에 어울리는 문장을 쓰세요.** 난이도 ★★☆☆
* 짧은 문장으로 써도 괜찮아요.

가계

____

____

____

✏️ 다음 낱말을 넣어 자유롭게 문장을 쓰세요.　　　　난이도 ★★★☆

1　소득

____

2　독과점

____

3　이윤

____

4　자원

____

✏️ 질문을 읽고, 다음 낱말을 넣어 답해 보세요.　　　　난이도 ★★★★

식당에서 주문한 음식의 재료가 어디에서 생산되었는지 궁금해.
음식 재료의 원산지를 확인하는 방법이 있을까?

원산지

____

____

과학 어휘

📖 56~57쪽

✍️ 문장을 따라 쓰며 배운 낱말을 떠올려 보세요.　난이도 ★★★★

1 **뿌리털**은 식물이 흙 속의 물과 양분을 잘 흡수하도록 돕는다.

2 **증산 작용**은 식물의 온도를 조절하는 역할을 한다.

3 **순환 기관**에는 심장과 혈관이 있다.

4 **배설 기관** 중, 콩팥은 혈액에 있는 노폐물을 걸러 낸다.

✍️ 다음 낱말을 넣어 그림에 어울리는 문장을 쓰세요.　난이도 ★★★★

* 짧은 문장으로 써도 괜찮아요.

광합성

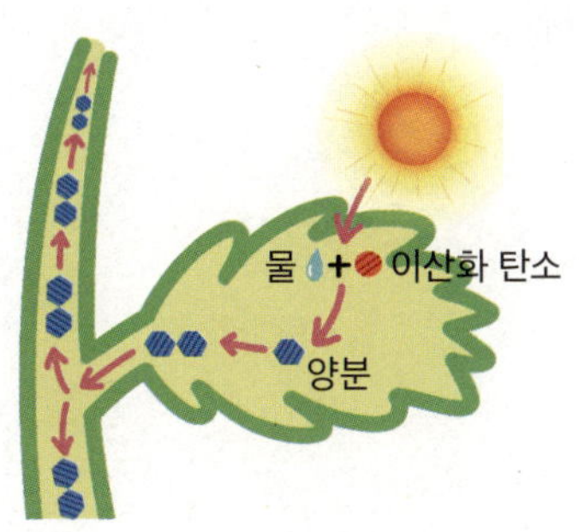

✏️ 다음 낱말을 넣어 자유롭게 문장을 쓰세요. 난이도 ★★★☆

1 세포

____

2 광합성

____

3 소화 기관

____

4 호흡 기관

____

✏️ 질문을 읽고, 다음 낱말을 넣어 답해 보세요. 난이도 ★★★★

호흡 기관

____

수학 어휘

📖 62~63쪽

✏️ **문장을 따라 쓰며 배운 낱말을 떠올려 보세요.**　　난이도 ★☆☆☆

1　5 : 3은 5 대 3, 5와 3의 비, 5의 3에 대한 비, 3에 대한 5의 **비**라고 읽는다.

2　**기준량**은 비에서 기호 ' : '의 오른쪽에 있는 숫자이다.

3　5 : 10을 **비율**로 나타내면 $\dfrac{5}{10}$, 또는 0.5이다.

4　1 : 3 = 2 : 6과 같은 식이 **비례식**이다.

✏️ **다음 낱말을 넣어 그림에 어울리는 문장을 쓰세요.**　　난이도 ★★☆☆

* 짧은 문장으로 써도 괜찮아요.

비

✎ 다음 낱말을 넣어 자유롭게 문장을 쓰세요.　　난이도 ★★★☆

1 백분율

____

2 전항

____

3 외항

____

4 비례배분

____

✎ 질문을 읽고, 다음 낱말을 넣어 답해 보세요.　　난이도 ★★★★

백분율은 기준량을 100으로 할 때의 비율이라고 해.
0.2를 백분율로 나타내려면 어떻게 해야 할까?

백분율

____

____

학습 도움 어휘

68~69쪽

✎ **문장을 따라 쓰며 배운 낱말을 떠올려 보세요.** 난이도 ★★★★

1 비버는 나무와 흙을 이용해 댐 **구조**의 보금자리를 만들어 생활한다.

____

2 대부분의 기업들은 자신의 제품이 덜 팔리게 될 것을 **우려하여** 기술 공개를 꺼린다.

____

3 정부에서 수출을 **촉진**하기 위해 다양한 정책을 내놓았다.

____

4 간척지는 갯벌을 막아 **인위적**으로 만든 땅이다.

____

✎ **다음 낱말을 넣어 그림에 어울리는 문장을 쓰세요.** 난이도 ★★★★
* 짧은 문장으로 써도 괜찮아요.

우려하다

____

____

____

✏️ 다음 낱말을 넣어 자유롭게 문장을 쓰세요. 난이도 ★★★★

1 기여하다

____

2 사고하다

____

3 보유하다

____

4 작용하다

____

✏️ 질문을 읽고, 다음 낱말을 넣어 답해 보세요. 난이도 ★★★★

우리가 환경 보전에 기여하는 방법으로는 무엇이 있을까?

기여하다

____

국어 어휘

✏️ 문장을 따라 쓰며 배운 낱말을 떠올려 보세요.　　난이도 ★☆☆☆

1 **과장** 광고는 상품을 잘 팔리게 하려고 상품 기능을 실제보다 부풀린다.

____

2 학급 회의와 같은 **공식적**인 자리에서는 존댓말을 써야 해요.

____

3 뉴스는 사람들에게 중요한 사건을 때에 알맞게 **보도**한다.

____

4 나는 이 책을 썼으니까 이 책에 대한 **저작권**이 있어.

____

✏️ 다음 낱말을 넣어 그림에 어울리는 문장을 쓰세요.　　난이도 ★★☆☆

* 짧은 문장으로 써도 괜찮아요.

과장

____

____

____

✍️ 다음 낱말을 넣어 자유롭게 문장을 쓰세요.　난이도 ★★★☆

1　연설

2　관용 표현

3　여론

4　허위

✍️ 질문을 읽고, 다음 낱말을 넣어 답해 보세요.　난이도 ★★★★

사회 어휘

✍️ 문장을 따라 쓰며 배운 낱말을 떠올려 보세요. 난이도 ★☆☆☆

1 **적도**를 기준으로 북쪽은 북위, 남쪽은 남위라고 한다.

2 지도에서 내가 사는 곳의 **위도**와 경도를 알아봤어.

3 우리나라의 남동 **연안** 지역에는 중화학 공업이 발전했어.

4 한국, 중국, 일본이 **합작해** 만든 영화가 국내에서 큰 관심을 받았다.

✍️ 다음 낱말을 넣어 그림에 어울리는 문장을 쓰세요. 난이도 ★★☆☆

* 짧은 문장으로 써도 괜찮아요.

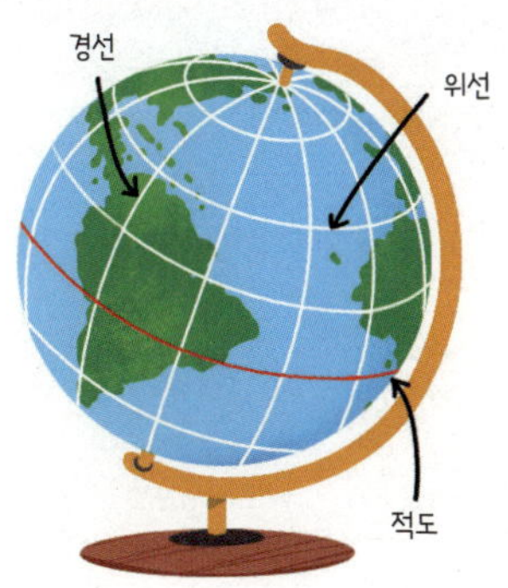

적도

✍️ 다음 낱말을 넣어 자유롭게 문장을 쓰세요.　　　　난이도 ★★★★

1　기후

____

2　대륙

____

3　정상 회담

____

4　개척

____

✍️ 질문을 읽고, 다음 낱말을 넣어 답해 보세요.　　　　난이도 ★★★★

> 우리나라의 기후는 사계절의 변화가 뚜렷한 온대 기후야.
> 북극 지방에는 어떤 기후가 나타나는지 알고 있니?

기후

____

____

과학 어휘

📖 90~91쪽

✏️ **문장을 따라 쓰며 배운 낱말을 떠올려 보세요.** 난이도 ★☆☆☆

1 시민 단체는 언론을 이용해 정부에 **압력**을 넣었다.

____

2 물질이 탈 때에는 빛과 열이 **발생한다.**

____

3 초가 **연소**한 후에는 물과 이산화 탄소가 생긴다.

____

4 불을 끄려면 **발화점** 미만으로 온도를 낮춘다.

____

✏️ **다음 낱말을 넣어 그림에 어울리는 문장을 쓰세요.** 난이도 ★★☆☆
* 짧은 문장으로 써도 괜찮아요.

압력

땅 　　　　 하늘

____

____

____

✎ 다음 낱말을 넣어 자유롭게 문장을 쓰세요.　난이도 ★★★☆

1　소독

____

2　보존하다

____

3　소화

____

4　유용하다

____

✎ 질문을 읽고, 다음 낱말을 넣어 답해 보세요.　난이도 ★★★★

물질이 연소하기 위해서는 어떤 조건이 필요할까?

연소

____

____

수학 어휘

✍️ **문장을 따라 쓰며 배운 낱말을 떠올려 보세요.** 난이도 ★☆☆☆

1 직육면체의 부피를 구하는 방법을 알아보았다.

---

2 직육면체의 **겉넓이**는 여섯 면의 넓이의 합이다.

---

3 연구소에서 인간관계와 행복이 어떤 **상관관계**가 있는지 조사했다.

---

4 우리 시는 5개 **권역**으로 나누어 특성에 맞는 개발 정책을 세우기로 했다.

✍️ **다음 낱말을 넣어 그림에 어울리는 문장을 쓰세요.** 난이도 ★★☆☆

* 짧은 문장으로 써도 괜찮아요.

원그래프

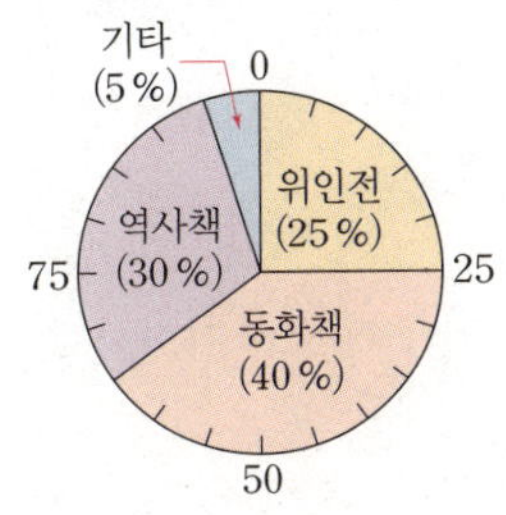

✍️ 다음 낱말을 넣어 자유롭게 문장을 쓰세요.   난이도 ★★★☆

1 띠그래프

____

2 원그래프

____

3 해석하다

____

4 통계

____

✍️ 질문을 읽고, 다음 낱말을 넣어 답해 보세요.   난이도 ★★★★

직육면체는 6개의 직사각형으로 둘러싸인 도형이야.
직육면체의 부피는 어떻게 구해야 할까?

직육면체의 부피

____

____

학습 도움 어휘

✏️ **문장을 따라 쓰며 배운 낱말을 떠올려 보세요.** 난이도 ★★★★

1 실험 중, 두 물질이 **반응하여** 폭발이 일어나자 사람들이 대피하였다.

____

2 친구의 말에 기쁨과 아쉬움 등 여러 감정이 **함축**되어 있었어.

____

3 간호사는 응급 상황에 신속하게 **대처했다**.

____

4 세탁기는 가사 시간을 줄이는 **획기적**인 제품이다.

____

✏️ **다음 낱말을 넣어 그림에 어울리는 문장을 쓰세요.** 난이도 ★★★★

* 짧은 문장으로 써도 괜찮아요.

반응하다

____

____

____

✏️ 다음 낱말을 넣어 자유롭게 문장을 쓰세요.　　난이도 ★★★★

1 제시하다

____

2 근원

____

3 증진

____

4 변천

____

✏️ 질문을 읽고, 다음 낱말을 넣어 답해 보세요.　　난이도 ★★★★

나는 스마트폰이 세상을 변화시켰다고 생각해.
세상을 변화시킨 획기적인 발명품이 무엇이라고 생각하니?

획기적

____

____

국어 어휘

112~113쪽

✏️ **문장을 따라 쓰며 배운 낱말을 떠올려 보세요.**　　난이도 ★☆☆☆

1 고운 우리말 사용이 아름다운 **소통**을 이룬다.

2 **광활한** 들판을 보니, 마음까지 탁 트이는 것 같아.

3 자연의 힘이 아무리 위대해도 **자정** 능력을 넘어서는 오염을 감당하기 어렵다.

4 성공하지 못할 수도 있지만, 실패할 것이라고 **단정** 짓지 말자.

✏️ **다음 낱말을 넣어 그림에 어울리는 문장을 쓰세요.**　　난이도 ★★☆☆

* 짧은 문장으로 써도 괜찮아요.

공유

✎ 다음 낱말을 넣어 자유롭게 문장을 쓰세요.　　난이도 ★★★★

1　비속어

____

2　공유

____

3　착취

____

4　습성

____

✎ 질문을 읽고, 다음 낱말을 넣어 답해 보세요.　　난이도 ★★★★

> 우리말을 가꾸기 위한 방안으로 어떤 것이 있을까?

비속어

____

____

사회 어휘

📖 118~119쪽

✏️ **문장을 따라 쓰며 배운 낱말을 떠올려 보세요.** 난이도 ★☆☆☆

1 이 도로는 종로 경찰서에서 **관할**하고 있어.

2 이 수익금은 재해를 입은 사람들의 **구호**에 쓸 예정이다.

3 경주의 석굴암과 불국사는 유네스코 세계 유산으로 **등재**되어 있어.

4 천연자원의 **보고**인 바다가 점점 오염되고 있다.

✏️ **다음 낱말을 넣어 그림에 어울리는 문장을 쓰세요.** 난이도 ★★☆☆

* 짧은 문장으로 써도 괜찮아요.

구호

✍ 다음 낱말을 넣어 자유롭게 문장을 쓰세요.   난이도 ★★★☆

1   비무장 지대

____

2   산하

____

3   세계 시민

____

4   기아

____

✍ 질문을 읽고, 다음 낱말을 넣어 답해 보세요.   난이도 ★★★★

우리가 세계 시민으로서 할 수 있는 일은 무엇일까?

세계 시민

____

____

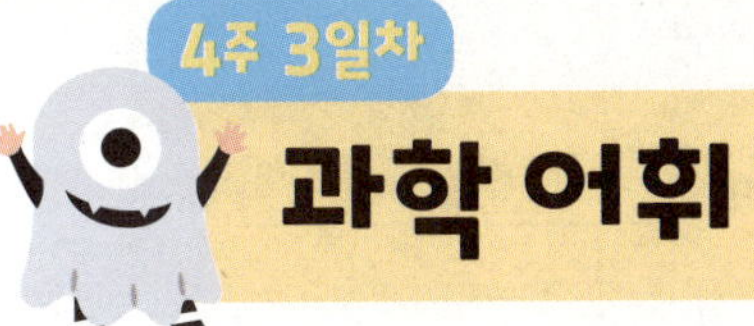

과학 어휘

📖 124~125쪽

✏️ 문장을 따라 쓰며 배운 낱말을 떠올려 보세요.

난이도 ★★★★

1 **빛의 굴절**은 빛이 공기 중에서 물로, 물에서 공기 중으로 비스듬히 나아가는 현상이다.

____

2 전지의 **직렬연결**일 때 전구의 밝기가 전지의 **병렬연결**일 때보다 밝다.

____

3 전구의 **직렬연결**에서는 한 전구의 불이 꺼지면 나머지 전구의 불도 꺼진다.

____

4 **도체**에는 철, 구리, 알루미늄, 흑연 등이 있다.

____

✏️ 다음 낱말을 넣어 그림에 어울리는 문장을 쓰세요.

난이도 ★★★★

* 짧은 문장으로 써도 괜찮아요.

빛의 굴절

____

____

____

✎ 다음 낱말을 넣어 자유롭게 문장을 쓰세요.　　　　난이도 ★★★★

1 확대하다

____

2 전류

____

3 효율적

____

4 손실

____

✎ 질문을 읽고, 다음 낱말을 넣어 답해 보세요.　　　　난이도 ★★★★

전구의 직렬연결이 무엇을 뜻하는지 설명해 줄래?

전구의 직렬연결

____

____

수학 어휘

📖 130~131쪽

✍️ 문장을 따라 쓰며 배운 낱말을 떠올려 보세요.　　난이도 ★★★★

1 원의 크기에 상관없이 **원주율**은 항상 같다.

---

2 직사각형의 한 변을 기준으로 직사각형을 회전시키면 **원기둥** 모양이 된다.

---

3 **원뿔**에서 뾰족한 부분의 점을 원뿔의 꼭짓점이라고 한다.

---

4 **구의 중심**에서 구의 겉면의 한 점을 이은 선분을 구의 반지름이라고 한다.

✍️ 다음 낱말을 넣어 그림에 어울리는 문장을 쓰세요.　　난이도 ★★★★

* 짧은 문장으로 써도 괜찮아요.

구

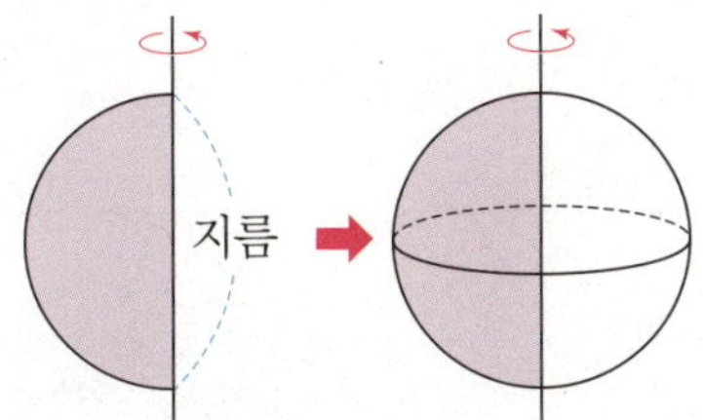

✎ 다음 낱말을 넣어 자유롭게 문장을 쓰세요.　　난이도 ★★★☆

1 원주

---

2 원기둥의 밑면

---

3 모선

---

4 구

✎ 질문을 읽고, 다음 낱말을 넣어 답해 보세요.　　난이도 ★★★★

원기둥과 원뿔이 어떤 모양인지 헷갈려.
원기둥과 원뿔의 밑면은 각각 몇 개인지 알고 있니?

원기둥

학습 도움 어휘

136~137쪽

✏️ **문장을 따라 쓰며 배운 낱말을 떠올려 보세요.** 난이도 ★☆☆☆

1 생태계를 파괴하면 결국 사람의 생활 환경을 악화시키는 결과를 **초래한다.**

____

2 건강을 위해서는 매일 규칙적으로 운동하는 것이 **바람직하다.**

____

3 이야기를 간추리려고 **인과** 관계를 정리해 보았다.

____

4 지금 나눠 드린 자료를 **참조**하여 발표를 들어 주시기 바랍니다.

____

✏️ **다음 낱말을 넣어 그림에 어울리는 문장을 쓰세요.** 난이도 ★★★☆

* 짧은 문장으로 써도 괜찮아요.

초래하다

____

____

____

다음 낱말을 넣어 자유롭게 문장을 쓰세요.   난이도 ★★★★

1 이면

2 근거

3 결론

4 누적

질문을 읽고, 다음 낱말을 넣어 답해 보세요.   난이도 ★★★★

학교에서 논설문 쓰기 대회를 개최한대.
논설문을 잘 쓰려면 어떻게 해야 할까?

근거

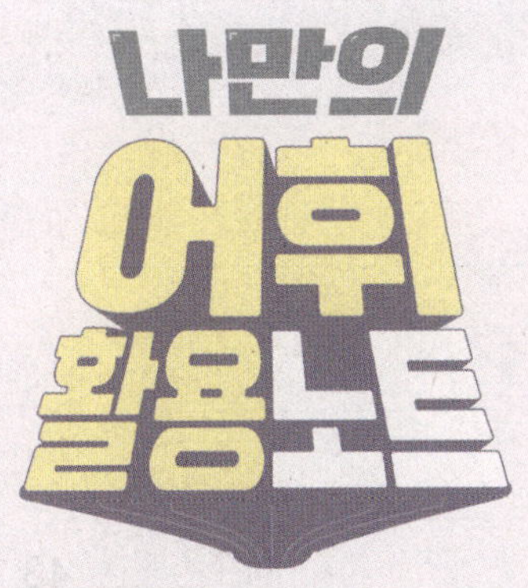